地球の歩き方得BOOKS

Ranking & Technique

香港
Hong Kong

ランキング&得テクニック！

地球の歩き方編集室

CONTENTS

香港早わかりエリアMAP	8
香港の基本情報	10
私たちが選びました!	12
本書の使い方	14
香港交通路線図	202
モデルプラン	203
INDEX	220

TECHNIQUE
香港テクニック

🍴 グルメ

テク		
1	最旬インスタ映えレストラン	30
2	牢獄でカンパイ!?	30
3	「欣圖軒」がリロケーション	30
4	ペニンシュラで食べ歩き	31
5	ラウンジがあるレストラン	31
6	絶景レストラン誕生!	31
7	香港イチおいしいクロワッサン	32
8	ブーランジュリーの波	32
9	フルーツドリンクが熱い!	32
10	本格的なバー・ホッピングなら	33
11	贅沢なサラダバー	33
12	アジアのベスト女性シェフ	33
13	アジアズ・50ベスト・レストランへ	34
14	コンビニで入れたてコーヒー	34
15	ファッション好き必訪カフェ	34
16	フォトジェニックなケーキ	35
17	クラフトビールを楽しむ	35
18	まだ日本にないスタバ体験	35
19	ノンアルカクテル旋風来る	36

テク		
20	台湾の伝統菓子ブレイク	36
21	ハイコスパなシャンパンブランチ	36
22	NEXTインスタ映えフード	37
23	話題のメニューを実食!	37
24	香港女子に人気のエッグタルト	37
25	「鏞記」のピータン	38
26	必食マンゴープリン	38
27	冷たい月餅	38
28	「Yum Cha」銅鑼灣店で食べるべきは?	39
29	点心作り体験はいかが?	39
30	魔法の食材トリュフ	39
31	トレンドは個性派小籠包	40
32	テーブル上の調味料いろいろ	40
33	飲茶注文、基本のキ	40
34	早朝OPENのレストラン	41
35	日本語メニューレストランでお勉強	41
36	並ばず入れる超人気飲茶店	41
37	定番の中国茶を知る	42
38	朝昼晩飲茶が食べられる店	43
39	カスタードまんはこう食べる!	43
40	フォトジェニック飲茶	43
41	甘くないアフタヌーンティー	44
42	アフタヌーンティーの正しい食べ方	44
43	レパルスベイで食べるなら	44
44	茶餐廳のメニュー攻略	45
45	食べるための広東語会話	45
46	茶餐廳定番メニューの食べ方	45
47	火鍋の具材が安くなる時間帯	46
48	火鍋のたれ作りのコツ	46
49	麺店のオーダー方法	46
50	伝統製法でていねいに作られる麺	46
51	麺もトッピングもカスタマイズ	47
52	香港人の栄養ドリンク	47
53	朝はマカロニスープ&トースト!	47
54	世界一安い星付き店	48

テク			
テク55	香港の冬のお楽しみ………49	テク90	「金牌」「招牌」と付いた料理………60
テク56	街歩きのお供にぴったり………49	テク91	高級店は飲茶のあるランチが狙い目…60
テク57	旅行中のビタミン補給………49	テク92	営業時間はグルメサイトでチェック!…60
テク58	早起きして食べたい豆腐花………49	テク93	ティータイムは値段が安くなる!…61
テク59	焼味のメニューを攻略………50	テク94	アイスよりホットが安い!………61
テク60	いろいろ食べたいときは………50	テク95	常連さんが食べているものを指さし!…61
テク61	何でも持ち帰りOK!………50	テク96	有名調味料はシティスーパーに………61
テク62	油菜を極める!………51	テク97	お酒メニューがあるワケではない………62
テク63	ホットコーラで風邪予防………51	テク98	お酒持ち込みOKの店へGO………62
テク64	おいしい調味料を見つけたら………51	テク99	香港式ティータイム………62
テク65	アート好きは3月に香港旅行を………52	テク100	香港の「吉野家」はうまい、安い、新しい!…62
テク66	「香港ワイン&ダイン・フェスティバル」へ…52	テク101	第1Tの空港グルメは大刷新中!………63
テク67	昼も最高なバーはここ!………52		
テク68	コスパのいい上海蟹メニュー………53	🛒 ショッピング	
テク69	月餅をお得にゲットする方法………53	テク102	東涌の街市はテーマパーク!?………96
テク70	行列を回避するワザ………53	テク103	かわいいグッズ急増中………96
テク71	スタバの香港限定メニュー………54	テク104	インタウンチェックイン前に滑り込み…96
テク72	日本にない食材にトライ………54	テク105	目上の人のおみやげに困ったら………97
テク73	夜遅くに小腹がすいたら………54	テク106	ミュージアムグッズを手に入れる………97
テク74	香港のランチタイムは13:00台………55	テク107	出前一丁を持ち帰るならこっち………97
テク75	チェーン店での後片付け不要………55	テク108	ペニンシュラ・ブティックのパッケージが一新!…98
テク76	ハーフサイズをオーダー………55	テク109	旧正月のアドベントカレンダー………98
テク77	飲食店の広東語9選………56	テク110	絵付けのワークショップ………98
テク78	真価を計るメニューは?………56	テク111	アジア初のラルフ・カフェで………99
テク79	飲茶をお得に楽しむ方法………56	テク112	スタバ限定エッグロール………99
テク80	ローカル店のメニューで注意すべきこと…57	テク113	スタバにはベビー用の無料メニューがある!?…99
テク81	あれ?箸がない!………57	テク114	バラマキみやげの強い味方………100
テク82	食べ歩きの仕方とは?………57	テク115	西貢で食すべきは意外なアレ………100
テク83	注文するときのマナー………57	テク116	絶品オイスターソース………100
テク84	食べ歩き天国・登士打街へ………58	テク117	世界の"スーパーフード"を買うなら………101
テク85	魔法の合言葉「少辣」………58	テク118	ローカルビルで手に入るおみやげ…101
テク86	日本のスタバでは飲めない………58	テク119	美容系が好きな女性へ………101
テク87	コンシェルジュに予約代行を………59	テク120	雑貨の宝庫「黒地」へ………102
テク88	アジアの鉄則は香港でも有効………59	テク121	「花文字」の見分け方………102
テク89	ハッピーアワーを狙おう………59	テク122	香港理工大學のスーベニア………102

3

テク123	「K11ミュシーア」が2019年秋冬オープン… 103
テク124	繊細なおみやげを持ち帰るワザ … 103
テク125	「2折」「買1送1」の意味とは？ … 103
テク126	好アクセスなアウトレット … 104
テク127	愛猫家は必訪の1軒 … 104
テク128	ナイトマーケットは言い値の半額から … 104
テク129	レジ袋が全面有料化！ … 105
テク130	優良店の見極め方を伝授 … 105
テク131	「Tギャラリア香港」を使いこなせ！ … 105
テク132	ニューフェイスのパンダクッキー … 106
テク133	最新情報は公式サイトでGET！ … 106
テク134	おしゃれみやげの宝庫！ … 106
テク135	旬モノは「レンクロ」でまとめてチェック … 106
テク136	ワンランク上のおみやげ … 107
テク137	「PMQ」は店舗により営業時間が違う … 107
テク138	セールを狙うなら7月と12月 … 107
テク139	ハッピーモチーフみやげ探し … 108
テク140	香港大学のオリジナルグッズ … 108
テク141	お得にバラマキみやげを買う方法 … 108
テク142	冷凍食品を保冷剤にする … 108
テク143	調味料の漏れを防げ！ … 109
テク144	24時間営業店でギリギリまでショッピング … 109
テク145	ラストミニッツのショッピング … 109
テク146	幸運を呼び込む印鑑をオーダーメイド … 110

📷 観光

テク147	ヴィクトリア・ピークは歩いて下山 … 126
テク148	夜景で有名なスポットに夜は行かない … 126
テク149	ピークトラムの行列を回避 … 127
テク150	ランタオ島を観光するなら着日 … 127
テク151	あのローカルタウンに夜景の名所!? … 127
テク152	「大館」観光はここをおさえよう！ … 128
テク153	「大館」への入館方法＆裏技 … 129
テク154	猫好きは上環で猫巡り … 129
テク155	最新ハーバービュースポット … 129

テク156	「Instagram Pier」とは？ … 130
テク157	建築好きは必訪！ … 130
テク158	意外にも建築天国なのである … 130
テク159	インスタスポットを効率よく回る … 131
テク160	シンフォニー・オブ・ライツがリニューアル … 132
テク161	競馬場は水曜日を狙って行くべし … 132
テク162	スターフェリーは週末・祝日は運賃UP … 132
テク163	スターフェリーの座席を選ぼう … 132
テク164	ローカルフェリーで東側を観光 … 133
テク165	オーシャンパークで狙うべき展示 … 133
テク166	チャイナドレスを着て撮影大会 … 133
テク167	午前中をどう楽しむ？ … 134
テク168	東九龍はローカルグルメの宝庫 … 134
テク169	香港ツウがマーク「深水埗」へ … 134
テク170	「#アガる香港」を付けてSNSにアップ … 134
テク171	「ザ・ミルズ」が誕生！ … 135
テク172	銀行前のライオン像とパチリ … 135
テク173	香港週末の風物詩 … 135
テク174	「ザ・香港」な写真はこれ … 136
テク175	芝生エリアとサンセットの名所が誕生 … 136
テク176	100万ドルの夜景と花火のコラボ … 136
テク177	Xmasシーズンのディスプレイ … 137
テク178	ランタオ島のロープウエイ … 137
テク179	黄大仙の線香は無料でもらえる！ … 137
テク180	2019年にブルース・リー像が戻ってくる！ … 137
テク181	香港ディズニーランドのオープンラッシュ … 138
テク182	アジアのディズニーパーク初のスタバ … 138
テク183	香港ディズニーランドでマラソン … 139
テク184	公式アプリでスムーズに園内を巡ろう … 139
テク185	マーベル映画ファンは香港ディズニーランドへ … 139

💆 ビューティ＆リラックス

テク186	駅なかスタンドで美活！ … 146
テク187	フレッシュジュースで疲労回復 … 147
テク188	美白歯磨きが花盛り！ … 147

テク189	現地調達の足裏シート	147
テク190	虫刺されお助けアイテム	148
テク191	毎日飲みたい豆乳	148
テク192	不調を感じたら街角のスタンドへ	148
テク193	水分補給＆熱冷ましドリンク	149
テク194	メイド・イン・香港のキュートなコスメ	149
テク195	香港メイドの自然派ソープ	149
テク196	化粧品を忘れたらササへGO	149
テク197	絶景ネイルサロン	150
テク198	上海ペディキュア	150
テク199	風水を取り入れたスパ	150
テク200	帰国日は贅沢ホテルスパで過ごす	150
テク201	ゴッドハンドの陳先生	151
テク202	人気セラピストのリタさん	151
テク203	香港イチ売り場面積が広いコスメフロア	151
テク204	ノンストップで美を極める	151

🏨 宿泊

テク205	一等地に新絶景レストラン誕生！	158
テク206	大型水槽や屋外ラグーンが話題	158
テク207	ホテル設置の無料スマホ	158
テク208	夕方限定無料のバーフード	159
テク209	2品注文で盛り合わせ無料	159
テク210	おしゃれな期間限定アフタヌーンティー	159
テク211	ホテルでローカルメニュー	160
テク212	フードコートが熱い！	160
テク213	使えるカジュアルホテル	160
テク214	お手軽＆贅沢な郊外ホテル	160
テク215	クラブルームに宿泊する！	161
テク216	ホテル会員になろう！	161
テク217	あの有名ホテルが休業!?	161
テク218	アフタヌーンティーならここ	161
テク219	絶景ポイントにブランドホテルが仲間入り	162
テク220	駅から遠めのホテルのよさ	162
テク221	香港の下町夜景が楽しめるバー	162

テク222	最高級ホテル並みのお得なホテル	163
テク223	有料展望台より高い場所	163
テク224	朝食ビュッフェの品数が多いホテル	163
テク225	ジャクージからヴィクトリア湾を望む	163
テク226	ピークビューも美しい♪	164
テク227	ビルから飛び出すプール	164
テク228	側面がガラスのプール	164
テク229	インテリアや雑貨が旅気分を上げる	164
テク230	キッチン付きホテルならトータルでお得！	165
テク231	チェックイン時にリクエスト	165
テク232	お値打ちホテルにはワケがある	165
テク233	広い部屋に安く泊まるなら	165

❗ トラブル

テク234	タクシーのあれこれ	168
テク235	緊急時ダイヤルリスト	169
テク236	日本語スタッフがいる病院リスト	169
テク237	値段交渉はいきなり日本語NG	170
テク238	すぐに作りたいオクトパスカード	170
テク239	ラッシュ時のスリに気をつけて！	170
テク240	ニセモノ売りに注意	170
テク241	病院で使える広東語	171
テク242	SOS単語リスト	171
テク243	撮影トラブル回避法	172
テク244	ホテルでの簡単安全テク	173
テク245	「小心地滑」看板に注意	173
テク246	南京錠をかけるべし！	173
テク247	MTRの切符がない！	173
テク248	MTRは飲食厳禁	174
テク249	喫煙マナー	174
テク250	「たびレジ」に即登録！	174
テク251	海外安全手引きは必読！	174
テク252	海外旅行保険の落とし穴	175
テク253	パスポートを紛失したら	175

✈ 準備＆出発

テク		
テク 254	「あってよかった」必携アイテム	178
テク 255	香港の祝日は毎年変わる!?	180
テク 256	最安値シーズンはいつ？	180
テク 257	早朝便のチェックイン時間にご注意	180
テク 258	航空券の値段が下がらない	181
テク 259	ホテルは九龍側と香港島側どっち？	181
テク 260	「アガる香港おすすめ旅ガイド」で情報収集	181
テク 261	ダウンロード必須の旅アプリ10選	182
テク 262	オンラインガイドブックをDL！	183
テク 263	エンタメ系チケットはオンライン予約	183
テク 264	乗車チケットや現地ツアーを事前予約	183
テク 265	夜遊び用きちんとコーデ	184
テク 266	あってよかったものNo.1	184
テク 267	「3つの袋」でぐんと準備がラクに	184
テク 268	人気レストランは日本から予約	184
テク 269	旅行は極力避けたい時期	185
テク 270	雨季に旅するホテルの取り方	185
テク 271	スマホを省エネモードに	185
テク 272	エコノミーでも使えるラウンジ	186
テク 273	足元広々シートをGET	186
テク 274	帰りの便はあえて深夜便を選ぶ	186

🚩 到着＆実用

テク		
テク 275	空港内は無料Wi-Fiが使える！	190
テク 276	空港バスの利用がお得	190
テク 277	空港に着いたらシャワーでリフレッシュ！	190
テク 278	香港はUberが使える！	190
テク 279	帰国日も香港を楽しむ方法	191
テク 280	旅の疲れは現地でリセット	191
テク 281	誰でも使える有料ラウンジがある!?	191
テク 282	"ながら充電"で時間節約	192
テク 283	あと払いでも乗れるエアポートエクスプレス	192
テク 284	青衣駅で乗り換えてもっとお得に	192
テク 285	"ツーリストSIM"でスマホ代を低コストに	192

テク		
テク 286	MTRでは無料でパソコンも使える	193
テク 287	エスカレーターどっちに立つ？	193
テク 288	高速鉄道開通で旅先拡大!?	193
テク 289	ICカード「オクトパスカード」	194
テク 290	MTRの券売機ここをチェック！	195
テク 291	ヴィクトリア湾は何で渡る？	195
テク 292	タクシーは色で行き先がわかる!?	195
テク 293	3人以上で移動するならタクシーが最安値！	195
テク 294	乗れるタクシーの見分け方	196
テク 295	運転手に一発で目的地を伝える方法	196
テク 296	海越えタクシーはスタンドでつかまえる	196
テク 297	海越えタクシーを効率よく止める方法	196
テク 298	「魔の時間帯」に注意！	197
テク 299	タクシーは切り上げた額を手渡す	197
テク 300	ナンバープレートは覚えておこう	197
テク 301	トラムの行き先はここを見よ！	197
テク 302	トラムはおつりが出ない!?	198
テク 303	ビルの階数表示はイギリス式のまま	198
テク 304	台風の警戒シグナル	198
テク 305	飲料水事情とは？	199
テク 306	ビジターセンターを活用しないとソン！	199
テク 307	オクトパスカードをタッチするだけで割引に!?	199
テク 308	香港島の横移動は交通機関を使い分ける	199
テク 309	無料シャトルバスが使える	200
テク 310	Wi-Fiがない人はコーヒーを買おう！	200
テク 311	インタウンチェックインで身軽に空港へ	200
テク 312	「大館」へアクセスする方法とは？	200
テク 313	コインランドリーが急増中	201
テク 314	ローカルの洗濯店へ	201
テク 315	夏場の香港旅行で気をつけたいこと	201
テク 316	かわいい優先席に注目	201

RANKING
香港ランキング

✕ グルメ

香港で食べるべき飲茶 BEST10 ……… 16

何杯でも食べたい香港麺 BEST8 ……… 20

トロトロ絶品粥 BEST5 ……… 24

安ウマごはん BEST5 ……… 26

ビューティフード BEST5 ……… 28

昔ながらの茶餐廳 BEST8 ……… 64

おいしい火鍋 BEST5 ……… 68

モダンダイニング BEST8 ……… 70

中華系スイーツ BEST5 ……… 74

フルーツ系スイーツ BEST5 ……… 76

アイス系スイーツ BEST5 ……… 78

アフタヌーンティー BEST5 ……… 80

絶景夜景バー BEST8 ……… 82

🛒 ショッピング

菓子みやげ★クッキー編 BEST5 ……… 88

菓子みやげ★チョコ編 BEST3 ……… 90

菓子みやげ★エッグロール編 BEST3 ……… 92

香港が生んだXO醤 BEST3 ……… 94

香港雑貨みやげ BEST10 ……… 112

スーパーみやげ BEST10 ……… 116

📷 観光

香港でやるべきこと BEST10 ……… 122

香港パワースポット BEST5 ……… 140

名物ストリート BEST5 ……… 142

💆 ビューティ&リラックス

ドラッグストア★コスメ BEST10 ……… 152

本書のデータ表記について

本書のデータはすべて2018年10月現在のものです。そのため、本書で紹介した商品、料理などがすでに存在していなかったり、料金などの設定状況が変更されている場合があります。あらかじめご了承ください（掲載価格は2018年10月現在の消費税込みの価格です）。物件へのアクセスやモデルプランなどにある移動の所要時間は、あくまで目安としてお考えください。

発行後の情報の更新と訂正、旅のサポート情報について

発行後に変更された掲載情報や訂正箇所は、『地球の歩き方』ホームページ「更新・訂正情報」で可能なかぎり案内しています（ホテル、レストラン料金の変更などは除く）。また、「サポート情報」もご旅行の前にお役立てください。

URL book.arukikata.co.jp/support

掲載情報のご利用に当たって

編集部では、できるだけ最新で正確な情報を掲載するように努めていますが、現地の規則や手続きなどがしばしば変更されたり、またその解釈に見解の相違が生じることがあります。このような理由に基づく場合、弊社に重大な過失がない場合は、本書を利用して生じた損失や不都合などについて、弊社は責任を負いかねますのでご了承ください。また、本書をお使いいただく際は、掲載されている情報やアドバイスがご自身の状況や立場に適しているか、すべてご自身でご判断のうえご利用ください。

使用しているマーク一覧

住 住所　**アクセス** アクセス　**☎** 電話番号　**営** 営業時間
開 開館時間　**休** 定休日（無休でも、祝日が休みになる場合があります）　**料** 料金（ホテルの宿泊料金は1泊1部屋を基準に掲載しています）　**CARD** クレジットカードの利用可否

香港早わかり エリアMAP

香港はヴィクトリア・ハーバーを挟み、観光客が多い北の九龍半島と欧米人やビジネスマンが多い南の香港島に分かれる。MTR（地下鉄）やフェリーで行き来でき、両サイドのよさを楽しめる。まずはMAPとともに全体像を把握しよう。

A ディープな雰囲気が漂う香港の下町
深水埗　サムスイポー

下町風情が感じられるエリアには、格安ファッション、電化製品、アクセサリー用品など同じ商品を扱う専門店や問屋が並ぶ通りが多くある。

B 香港のストリートパワーを肌に感じよう
旺角　モンコック

若い香港っ子たちがたくさん集まる場所。尖沙咀などツーリスティックなエリアより物価も安く、庶民的な街歩きを楽しめるはず。

C ナイトマーケットや屋台街 ローカル風情あふれる街
油麻地　ヤウマテイ

ナイトマーケットの屋台を中心とした喧騒や人との触れ合いなど、香港そのものが詰まった街。尖沙咀や銅鑼湾にはない、生の香港を体感できる。

D 食も買もなんでも揃う エンターテインメントの宝庫
尖沙咀　チムサーチョイ

香港イチの繁華街。観光客が多く訪れる場所で、ショップやホテルが集中している。ネイザン・ロードやヴィクトリア・ハーバーなど、見どころも充実。

E B級から高級まで ショッピングとグルメが充実
銅鑼湾　コーズウェイベイ（トンローワン）

百貨店やショッピングモールなど商業施設が多数ある。最新のショップやレストランなどが競うように誕生し、香港の"今"を感じることができる。

F 活気あふれるエネルギーと 古きよき香港が混在
灣仔　ワンジャイ

香港コンベンション＆エキシビションセンターを核とした新しい副都心の顔をした一方で、灣仔道のような古きよき時代の街並みが混在する魅力的な場所。

G 香港の歴史を知り 香港の今が動く場所
中環　セントラル

香港の政治と経済の中心地。きれいな高層ビルが建ち並ぶオフィス街だ。九龍半島から眺める有名なハーバーの夜景シーンは、中環のビル群が主役。

H ノスタルジックな街に 最旬ショップが並ぶ
上環　ションワン

骨董や中国みやげの屋台街、乾物街などの古くからの商店街がある一方で、クリエイターが集まるおしゃれスポットがある新旧文化混在のエリア。

I 100万ドルの夜景を 眼下に見下ろす
ヴィクトリア・ピーク

九龍と香港島、ヴィクトリア・ハーバーの3つをいっぺんに眺めることができる山頂。トラムで登り下りでき、世界3大夜景のひとつを楽しめる。

屈地街　Whitty St.
西營盤駅　Sai Ying Pun
香港大學駅　Hong Kong University

ヴィクトリア・ピーク
扯旗山
Victoria Peak

香港の基本情報

まずは、香港旅行を快適にするための基本情報をおさえておこう。
日本と違うシステムやマナーを知っておくと、現地でスムーズに行動できる。

基本情報

● 区旗

中央はバウヒニアの花。赤は社会主義を、白は資本主義を示し、香港の一国二制度を表す。

● 正式国名
中華人民共和国香港特別行政区
The Hong Kong Special Administrative Region

● 面積
約1104km²
※東京都の約半分。

● 人口
約739万人（2017年）

● 元首
習近平中国国家主席

● 行政長官
林鄭月娥
Carrie Lam

● 政体
一国二制度

● 民族
中国系（約91%）

● 返還年月日
1997年7月1日
※英国から中国へ返還されて以来、中国から高度な自治を認められ、返還前の資本主義制度と生活方式を維持。

● 宗教
仏教、道教、プロテスタント、カトリック、イスラム教、ヒンドゥー教、シーク教、ユダヤ教

通貨・レート

● HK$1（香港ドル）＝約14円

通貨単位は香港ドル(HK$)とセント(¢)。HK$1 = ¢100 = 約14円（2018年11月時点）。紙幣は、HK$1000、500、100、50、20、10の6種だが、HK$1000札は偽札が出回って以来、両替提供されないケースも多い。通貨は、HK$10、5、2、1、¢50、20、10の7種。発行銀行が3つあり、銀行ごとに紙幣のデザインが異なる。2018年年末から新デザインの紙幣が登場する予定！

電話

市内なら無料で電話をかけられるが、公衆電話は5分につきHK$1が必要（ホテル客室の電話も有料）。電話番号は8桁で、日本でいう市外局番はない。無料でかけられる市内通話専用電話が置いてあるレストランやホテルもある。

● 日本→香港へ

※1	010	852	市外局番＋
国際電話会社の番号	国際電話識別番号	香港の国番号	相手の電話番号

● 香港→日本

〈03-1234-5678にかける場合〉

001	81	3-1234-5678
国際電話識別番号	日本の国番号	固定電話・携帯とも最初の0は取る

● ※1＝国際電話会社の番号
・KDDI　001
・NTTコミュニケーションズ　0033
・ソフトバンクテレコム　0061
・au（携帯）　005345
・NTTドコモ（携帯）　009130
・ソフトバンク（携帯）　0046
詳しくは、該当各社の公式サイトを参照してください。

祝祭日が年により変わる

香港は、太陽暦（新暦）と太陰暦（旧暦）が併用されている。旧暦の祝日は年によって日にちが変わるので注意しよう。毎年、香港政府観光局のウェブサイト等で「0000年の祝祭日を発表」とアナウンスされるので、旅程を組むときは参考にしてみよう。

日付の書き方

香港と日本では年月日の書き方が異なるので注意しよう。日本と順番が異なり、「日・月・年」の順で記す。例えば、「2018年8月3日」の場合は、「3/8/2018」と書く場合が多い。3月8日と間違わないように気をつけよう。

両替

● 少額両替&カード払いが◎

銀行や両替商、ホテル、自動両替機などで両替ができる。香港はほとんどの店でカードが使えるので少しだけ両替し、カード払いするのがベター。

ATM

● 困ったときに利用しよう

空港や街なかなどいたるところにあり、VISAやMasterなどの国際カードであればドルをキャッシングすることができる。出発前に海外利用限度額と暗証番号を確認しておこう。金利には留意を。

クレジットカード

● 複数枚持っていると安心

香港ではクレジットカードがあると便利。ホテルの予約やチェックイン時に保証として必要となる場合も。スーパーマーケットや地下鉄の券売機など、さまざまな場所で使用可能。防犯対策のためにも、大金を持ち歩くよりカードで支払うのがよいだろう。店舗によっては利用時に暗証番号が必要な場合があるので、事前確認を忘れずに。

言語

● ホテルや観光地は英語でOK

公用語は英語と中国語（広東語と北京語）。日常会話は広東語が中心。広東語は中国語の方言のひとつだが、中国の標準語の北京語とはかなりの違いがある。観光向けのスポットでは英語が通じる。

チップ

● 臨機応変な対応がベター

英国文化の名残でチップの習慣がある。レストランは料金にサービス料10%が含まれる場合が多いが、おつりの小銭を心づけに。ホテルの荷物運びやタクシーの呼び出しはHK$10程度。タクシーは不要だが、金額を切り上げて支払うのが◎。

物価

● 日本より少し安いか、ほぼ同等

タクシーや公共交通機関は安いが、ホテルは高め。

- ミネラルウオーター(500ml)HK$8〜10
- 地下鉄1回HK$5〜
- タクシー最低料金HK$24〜
- 麺HK$35〜40くらい

日本からの飛行時間

● 直行便で約4〜5時間

成田発着は香港航空、キャセイパシフィック航空、日本航空、全日空など現在8社あり、羽田発着は5社、関西発着は7社が運航中。LCC路線も多い。

時差

● マイナス1時間

時差はマイナス1時間。日本時間が正午のとき、香港は午前11:00。サマータイムはない。時差が少ないので、時差ボケの心配がないのがうれしい。

旅程

● 3泊4日が一般的

香港はコンパクトで移動しやすいが、美食もたくさんあり、個性的な街々を楽しむには3泊したい。

ビザ

● 90日以内の観光は必要なし

パスポートの残存有効期間は、香港入港時に1ヵ月＋滞在日数以上が必要なので注意しよう。

RANKING
ランキング

私たちが選びました！

香港の観光スポットやグルメに精通するスペシャリスト10人に、テーマに沿ったとっておきスポットやお店を調査。それをもとに集計したおすすめランキングを大公開！ Recommendコメントで、イチ押しの理由もチェックしてみよう！

あなたにとって香港とは？

池上千恵さん
【テクニック提供も！】
香港在住約6年の経験をもつフリーライター。『香港トラムでぶらり女子旅』など著書多数。2018年12月には香港の自然や絶景を切り口にした新作を刊行する。香港政府観光局公認の超級香港迷(大の香港ツウ)としても活動中。
URL edokomomo.exblog.jp

行きたいからがんばれる、行ったらうれしくて力が出る、常の糧

大澤千穂さん
【テクニック提供も！】
香港を愛するフリーランスエディター&ライター。女性誌を中心に執筆しつつ、年6回は香港に弾丸旅。ローカルからトレンドまで縦横無尽に食べ歩く。ブログ「香港女子旅研究所」更新中。
URL www.girlstraveler.com

好奇心と元気を満たしてくれる心の充電スポット

小野寺光子さん
イラストレーター。香港をはじめアジアに関心が強く、街並みや生活をユーモラスでほんわかしたタッチで描く。2006年より、聘珍樓のニューイヤーカードのイラストを担当。著書に『香港トラムでぶらり女子旅』など、参画した出版物多数。

香港は、私が私らしくしていてもいいのだと元気の出る場所

甲斐美也子さん
【テクニック提供も！】
元女性誌編集者で、香港在住12年目のジャーナリスト。取材を通して出合った最新情報を満載したブログを電子書籍化した「香港ときどきマカオVol.1」をアマゾンKindleストアから発売中の他、2019年に講談社より発刊予定。
URL www.hk-tokidoki.com

何年住んでも飽きない香港の魅力を皆さんに伝えたいです♪

木邨千鶴さん
香港在住12年目。コンパスコミュニケーションズ代表。香港市場に日本を売り込む広告・広報を軸に、香港経済新聞編集長を務めながら香港のリアルな情報をキャッチし、マーケティング戦略に生かして日本と香港をつなぐ役割を担う。
URL hongkong.keizai.biz

変化することに躊躇せず、元気をくれる場所

クリス・ジョさん
『地球の歩き方MOOK 香港マカオの歩き方』担当のコーディネーター。香港生まれ、香港育ち。日本に6年留学後、香港の飲食店でマネジメントを行う。飲食店は味だけでなく、清潔感や雰囲気、サービス、価格も気になる。

香港とは中国と西洋の結晶で、夜中でもまぶしいほど輝いている

究極の23部門をランキング！

飲茶／麺／粥／飯／ビューティフード／茶餐廳／火鍋／モダンダイニング／中華系スイーツ／フルーツ系スイーツ／アイス系スイーツ／アフタヌーンティー／夜景バー／クッキー／チョコレート／エッグロール／XO醤／雑貨みやげ／スーパーマーケットみやげ／やるべきこと／パワースポット／名物ストリート／コスメ＆ドラッグストア

清水真理子さん
【テクニック提供も！】
フリーライター。新聞社勤務を経て香港で情報誌の編集長に。現在はウェブサイト「All About」などで執筆。著書に『HONG KONG 24 hours』(ダイヤモンド社)、『香港行ったらこれ食べよう！』(誠文堂新光社)がある。
IG @marcorosso

> エネルギーに満ちていて、いつでも元気をもらえる街

富永直美さん
1987年、3泊4日のパッケージツアーで訪れた香港の混沌とした雰囲気と自由な空気に心ひかれ、私的な渡航を繰り返す。2010年の『aruco香港』立ち上げ時より取材・執筆・編集を担当。

> 色と光、人々の「情」が織りなす唯一無二のドラマチックシティ

メーター・チャンさん
『地球の歩き方MOOK 香港マカオの歩き方』担当、香港在住のコーディネーター。飲食店数店を経営するフーディー(食通)でもあり、香港メディアにも登場。日本留学経験をもつグルメな香港人として、香港と日本の架け橋を担っている。

> 便利でなんでも手に入る、食文化のふるさと

横井尚子さん
『地球の歩き方MOOK 香港マカオの歩き方』担当のコーディネーター。結婚を機に移住し、香港在住は8年目に突入。味にこだわるフーディーであり、香港人の夫とともに香港人と日本人の"視点と味覚"で香港を食べ歩く。

> 第2のホームタウン。活気のある街はパワーを与えてくれます

(五十音順)

& 地球の歩き方 編集部メンバーも参加！

スイーツはおまかせを

金子久美
『地球の歩き方 aruco香港』制作担当

最新の香港に注目して！

福井由香里
『地球の歩き方 香港』制作担当

香港グルメ大好き♥

木村秋子
『地球の歩き方MOOK 香港マカオの歩き方』制作担当

📖 本書の使い方 📍

無料アプリ COCOAR2 利用

本書には、便利なGoogleマップのリンク機能が付いています！

本書には紹介しているスポットやお店の地図を掲載していません。無料のAR（拡張現実）アプリ「COCOAR2」を立ち上げたスマートフォンやタブレットを誌面にかざすと、Googleマップにリンク！　お店などの地図が表示されます。

今いる場所からのルートやアクセス方法もそのままGoogleマップで検索できるので、とっても便利！

STEP 1　無料アプリ「COCOAR2」をインストールする

「App Store」または「Google Play」で「COCOAR2」を検索し、スマートフォンやタブレットにインストールしてください。または右のQRコードを読み込んで直接インストール先へ。

無料！¥0

それぞれの記事部分をスキャン！

STEP 2　スマートフォンまたはタブレットをページにかざす

アプリを起動し、地図を見たいスポットやお店が掲載されている記事部分をオレンジ色の枠内に収めてスキャンします。原則として、住所の記載がある記事をスキャンすると地図が表示されます。

STEP 3　「スキャン完了」でGoogleマップへリンク

スキャンが完了したら表示の案内に従って操作。ルート検索すれば迷わず行ける！一度閲覧したリンクは履歴からも見ることができます。

※GoogleマップおよびCOCOAR2の仕様変更の影響を受ける可能性があります。
※COCOAR2のインストールおよび利用にはインターネット接続が必要です。

Googleマップへのリンクは3年間有効です。

グルメ

— Gourmet —

香港旅行のメインテーマのひとつに必ず挙がるのが、グルメ探訪！ 地元の広東料理をはじめとする中華料理から西欧料理、和食にいたるまで、世界中の美食が集まる香港ならではのグルメ・テクニックをご紹介。おいしい食事やスイーツに最短・最良でたどり着く方法を伝授します。

RANKING
ランキング

ローカルからモダンまでトライ
香港で食べるべき飲茶BEST10

蓮香居

根強い人気の老舗レストラン。提灯や中華柄の格子があるレトロな店内を、できたての点心を乗せたワゴンが行き交う。今では少ないオールドスタイルの飲茶店には、昔ながらの点心を求めて年配のファンが多くやってくる。ワゴンの中身をのぞきながら指さしで注文ができるので、わかりやすい。温かい点心はどれも味わい深くて、美味！姉妹店「蓮香樓」の閉店を残念がり、こちらに通う常連も増えている。

\ Recommend /
朝の時間はローカル感たっぷりの店内にいるだけでも冒険感があって楽しいです！
（地球の歩き方編集部 福井）

エビ蒸し餃子HK$30、シュウマイHK$28ほか

▶上環
蓮香居
リンヒョンクイ　Lin Heung Kui

- アクセス 上環駅A2出口から徒歩15分
- 住 德輔道西40-50號2至3樓(Des Voeux Rd. West)
- ☎ 2156-9328
- 営 6:00〜23:00
- 休 無休
- CARD 可

フォーシーズンズホテルの広東料理レストランで点心のチーフをしていたシェフがオープン。一流の味がリーズナブルな価格で味わえると人気を博している。

\ Recommend /
言わずと知れた世界一安いミシュラン一つ星の点心専門店。何だかんだでコスパがよく、ひとりでも気軽に利用できます。
（清水真理子さん）

▶ 深水埗
添好運點心專門店
ティムホウワンディムサムチュンモンディム　Tim Ho Wan, the Dim Sum Specialists

アクセス 深水埗駅B2出口から徒歩9分
住 福榮街9-11號地舖（Fuk Win St.）
☎ 2788-1226
営 10:00〜22:00（土・日曜9:00〜）
休 無休
CARD 不可

酥皮焗叉燒包 HK$20
代表メニューのチャーシュー入りパンは必食！

★Ranking★
2位　添好運點心專門店

\ Recommend /
伝統的な高級店だけど、ここで飲茶の正統派点心はこういうものだと、一度知っておくのもいいと思います。
（小野寺光子さん）

1933年創業の歴史ある広東レストランのこだわりは、昔のままの点心を守り続けること。肉は手作業でミンチするなど、手間をかけて作られた味はどれもあっさり食べやすい。写真の点心はHK$52〜。

▶ 中環
陸羽茶室
ロックユウチャサツ　Luk Yu Tea House

アクセス 中環駅D2出口から徒歩3分
住 士丹利街24-26號地下至3樓（Stanley St.）
☎ 2523-5464
営 7:00〜22:00
休 無休　CARD 可

★Ranking★
2位　陸羽茶室

何十年も経験のある熟練スタッフが作る点心は、舌とともに目でも味わうべき逸品ばかり。店オリジナルのXO醬、チリソース、醬油の3種のソースと一緒にどうぞ。デザートには名物のマンゴープリンもお忘れなく！

\ Recommend /
王道の広東料理が楽しめ、特に10月頃の上海蟹シーズンに提供される特別メニューはどれもおすすめです。
（木邨千鶴さん）

▶ 灣仔
ワン・ハーバー・ロード
港灣壹號　One Harbour Road

アクセス 灣仔駅A1出口から徒歩8分
住 港灣道1號 君悦大酒店7-8樓（Harbour Rd.）
☎ 2588-1234
営 12:00〜14:30（日曜11:00〜、祝日11:30〜）、18:30〜22:30
休 無休　CARD 可

胡椒蘿蔔酥餅 HK$78
塩こしょう味のシンプルな大根餅は一番人気

★Ranking★
4位　ワン・ハーバー・ロード

エビ蒸し餃子「蝦餃」HK$22ほか

\ Recommend /
早朝から営業する超ローカル店。早朝香港着のときは、ホテルに荷物を置いて、即行ってしまいます。（本書編集A）

香港大學の近くとあって、学生も通う庶民的な店。店内にメニューはなく、入口近くに並ぶ点心を指さしてオーダーする。地元客が食べているメニューも要チェック！　早朝飲茶もOKな店。

▶堅尼地城
新興食家
サンヒンセッガ　Sun Hing Restaurant

[アクセス] 堅尼地城駅B出口から徒歩5分
[住] 士美非路8號地下C號舖（Smithfield Rd.）
[☎] 2816-0616
[営] 3:00〜16:00
[休] 旧正月
[CARD] 不可

★Ranking★
5位　新興食家

かわいくておいしい本格点心が味わえると話題の広東料理店は、ユニーク飲茶ブームの火付け役的存在。高級ホテルの点心師として活躍したシェフが生み出す点心は、遊び心満点だ。

\ Recommend /
フォトジェニックでユーモラスな点心が多いけど、味もきっちりおいしいのがスゴイ！
（小野寺光子さん）

▶尖沙咀
ヤムチャ
飲茶　Yum Cha

[アクセス] 尖沙咀駅B1出口から徒歩3分
[住] 加連威老道20-22號3樓（Granville Rd.）
[☎] 2751-1666
[営] 11:30〜23:00（土・日曜、祝日11:00〜）
[休] 無休
[CARD] 可

子豚のチャーシューまん「一籠八戒」HK$49ほか

★Ranking★
5位　ヤムチャ

アンガス牛のパイ包み「香葱澳洲M9和牛千絲酥」HK$78ほか

\ Recommend /
ふんわりした腸粉の上質さに驚きました……！
（甲斐美也子さん）

サイズが小さいためにきちんと味を詰め込むのが難しいからこそ、一つひとつがよりていねいに作られる点心。プレゼンテーションの美しさでも客を魅了している。カクテルと一緒に味わって。

▶中環
營致會館
ユンジウィグン　Ying Jee Club

[アクセス] 中環駅C出口から徒歩5分
[住] 干諾道中41號 盈置大廈地下G05及1樓107至108號舖（Connaught Rd.）
[☎] 2801-6882
[営] 11:30〜15:00、18:00〜23:00（バー 11:30〜23:00）
[休] 無休　[CARD] 可

★Ranking★
7位　營致會館

18

「体によいものを楽しく食べる」というコンセプトどおり、店内に並ぶ料理は化学調味料を使用しないヘルシーなものばかり。フォトジェニックな点心を撮影しながら食べる人も多い。

\ Recommend /
「點來聚聚」というメニューは、5つの点心が楽しめる。真上から撮影すると絵のようでフォトジェニック！
（地球の歩き方編集部 金子）

玫瑰饅頭 HK$29
バラの花エキスを練り込んだ生地でアズキを包んだ饅頭

▶ 中環
唐宮小聚
トンゴンシウチョイ Social Place

アクセス 中環駅D2出口から徒歩5分
住 皇后大道中139號 The L. Place 2樓（Quween's Rd. Central）
☎ 3568-9666
営 11:30～15:00、18:00～22:30（L.O.21:30）
休 旧正月2日間　CARD 可

★Ranking★
7位　唐宮小聚

\ Recommend /
店内はきれいでワゴンの巡回も頻繁。香港初心者を案内するときは、いつもここです。
（池上千恵さん）

シティホール内にある大型飲茶店。ビジネス街の中環では珍しく、昔ながらのワゴンから点心を選ぶことができる。老舗とは違い誰でも楽しめる気軽さで、観光客に人気だ。大人数での利用にもぴったり。

蟹籽滑燒賣 HK$52
カニの卵のせシュウマイ。カニの卵と豚肉の相性を楽しむ

▶ 中環
大會堂美心皇宮
ダイウイトンメイサムウォンゴン City Hall Maxim's Palace

アクセス 中環駅J3出口から徒歩3分
住 愛丁堡廣場5-7號 大會堂低座2樓（City Hall, Edinburgh Place）☎ 2521-1303
営 11:00～15:00（日曜、祝日9:00～）、17:30～23:00
休 旧正月　CARD 可

★Ranking★
7位　大會堂美心皇宮

「即叫即蒸」＝"オーダーを受けてから調理"し、できたてを提供することにこだわる。英語や写真掲載のオーダーシート式なので、香港ビギナーにもわかりやすく、注文しやすい。日曜は朝8:00開店。1日中点心を楽しめる。

\ Recommend /
思いたったらいつでも点心をリーズナブルに楽しめるのでおすすめです。
（富永直美さん）

南翔小籠包 HK$27ほか

▶ 上環
聚點坊點心專門店
ジョイディムフォンディムサムチュンブンディム
Dim Sum Square

アクセス 上環駅A2出口から徒歩2分
住 禧利街27號 富輝商業中心地下A、B舖（Hillier St.）☎ 2851-8088
営 10:00～22:00（日曜8:00～）
休 無休　CARD 不可

★Ranking★
7位　聚點坊點心專門店

グルメ

RANKING
― ランキング ―

| グルメ |

安くてうまい！街なかグルメ
何杯でも食べたい香港麺BEST8

★Ranking★ 1位

上湯牛腩麺
HK$50

　行列嫌いの香港人が列を作るほど、ローカルに愛される牛バラ麺で有名な麺店。1930年代に屋台からスタートした。骨付きアバラ肉やスジ肉を、10時間ほど煮込んだスープの独特のテイストは、一度食べたら忘れられない味。相席は当たり前というごった返す店内で、ローカルな香港スタイルを味わうことができる。カレースープの卵麺「咖喱牛筋腩伊麺」HK$68もおすすめだ。

\ Recommend /
とろっとろに煮込まれた牛バラと、だしの効いた濃いめのスープがクセになる。麺は太麺、細麺、米麺から選べる。
（本書編集 Y）

▶ 中環
九記牛腩
カウーゲイ　Kau Kee

- アクセス 中環駅C出口から徒歩12分
- 住 歌賦街21號地下(Gough St.)
- ☎ 2850-5967
- 営 12:30～22:30
- 休 日曜、祝日
- CARD 不可

ワンタン麺が有名な老舗。代々伝えられている、香りよく味わい深いスープのだしにはカレイの干物を使うなど、こだわり抜いた高級食材を使用。厳選された素材がおいしさを生み出している。ワンタンの食感を大切にするため麺の上にのせて提供するのがこだわり（一般的にワンタンは麺の下にある）。

\ Recommend /
老舗だけあって、いつ行っても安定のおいしさ。食事というより私はスナック感覚でいただいています。
（池上千恵さん）

▶ 中環
麥奀雲吞麺世家
マアンワンタンミンセイガ　Mak's Noodle

アクセス 中環駅D2出口から徒歩5分
住 威霊頓街77號地下(Wellington St.)
☎ 2854-3810
営 11:00～21:00
休 無休
CARD 不可

★Ranking★
2位　雲呑麺
HK$42

\ Recommend /
プリプリのエビ入りワンタンにクリアなスープと細麺が絶妙な組み合わせで優しい味。
（地球の歩き方編集部 金子）

麺とお粥がメインのお店。スープは開店当時の味をキープ。その安定した味と質で、ここに来れば必ずおいしいものが食べられると支持するリピーターが多い。香港の繁華街や観光各の多い場所には、必ずといっていいほど支店があるのもうれしい。

▶ 旺角
池記
チーゲイ　Chee Kei

アクセス 旺角駅C3出口に直結
住 亞皆老街8號 朗豪坊4樓10號舖(Langham Place, Argyle St.)
☎ 3514-4000
営 11:00～23:00(金・土曜、祝前日～23:30)
休 無休
CARD 不可

★Ranking★
3位　雲呑麺
HK$38

\ Recommend /
牛腩スープで煮た大根「腩汁蘿白」も頼んでトッピングしちゃう人も。スパイシーな牛バラタンタン麺にもトライ！
（本書ライター K）

1日150kgの牛バラ肉がすぐになくなるという牛バラ麺店。香味野菜と牛骨でとる甘味たっぷりのスープはやみつきになること必至で、スープ単品注文も可。数時間かけて煮込まれた牛骨スープが旅行疲れの胃に染みわたる。

▶天后
華姐清湯腩
ワージェチェントンナム　Sister Wah

アクセス	天后駅A2出口から徒歩1分
住	電氣道13號A地下（Electric Rd.）
☎	2807-0181
営	11:00～23:00
休	旧正月6日間
CARD	不可

★Ranking★
3位
清湯牛腩河粉
HK$48

\ Recommend /
コシのある細麺にプチプチの香り豊かな蝦子がたっぷり。日本では出合えない伝統メニューだけに確実においしい店で食べてほしい！
（本書編集 K）

伝統的な製法で大切に作り続けられる麺が自慢。竹を使って打つ竹昇麺という卵麺を打てる麺店は、香港でも残りわずか。そのため、このコシがあるツルツルした食感の麺を求めて多くの人が連日訪れる。伝統の味は必食！「蝦子撈麺」のほか、ワンタン麺や豚足のせ麺などもおすすめだ。

▶深水埗
劉森記麺家
ラウサムゲイミンガー　Lau Sum Kee Noodle

アクセス	深水埗駅D2出口から徒歩1分
住	福榮街82號地下（Fook Wing St.）
☎	2386-3533
営	12:30～23:30
休	旧正月
CARD	不可

★Ranking★
3位
蝦子撈麺
HK$38

中国四川省出身の料理人が作る本格四川料理店。13種類ある麺には、どれも自家製唐辛子オイルを使うこだわりよう。辛さは選べるのでご安心を。しびれる辛さはクセになる！

\ Recommend /
山椒と唐辛子の辛さが最強。舌がしびれる。でもまた食べたい！　一緒にキュウリ豆乳を飲むと緩和されます。
（本書編集A）

▶ 銅鑼湾
渝 酸辣粉
ユン シュンラーファン　Yu

[アクセス] 上環駅A2出口から徒歩7分
[住] 耀華街4號（Yiu Wa St.）
[TEL] 2838-8198
[営] 11:30〜17:00、18:00〜23:00
[休] 無休
[CARD] 可

★Ranking★
6位　四川擔擔麺
HK$37

\ Recommend /
肉絲炒麺ならここ。具は豚肉のシンプルなマカオ式。おいしさを追求した麺の太さはきっちり0.7ミリをキープするなど、こだわりがスゴイ！
（清水真理子さん）

マカオから上陸のお粥と麺の老舗専門店。外観内観ともにレトロな香港らしさを感じられる。この焼きそばのような麺の特徴は、麺が特別細いこと。バリバリの食感も楽しんで。醤油も独自でブレンドしている。

▶ 銅鑼湾
黃枝記
ウォンチーゲイ　Wong Chi Kei

[アクセス] 銅鑼湾駅D4出口から徒歩2分
[住] 謝斐道500號 維安商業中心1-2樓（Jaffe Rd.）
[TEL] 2868-9662
[営] 11:00〜22:30
[休] 旧正月3日間　[CARD] 可

★Ranking★
7位　肉絲炒麺
HK$98

1957年から続く人気屋台。おしゃれなノーホーエリアのなかにあって、昔ながらの姿をとどめる貴重な屋台だ。酸味とうま味が溶け合うトマトラーメンを求めて、連日長蛇の列ができる。

\ Recommend /
写真は麺ですが、私はマカロニがおすすめ。濃厚なトマトスープと半熟の卵はマカロニと相性抜群！　レモントースト「牛油檸檬汁蜜糖脆脆」とセットで食べるといいですよ。
（清水真理子さん）

▶ 中環
勝香園
シンヒョンユエン　Sing Heung Yuen

[アクセス] 中環駅D2出口から徒歩12分
[住] 歌賦街24號（Gough St.）
[TEL] 2544-8368
[営] 8:00〜17:00
[休] 日曜、祝日、旧正月10日間
[CARD] 不可

★Ranking★
7位　蕃茄火腿蛋通
HK$30

RANKING
― ランキング ―

| グルメ |

香港の朝食に絶対味わいたい！
トロトロ絶品粥BEST5

\ Recommend /
市場の中にある人気のお粥屋さん。ピータンの塩気とトロトロのお粥が絶妙なおいしさ！（地球の歩き方編集部 金子）

市場内の粥店だけあって、具材が新鮮。夜中から6時間以上炊いた粥はトロトロだ。日本語メニューが用意され、スタッフも日本語で話しかけてくれるなど、観光客にも親切。ローカルに交じって雰囲気ある街市（市場）で朝粥をいただこう。

▶旺角
妹記生滾粥品
ムイゲイサングワンジョッピン
Mui Kee Congee

アクセス	旺角駅B2出口から徒歩3分
住	花園街123A號 花園街街市熟食中心3樓11-12號（Fa Yuen St.）
☎	2789-0198
営	7:00～15:00
休	火曜、旧正月
CARD	不可

★Ranking★
1位
皮蛋瘦肉粥
HK$34

50年以上続く粥専門店。豚骨ベースのスープで米を3～4時間煮込むため、味わいのある粥ができる。名物の団子粥の団子類は自家製。手でこねたミンチをさらに機械で細かく砕くため、なめらかな食感の団子に仕上がる。

\ Recommend /
魚のプリプリ感と、お粥のぽってり感がよく合う。コショウを少々ふって食べるとGood！
（池上千恵さん）

▶上環
生記粥品專家
サンゲイジョッパンチュンガー　Sang Kee Congee Shop

アクセス	上環駅A2出口から徒歩2分
住	畢街7號地下（Burd St.）
☎	2541-1099
営	6:30～21:00（祝日～18:00）
休	日曜、旧正月　CARD 不可

★Ranking★
2位
正綾魚球粥
HK$32

香港っ子にも観光客にも絶大なる人気を誇る、中環の老舗粥麺店。魚のだしで取ったスープで炊きあげた広東粥は、味のはっきりした逸品ばかり。名物の魚団子粥「鯪魚球」も、ご賞味あれ！

\ Recommend /
お米の原形がなくなるまで煮込まれていて、トロっとした食感がたまらない！ ピータンは、底に大きなピータンがごろごろ沈んでいて食べ応え満点です。
（清水真理子さん）

▶ 中環
羅富記粥麺
ローフーケイジョッミン　Law Fu Kee Noodle Shop Ltd.

アクセス	中環駅D2出口から徒歩10分
住	擺花街50號地下 (Lyndhurst Terrace)
☎	2850-6756
営	8:00～20:00
休	旧正月約1週間
CARD	不可

★Ranking★
3位
皮蛋鹹瘦肉
HK$37

\ Recommend /
アワビ粥もおすすめ！高級だけどアワビが柔らかくておいしいので、ぜひ香港の味体験としてトライしてみてください。
（メーター・チャンさん）

1964年創業の粥麺店。レタスと魚のすり身団子の粥「生菜鯪魚球粥」は朝食にぴったりだ。名物のアワビ粥は豚肉と鶏、魚のスープにチリ産の上質なアワビの煮汁を加えたもの。

▶ 佐敦
彌敦粥麺家
ネイジョージョミンガー
Nathan Congee & Noodle

アクセス	佐敦駅B1出口から徒歩4分
住	西貢街11號(Sai Kung St.)
☎	2771-4285
営	7:30～23:30
休	中秋節、旧正月3～4日間
CARD	不可

★Ranking★
4位
生菜鯪魚球粥
HK$43

ローカルが多い粥店。数時間煮込んだ白粥に注文が入ってから具材を入れて一杯ずつ作る。具材が大きいのも特徴だ。人気の魚のハラミ入り粥「魚腩粥」は、ショウガが効いていてさっぱりといただける。

\ Recommend /
魚のハラミのうま味が凝縮されたお粥は、ねっとり濃厚！ 日本では出合えない魚のお粥です。（地球の歩き方編集部 金子）

▶ 大坑
新康記粥店
サンホンゲイジョディム

アクセス	天后駅B出口から徒歩8分
住	京街9號地下(King St.)
☎	5402-3598
営	7:00～21:00
休	火曜、旧正月
CARD	不可

★Ranking★
4位
魚腩粥
HK$33

RANKING
――― ランキング ―――

| グルメ |

中華BBQ「燒味(シュウメイ)」を楽しむ安ウマごはんBEST5

\ Recommend /
牛肉ミンチに卵を落とした煲仔飯。ジャスミンライスの香りから底のおこげまで、炊きたての土鍋ごはんに魅せられて！
（池上千恵さん）

元「永合成茶餐廳」が、店名を変えて2015年に移転。米は粘り気の少ない品種を選び、均等に熱を加えられるオーブンを使うなどこだわりが強い。香港の土鍋ごはん、煲仔飯（ポージャイファン）は寒い時期の名物だが通年食べられるのがいい。

▶ 香港大學
永合成馳名煲仔飯
ウィンハップセンジーメイボージャイファン
Wing Hop Sing

アクセス	香港大學駅B1出口から徒歩3分
住	德輔道西360號地下 (Des Voeux Rd. West)
☎	2850-5723
営	7:00〜16:00
休	日曜、祝日
CARD	不可

★Ranking★
1位
窩蛋牛肉煲仔飯
HK$73

中華BBQ「燒味」は伝統的なロースト肉料理。ここは数少ない正統派広東料理のロースト店。秘伝のたれに漬け込んだジューシーなガチョウのローストは、1日に100羽分も出るとか。ランチタイムには行列ができるほどの人気。

\ Recommend /
パリパリの皮に柔らかくジューシーなお肉、たれが染み込んだごはんが絶品！ランチは14:00以降に行くのが◎。（甲斐美也子さん）

▶ 中環
一樂燒鵝
ヤッロシウノオ　Yat Lok Restaurant

アクセス	中環駅D2出口から徒歩5分
住	士丹利街34-38號地下 (Stanley St.)
☎	2524-3882
営	10:00〜21:00(日曜、祝日〜17:30、料理11:00〜)
休	旧正月	CARD 不可

★Ranking★
2位
一樂燒鵝の
叉燒鵝脾飯
HK$138

創業当時の味を60年以上伝承しており、ビジネスマンのランチスポットとして人気。チャーシューの卵とじごはん「滑蛋叉燒飯」は11:00から提供。チャーシューのほかエビや牛肉も。

\ Recommend /
卵が甘辛のチャーシューにとろりと絡んでおいしい。パンやエッグタルトも香ばしくておすすめです。
（横井尚子）

▶ 中環
樂香園咖啡室
ロックヒョンユンガーフェイサツ
Lok Heung Yuen Coffee Shop

[アクセス] 中環駅E1出口から徒歩4分
[住] 機利文新街8-12號地下
（Gilman's Bazaar）
[TEL] 2522-1377　[営] 7:00～19:00
[休] 日曜、祝日　[CARD] 不可

★Ranking★
2位
滑蛋叉燒飯
HK$42
（ランチのみ提供）

\ Recommend /
甘くてジューシーなローストグースのせごはんは、テイクアウトのお弁当スタイルで楽しんでいます。
（木邨千鶴さん）

オーナーはガチョウローストの有名店、中環にある「鏞記」2代目の息子。材料から調味料の配合まで、父の味を引き継いでいる。右写真のガチョウのロースト「甘牌燒鵝」HK$120も名物の逸品。

▶ 灣仔
甘牌燒鵝
カムパイシウノォ　Kam's Roast Goose

[アクセス] 灣仔駅A4出口から徒歩3分
[住] 軒尼詩道226號 寶華商業中心地下
（Hennessy Rd.）
[TEL] 2520-1110
[営] 11:30～21:30　[休] 旧正月3日間
[CARD] 不可

★Ranking★
4位
化皮乳豬飯
HK$75

地元で愛されローストならここでキマリ！店の2階でひたすら焼き続けるという自家製ロースト店。はちみつを塗って焼くため、どの肉も外はパリパリ、中は柔らかに仕上がる。香港人と相席で食べるのもいい。

\ Recommend /
濃過ぎず薄過ぎず、私にいちばん合う味付け。全体的に庶民的な味がお気に入り。
（池上千恵さん）

▶ 灣仔
再興燒臘飯店
ジョイヘンシウラファンディム　Joy Hing Roasted Meat

[アクセス] 灣仔駅A4出口から徒歩5分
[住] 軒尼詩道265-267號地下C座
（Hennessy Rd.）
[TEL] 2519-6639
[営] 9:30～22:00（中秋節、端午節、冬至～18:00）
[休] 日曜、祝日　[CARD] 不可

★Ranking★
4位

再興燒臘飯店の
叉燒飯
HK$58

グルメ

RANKING
― ランキング ―

| グルメ |

カラダのなかからキレイになる
ビューティフードBEST5

★Ranking★
1位

火鍋

　香港版しゃぶしゃぶ、寄せ鍋のこと。体にいいものを食べる"医食同源"という思想が根付く香港では、クコの実やナツメなどの薬膳スープ、コラーゲンたっぷりの鶏白湯スープ、発汗作用を促す唐辛子の麻辣スープが基本。「鮮入圍煮」は昔ながらの屋台をイメージした鍋専門店だ。スープは15種類あり、美容食材として知られる魚の浮き袋とチキンスープが人気。

\ Recommend /
滞在中に野菜が食べたくなると火鍋で補給。自然にバランスよく食べられるので、たくさん食べても罪悪感ナシ！
(本書編集Y)

★火鍋ランキングはP.68をチェック！

▶ 旺角
鮮入圍煮
シンヤッンワイジュー　Market Hotpot

- アクセス 麻油地駅A2出口から徒歩3分
- 住 登打士街43H號 登打士廣場2樓 (Dundas St.)
- 電 2782-2003
- 営 17:30～翌3:00
- 休 旧正月3日間
- CARD 不可

🍳 Column
香港に根付く"医食同源"とは？

　医食同源とは、中華圏の人たちがもつ思想のひとつ。日々バランスの取れた体によい食事を取れば健康でいられるという考え方。香港滞在中だけでも本場の医食同源を体験してみよう。

台湾と同様、香港でも肉を使わない「素食」と呼ばれる伝統的な菜食料理がある。野菜たっぷりの蒸し餃子やニンジン、キャベツの湯葉春巻きなどを、お茶と一緒に堪能しよう。

▶ 金鐘
樂茶軒茶藝館
ロッツァーヒンツァーアイクン　Lock Cha Tea House

- アクセス 金鐘駅C1出口から徒歩10分
- 住 香港公園羅桂祥茶藝館地下(Hong Kong Park)
- TEL 2801-7177　営 10:00〜20:00(土曜〜21:00)
- 休 第2火曜　CARD 可

\ Recommend /
野菜やキノコ、大豆で作る飲茶は具材もたっぷりで大満足。お茶と一緒に食べればよりヘルシー！
(本書フォトグラファーT)

★Ranking★ ベジタリアン飲茶 **2**位

\ Recommend /
廿四味涼茶は24種類の漢方が入ったお茶。かなり苦味があるので、飲みやすい甜花茶と半分ずつミックスするのもおすすめ。　(本書編集K)

漢方薬を煮出した、体の不調を整えてくれる香港人の定番健康茶。目の疲れには甜花茶、消化不良や熱がたまっているときには廿四味涼茶を、散策途中にぐびっと1杯飲んでみて。

▶ 中環
春回堂藥行
チョングォイトンユウホウ
Good Spring Company Chinese Herbal Pharmacy

- アクセス 中環D2出口から徒歩5分
- 住 閣麟街8號地下(Cochrane St.)
- TEL 2544-3518　営 9:00〜19:30
- 休 日　CARD 不可

★Ranking★ **3**位 涼茶

蓮の実、クコの実、薬草、龍眼、緑豆、白キクラゲ、魚の浮き袋など、美容や健康に効果的な中華系乾物を使った伝統甘味。体を冷やさないように、温かいスイーツもある。

▶ 太子
227甜棧
イーイーチャティムチャン　227 Desserts Tavern

- アクセス 太子A出口から徒歩5分
- 住 花園街246號B地下(Fa Yuen St.)
- TEL 3117-1223　営 15:00〜翌0:30
- 休 旧正月3日間　CARD 不可

\ Recommend /
ベースはショウガ汁やアズキ、黒ごま汁粉など。豆腐花やタピオカなどトッピングもいろいろで毎日食べても飽きません！(本書編集A)

★Ranking★ 薬膳スイーツ **4**位

\ Recommend /
解熱、ダイエットにはメロンのスープ、美肌やせき止め効果が期待できるのは梨リンゴのスープ。どれも体に優しく滋味深いスープばかり！
(本書フォトグラファーS)

香港では季節や体調に合わせた薬膳スープを飲む習慣がある。漢方薬材や肉、野菜などをじっくり煮込み、栄養満点！　蛇王芬では、鶏骨と蛇骨でだしを取った蛇スープが名物。

▶ 中環
蛇王芬
セイオウフン　Ser Wong Fun

- アクセス 中環D2出口から徒歩5分
- 住 閣麟街30號地下(Cochrane St.)
- TEL 2543-1032　営 11:30〜22:30
- 休 旧正月　CARD 不可

★Ranking★ **5**位 薬膳スープ

★ TECHNIQUE
テクニック

001 /316 🍴 グルメ
最旬インスタ映え レストランは「Dear Lilly」

2018年現在、香港の若い女子に一番人気の超絶ロマンティックな最旬バー＆レストラン。予約を取ることができず、席数も少ないのでなかなか入れない話題の1軒だ。でも、開店時刻の11:30より10分ぐらい前に行って待っていれば、スムーズに入店でき、好きな席を確保できる。クジャクのモチーフが美しいバー「Ophelia」をはじめ非日常的な空間演出に定評のあるオーストラリア人デザイナー、アシュレー・サットンさんがデザインした新店。夜の外席も絶景で雰囲気がいいので、満足度は高いはず！

©Miyako Kai

メニューは、ヨーロッパ風のおつまみやデザインにもこだわったカクテルなど各種揃う

▶ 中環
ディア・リリー
Dear Lilly
©Miyako Kai

[アクセス] 香港駅F出口に直結
[住] 金融街8號 國際金融中心商場4樓4010號舖
(IFC Mall, Finance St.)
[☎] 2771-6060
[営] 11:30～24:00(木～土曜～翌1:00)
[休] 無休　[CARD] 可

---

002 /316 🍴 グルメ
牢獄でカンパイ!? おしゃれな最新バーへ

リノベスポット「大館」(→P.128)の牢獄の一部がおしゃれなバーに変身。「ダドルス」、「オールド・ベイリー」(→P.73)などを経営するJIAグループが手がけ、トップバーテンダーがカクテルを提供する。

▶ 中環
ビハインド・バー
Behind Bars

[アクセス] 中環駅K出口から徒歩2分
[住] 荷李活道10號(舊中區警署)
大館營房大樓地下15號舖
(Barrack Block, Tai Kwun, Hollywood Rd.)
[☎] 3559-2600(大館ホットライン 10:00～20:00)
[営] 16:00～24:00(金～土曜15:00～翌2:00、日曜14:00～23:00)　[休] 月曜　[CARD] 可

003 /316 🍴 グルメ
あの有名店「欣圖軒」が リロケーションして話題に

ヴィクトリア湾沿いに建つ、インターコンチネンタル香港の「欣圖軒」がホテル内で移転。低い位置からの絶景が楽しめる。

▶ 尖沙咀
欣圖軒
ヤントーヒン　Yan Toh Heen

©Miyako Kai

[アクセス] 尖沙咀・尖東駅J出口からすぐ
[住] 梳士巴利道18號 香港洲際酒店
(InterContinental Hong Kong, Salisbury Rd.)
[☎] 2313-2323
[営] 12:00～14:30(日曜、祝日11:30～15:00)、18:00～23:00　[休] 無休　[CARD] 可

※インターコンチネンタル香港(→P.161)は、2019年第1四半期より大幅改装工事に入るため営業休止予定。欣圖軒は工事中もディナー営業のみ行う予定。

★ TECHNIQUE
テクニック

004 /316 🍴 グルメ
ペニンシュラで食べ歩きができちゃう!?

香港ホテルの代表格「ペニンシュラ」では、ホテル内のレストランをハシゴできる「カルナリージャーニー」という特別パッケージを販売している。数皿×3軒ほどハシゴしていただくと、フルコースが完成。宿泊よりもホテルグルメが気になる人は、ぜひお試しを！

▶ 尖沙咀
ペニンシュラ
半島酒店　The Peninsula
[アクセス] 尖沙咀駅E出口から徒歩2分
[住] 梳士巴利道
（Salisbury Rd.）
[☎] 2920-2888
[URL] hongkong.peninsula.com/ja

©Miyako Kai
特製パスポート付き

005 /316 🍴 グルメ
「オールド・ベイリー」にラウンジあり

大館（→P.128）にある大人気の江南料理レストラン。ラウンジとテラスがあり、人気カフェ「Teahka」のケーキと、Teahkaと同じナナ・チャンが始めた「Plantation」という新ティーサロンの厳選中国茶をいただける。

▶ 中環
オールド・ベイリー
奥卑利　Old Bailey
DATA→P.73

006 /316 🍴 グルメ
新アートビルに絶景レストラン誕生！

アートギャラリーが集まる新ビル「H Queen's」の最上階にできたフレンチレストラン「エクリチュール」。アートギャラリーにちなんだフランス語で"描く"という店名の通り、まるで芸術作品のようなフランス料理を堪能できる。味はもちろん、インテリアもすばらしく、最上階とあってもちろんビューも最高！最新スポットでのメモリアルな食事にぴったりのダイニングだ。同じビル内でアート鑑賞を楽しんだあとに、最上階でシェフが描くアートなグルメと絶景とともにいただくなんて、香港ならでは。

©Miyako Kai
前衛的なフレンチ料理に驚きの連続！ビューだけでなく見栄えのいい料理にも見とれるはず

©Miyako Kai

▶ 中環
エクリチュール
Ecriture
[アクセス] 香港駅C出口から徒歩5分
[住] 皇后大道中80號 H Queen's 26樓
（Queen's Rd. Central）
[☎] 2795-5996
[営] 12:00〜14:30、18:30〜22:30
[休] 日曜
[CARD] 可

★ TECHNIQUE
テクニック

007 /316 🍴 グルメ
香港イチおいしい クロワッサンを求めて

2018年オープンのベーカリーカフェ。オーナーシェフが、元フォーシーズンズホテル香港のペストリーシェフということで話題に。香港ナンバーワンとの呼び声高いクロワッサンならここ！　行列必至だが、並んだ時間を裏切らない味だ。

▶ 湾仔
ベイクハウス
Bakehouse

©Miyako Kai

アクセス	湾仔駅B2出口から徒歩5分
住	大王東街14號地下 (Tai Wong St. East)
☎	非公開　営 8:00〜17:00(日曜9:00〜)
休	月曜　CARD 可

008 /316 🍴 グルメ
香港で巻き起こる ブーランジュリーの波

パリで修業を積んだふたりのシェフが、2017年に本格的なブーランジュリーをオープン。ミシュランの星付き店やピエール・エルメ、ペニンシュラといった名店で研鑽を積んだ味は、香港に本格派フランスパンブームを生んでいる。

▶ 大坑
プラムコット
Plumcot

アクセス	天后駅B出口から徒歩9分
住	新村街10A號地下 (Sun Chun St.)
☎	2573-6293　営 8:00〜20:00(土曜〜21:00)
休	月曜　CARD 不可

009 /316 🍴 グルメ
かわい過ぎる フルーツドリンクが熱い！

女子に人気の高いドリンク店、「フラミンゴ・ブルーム」。中国茶とタピオカやフレッシュフルーツなどを組み合わせて楽しむヘルシーなドリンクで若い世代を虜にしている。中環店に始まり、海外にまで支店を増やす快進撃ぶり。ローズ・ウーロンラテ、ライチ・ジャスミンなど季節限定ドリンクがあるので、行くたびに新しい味を楽しめる。ドリンクに付いているピンクのフラミンゴは別売りで購入可能。香港旅行の思い出におひとついかが？

上)中国茶にカットフルーツが浮かぶ姿が、とてもキュート　下)インスタ映えするウオールをバックにパチリ★

▶ 中環
フラミンゴ・ブルーム
Flamingo Bloom

アクセス	中環駅C出口から徒歩6分
住	士丹利街50號 信誠廣場地下B號舗 (Stanley St.)
☎	5177-8255
営	11:00〜21:00(日曜、祝日〜20:00)
休	無休
CARD	可

★ TECHNIQUE
テクニック

010 /316 🍴グルメ

本格的なバー・ホッピングなら アジアズ・50ベスト・バーへ

香港でバー巡りといえば、中環の蘭桂坊（ランカイフォン）エリアだが、騒がしい、個性がない、酔っ払いが多いという印象も否めない。そこで本格的なバーを巡りたい人におすすめなのが、アジアズ・50ベスト・バーに香港からランクインしているバーや、バーアワード香港というアワードでトップ10に入っているようなバーだ。カクテルが良質で雰囲気もよく、女子ひとりでもさらっと入りやすい店がほとんど。しかもこの手のバーは、インスタ映えを意識したカクテルも多いので女子旅におすすめしたい。

本書のランキングに参加している香港在住コーディネーターの甲斐美也子さん（→P.12）は、「バーアワード香港」の審査員のひとり。過去3年間、香港のバーを巡って審査している

アジアズ・50ベスト・バー
Asia's 50 Best Bars
URL www.worlds50bestbars.com/asia/

バーアワード香港
The Bar Awards
URL www.facebook.com/thebarawards/

---

011 /316 🍴グルメ

中華を食べ過ぎたら贅沢な サラダバーでリセット

「ザ・リッツ・カールトン香港」のザ・ラウンジ＆バーで提供されるサラダバーが豪華でヘルシー！　ロメインレタスなどの葉野菜に高タンパク質のナッツやオメガ3入りドレッシングをオン。食べ過ぎた翌日は絶景ビュッフェへ！

サラダのほか、スープ・デザート・ドリンク1杯が料金に含まれる

▶尖沙咀
ゴー・グリーン・オーガニック・サラダバー
Go Green Organic Salad Bar

アクセス 住 ザ・ラウンジ＆バー→P.81
⏰ 12:00～14:00(金曜～13:45) 休 土・日曜
料 ひとりHK$288 CARD 可

---

012 /316 🍴グルメ

アジアのベスト女性シェフ メイ・チョウさんの店へGO

日本では味わえない、旬な香港ダイニングを体験したい人は、『アジアズ・50ベスト・レストラン』の最優秀女性シェフが手がける料理を食べに行こう。どの店もこだわりのインテリアなので注目。

▶中環
リトル・バオ
小包包　Little Bao
DATA→P.79

▶中環
ハッピー・パラダイス
Happy Paradise
DATA→P.71

アジアズ・50ベスト・レストラン
Asia's 50 Best Restaurants
URL www.theworlds50best.com/asia/en/

★ TECHNIQUE
テクニック

013 /316 🍴グルメ
ミシュランだけじゃない！
アジアズ・50ベスト・レストランへ

とっておきのレストランを探すときにフランスのミシュランガイドを参考にする人は多い。でも、香港でスペシャルなレストランを探すなら、ぜひ「アジアズ・50ベスト・レストラン」にランクインしたレストランを検討してみて。例えば、2018年のランキングでいうと22位の「大班樓」や24位の「龍景軒」。大班樓は、地産地消やオーガニック食材などをふんだんに使ったイマドキレストランのひとつ。龍景軒は、香港を代表する最高峰レストランのひとつ。価格にふさわしい特別な料理を味わおう。

名物メニューの蟹の紹興酒蒸し鶏油かけ（時価）。陳村粉（幅広の米麺）と一緒にどうぞ

▶中環
大班樓
ダイバンラオ　The Chairman
| DATA→P.71

ロブスターと茶碗蒸しの異なる食感を楽しめるひと皿HK$430

▶中環
龍景軒
ロンゲンヒン　Lung King Heen
[アクセス] 香港駅E2出口から徒歩6分
[住] 金融街8號 四季酒店4樓
(Four Seasons Hotel Hong Kong, Finance St.)
[☎] 3196-8880　[営] 12:00～L.O.14:30（日曜、祝日 11:30～L.O.15:00）、18:00～L.O.22:00
[休] 無休　[CARD] 可

---

014 /316 🍴グルメ
香港のコンビニでも
入れたてコーヒー発売中

香港も入れたてのドリップコーヒーを飲めるコンビニが増えつつある。銅鑼灣のサークルKでは、オクトパスカード（→P.194）&タッチパネル注文で完全セルフのコーヒーをいただける。

アイス・カフェ・ラテHK$20

▶銅鑼灣
サークルK カフェ・シンプリー・グレート・コーヒー
OK便利店 – Café Simply Great Coffee
[アクセス] 銅鑼灣駅D1出口から徒歩2分
[住] 東角道26號1樓（E Point Rd.）
[☎] 2991-6337　[営] 7:00～22:00
[休] 無休　[CARD] 不可

015 /316 🍴グルメ
世界に3店舗しかない！
ファッション好き必訪カフェ

イギリスのファッションブランド「ヴィヴィアン・ウエストウッド」のカフェは、香港・台湾・上海の3店舗だけ。フォトジェニックなアフタヌーンティーセットHK$468は大人気で、チェック柄のカップ&ソーサーはカフェ限定の非売品。

▶銅鑼灣
ヴィヴィアン・ウエストウッド・カフェ
Vivienne Westwood Cafe
[アクセス] 銅鑼灣駅E出口から徒歩1分
[住] 百德新街27-47號 Fashion Walk1樓F-8號舖
(Fashion Walk, Paterson St.)
[☎] 2799-5011
[営] 12:00～21:00
[休] 無休　[CARD] 可

★ TECHNIQUE
テクニック

016 /316 🍴 グルメ
フォトジェニックな ケーキといえばこれ！

「セ・ラ・ビー」は、夜景バーで有名な「セヴァ」(→P.83)と同じオーナーが経営するカフェ。**ここのケーキがカラフル&キュート過ぎる**と話題になっている。バタフライやフラワー、リップなどかわいいモチーフ満載！

ケーキはHK$45～

▶ 金鐘
セ・ラ・ビー
C'est La B

[アクセス] 金鐘駅F出口から直結
[住] 金鐘道88號 太古廣場2樓202號舖 (Pacific Place, Queensway)
[☎] 2536-0173　[営] 10:00～22:00
[休] 無休　[CARD] 可

017 /316 🍴 グルメ
中身はもちろん瓶も！ クラフトビールを楽しむ

ブームを経て定着しつつある香港クラフトビール。ブルワリー（醸造所）が続々増え、スーパーでも買える。**中身は滞在中にホテルで飲んで、個性的なデザインの瓶は自分へのおみやげにするのが**おすすめ。

©Chie Ikegami

スーパーマーケットの「惠康」なら24時間営業の店舗もあるのでいつでも買える。1本HK$30程度

▶ 中環
惠康
ウエルカム　Wellcome
DATA→P.116

018 /316 🍴 グルメ
まだ日本にない スタバ体験を香港で！

なんとIFC店のスターバックスでは、**キャラメル・マキアート・クリーム・エールHK$78**とモカ・ブラウン・エールHK$78というコーヒードリンクに着想を得た**オリジナルビール**が飲める。香港製で香港&台湾限定発売。注文すると目の前でビールサーバーから注いでくれる本格派で、それぞれキャラメル・マキアートとモカを感じることができるからスゴイ！　香港のクラフトビールメーカーが作った"香港×スタバ"のレアな味体験なんて香港でしかできない。ビール&コーヒー好きは、行くしかない！

©Chiho Ohsawa

▶ 中環
スターバックス・コーヒー(IFC店)
星巴克咖啡　Starbucks Coffee

[アクセス] 香港駅F出口から徒歩1分
[住] 港景街1號 國際金融中心2樓2097-98號舖(IFC, Harbour View St.)
[☎] 2234-7871
[営] 7:00～21:30(金曜～22:00、土曜8:00～22:00、日曜9:00～21:00)
[休] 無休
[CARD] 可

★ TECHNIQUE テクニック

019/316 🍴グルメ

英国流ビューティフルな
ノンアルカクテル旋風来る

ロンドンから世界に広がる「モクテル」ブームが香港にも到着。モクテルとは、"Mock(見せかけの)"と"Cocktail(カクテル)"を合わせた造語で、ノンアルコールカクテルのこと。インスタ映えする華やかなデザインのドリンクも豊富にあるので、世界的なトレンドを香港で体験してみよう。

レストランやバーのメニューに"Mocktail"を見つけたらトライ！

020/316 🍴グルメ

台湾の伝統菓子が
香港でブレイク中！

芋圓（ユーユェン）は、蒸して柔らかく潰した里芋にサツマイモやジャガイモの粉をまぜて団子状にする台湾の伝統菓子のこと。香港でも大人気となっていて、専門店が続々とオープンしている。

©Chie Ikegami

写真は康端甜品の芋圓「仙草百配」HK$25。ほかにもさまざまなメニューあり

▶深水埗
康端甜品
ホンソイティンバム

[アクセス] 深水埗駅C2出口から徒歩4分
[住] 荔枝角道323號(Lai Chi Kok Rd.)
[☎] 9034-3832　[営] 16:00〜24:30
[休] 無休　[CARD] 不可

021/316 🍴グルメ

ハイコスパな
シャンパンブランチ

欧米の食習慣も積極的に取り入れるのが香港流。サンデーブランチやウイークエンド・ブランチもそのひとつで、週末のブランチは広東料理店で飲茶か、ホテルのブランチかどちらか、という人は多い。ホテルブランチ派におすすめしたいのが、「MOバー」。前菜、メイン、サイドディッシュ、デザートにシャンパン（Moët & Chandon）、ハウスワイン、ソフトドリンクのフリーフロー（飲み放題）でHK$598！ しかもサンデーブランチではなく、ウイークエンド・ブランチなので土日ともに利用可。予約してGO！

中環のホテル「ザ・ランドマーク・マンダリン香港」のビュッフェ式レストランであるだけに、盛りつけも洗練されていて思わずうっとり

▶中環
MOバー・ウイークエンド・ブランチ
MO Bar Weekend Brunch

[アクセス] 中環駅G出口から徒歩3分
[住] 皇后大道中15號 置地文華東方酒店大堂
(The Landmark Mandarin Oriental, Hong Kong, Queen's Rd. Central)
[☎] 2132-0077　[営] 毎週土・日曜12:00〜14:15
(MOバーは7:00〜翌1:30、木〜土曜〜翌2:00、日曜〜24:00)　[休] 月〜金曜(MOバーは無休)
[料] ひとりHK$598＋10%サービス料　[CARD] 可

★ TECHNIQUE
テクニック

022 /316 グルメ
NEXTインスタ映え
メニューはこれでキマリ

香港を拠点に世界のさまざまなお茶を扱う販売代理店のひとつ。店舗では購入のほかカフェ利用もできる。烏龍茶などの中国茶はもちろん、紅茶やハーブティー、ルイボスティー、日本茶まで幅広く扱う。オリジナルブレンドのティーも香り高くカラフル。お茶に合わせたフードはどれもインスタ映えするものばかり。なかでも、エディブル・フラワー（食用花）をふんだんに使ったアボカドトーストは、香港女子に大人気！ タワーのようなバナナパンケーキや、ミルクの泡がこんもりしたカフェ・オ・レなどに注目。

アボカドトーストHK$80は、カラフルな花々も食べられるので残さず食べよう！

▶ 大坑
ジェイリンク
:jrink

[アクセス] 天后駅B出口から徒歩7分
[住] 安庶庇街21號地下（Ormsby St.）
[☎] 2284-4203　[営] 12:00〜20:00（日曜〜18:00）
[休] 月曜　[CARD] 不可

※2018年10月現在、改装のため一時閉店。近日中に再オープン予定。

---

023 /316 グルメ
香港セレブの間で
話題のメニューを実食！

六國ホテル内のレストラン「粵軒」。広東料理レストランだが、香港セレブの間で話題なのが「叉燒飯」HK$278だ。肉厚でジューシーなチャーシュウがのったごはんは、夜のみの提供。豪華版ローカル飯をご賞味あれ。

▶ 灣仔
粵軒
ユッヒン　Canton Room

[アクセス] 灣仔駅A1出口から徒歩5分
[住] 告士打道72號 六國酒店1樓
（Luk Kwok Hotel, Gloucester Rd.）
[☎] 2866-3806　[営] 11:30〜15:00（土・日曜、祝日10:30〜）、18:00〜23:00　[休] 無休　[CARD] 可

---

024 /316 グルメ
香港女子に大人気！
絶品エッグタルト

香港のOLたちに人気のパイやタルト専門店「酥妃皇后」は、エッグタルトが抜群においしい！ と評判。ミルクタルトやナーストルトもおすすめ。カラフルなクロワッサンなど、女子心をガッチリつかむ見栄えも味もいいメニューが豊富。

▶ 上環
酥妃皇后
ソウフェイウォンハウ　Queen Sophie

[アクセス] 上環駅A2出口から徒歩3分
[住] 蘇杭街2-24號 啟發大廈地庫5號舖
（Kai Fung Mansion, Jervois St.）
[☎] 2269-0278
[営] 11:30〜19:00
[休] 日曜、祝日
[CARD] 可

★ TECHNIQUE
テクニック

---

025 /316 | グルメ

珍味みやげなら「鏞記」の ピータンで決まり★

　ロースト料理で有名な広東料理レストラン「鏞記」では、テイクアウト用のピータンを売っている。お粥に入れたり炒めものに混ぜたり、香港で味わった料理を自宅で再現してみよう。帰国日の朝に買って、帰宅したら冷蔵庫で保存して。

▶ 中環
鏞記
ヨンケイ　Yung Kee Restaurant
- アクセス 中環駅D2出口から徒歩5分
- 住 威靈頓街32-40號(Wellington St.)
- ☎ 2522-1624
- 営 11:00〜23:30
- 休 旧正月3日間
- CARD 可

ピータン(6個入り)HK$98。賞味期限は購入日から10日間。別売りの甘酢ショウガと一緒に食べてもいい

---

026 /316 | グルメ

ワン・ハーバー・ロードの 必食マンゴープリン

　グランド・ハイアット香港の広東料理レストラン「ワン・ハーバー・ロード」で食べてほしいのが果実と果汁たっぷりの「香芒凍布甸」。数あるマンゴープリンのなかでもおいしさは保証付き！

▶ 灣仔
ワン・ハーバー・ロード
港灣壹號　One Harbour Road
| DATA→P.17

---

027 /316 | グルメ

秋にしか出合えない！ 冷たい月餅「冰皮月餅」

　香港では月餅を中秋節（十五夜）に贈り合う習慣があり、種類もバラエティに富んでいる。なかでもユニークなのが冷たい月餅。秋に訪れたらぜひ味わってみたい。月餅の食べ比べもおもしろい。

中環など主要駅にあるケーキやパンを売るショップ「美心西餅(Maxim's Cakes)」で購入できる

美心
- URL www.maxims.com.hk

028 /316 🍴グルメ

大人気「Yum Cha」の銅鑼灣店で食べるべきは？

エイリアン型の点心などがフォトジェニックと話題の飲茶店「Yum Cha」。続々支店を増やしているが、銅鑼灣店ではシャコなどの避風唐メニューがある。銅鑼灣は漁師たちが多くいた歴史から海鮮レストランが数多くあるエリア。Yum Chaでもシーフードにトライしてみて。

▶銅鑼灣
ヤムチャ（銅鑼灣店）
Yum Cha

[アクセス] 銅鑼灣駅A出口から徒歩5分
[住] 羅素街8號 英皇鐘錶珠寶中心2樓
(Emperor Watch & Jewellery Centre, Russell St.)
[☎] 2323-1288　[営] 11:30～23:00
[休] 無休　[CARD] 可

029 /316 🍴グルメ

人気店の点心を作れる点心作り体験はいかが？

インスタ映え飲茶「Yum Cha」の中環店では飲茶作り体験ができる。ワークショップに参加するか、プライベートでリクエストするかのふたとおりの方法がある。ぜひトライ！

▶中環
ヤムチャ（中環店）
Yum Cha

[アクセス] 上環駅E4出口から徒歩2分
[住] 德輔道中173號 南豐大廈2樓1-2號舖
(Nan Fung Place, Des Voeux Rd. Central)
[☎] 3708-8081　[営] 11:30～15:00、18:00～23:00
[休] 無休　[CARD] 可
[URL] yumchahk.com/our-events/
(メールで申し込み：英語)

030 /316 🍴グルメ

魔法の食材トリュフを加えて極上グルメに大変身！

香港人にとってトリュフは、今やフカヒレ、アワビと並ぶなくてはならないスタンダードな人気食材。フレンチやイタリアン、アジアンフュージョンにとどまらず、香港のファミレスである茶餐廳にもスペシャルメニューとして登場するほどだ。なかでも、「華星冰室」のたっぷりと黒トリュフをのせたトースト「黒松露炒蛋多士」は、最近、大人気のひと品。香港ならではの手軽でユニークなトリュフ料理を食べてみよう。ちなみに華星冰室は、芸能事務所が運営している茶餐廳なので、壁にはスターの写真がたくさん飾られている。

黒松露炒蛋多士HK$42は、スクランブルエッグとたっぷりの黒トリュフがのった香り高いトースト

▶灣仔
華星冰室
ワーシンビンサッ　Capital Cafe

[アクセス] 灣仔駅A4出口から徒歩6分
[住] 克街6號 廣生行大廈地下B1號舖
(Kwong Sang Hong Bldg., Heard St.)
[☎] 2666-7766
[営] 7:00～23:00
[休] 旧正月
[CARD] 不可

★ TECHNIQUE テクニック

031 /316 | グルメ

飲茶のトレンドは個性派小籠包！

「モット32」の酸辣湯、「ディム・サム・ライブラリー」の担々麺など、スープにひと工夫ある小籠包がはやっている。ニューオープンの「オールド・ベイリー」は麻辣味のものがあり、いずれも繊細なすばらしい調理テクニックを使った、美味な小籠包だ。

▶中環
モット32
卅二公館　Mott32
| DATA→P.70

▶中環
オールド・ベイリー
奥卑利　Old Bailey
| DATA→P.73

▶金鐘
ディム・サム・ライブラリー
Dim Sum Library
URL dimsumlibrary.com.hk/experience

032 /316 | グルメ

テーブル上の調味料をいろいろ試すのが正解

定番の醤油のほかに、ペーストタイプのチリソースやラー油のような油タイプのチリソース、XO醤、揚げ物用のソース、ロースト系に使う甘いジャムのようなソース、黒酢など、飲茶はいろいろなテーブル上の調味料を試すとおいしさUP！XO醤やチリソースなどは自家製も多い。

テーブルにないときは、スタッフにお願いして持ってきてもらおう

---

033 /316 | グルメ

これだけは覚えたい！飲茶の注文、基本のキ

飲茶の本場、香港に来たからにはお目当ての点心を心ゆくまで堪能したいもの。しかし、ローカル店のメニューには写真どころか英語表記すらない場合もしばしば。そこで覚えておきたいのが飲茶のメニューは、蒸す、焼くなど調理法別にメニューに記載されているということ。ここをおさえておけば料理選びのハードルがグンと下がるはず。右記の飲茶メニュー広東語早わかりをチェックして、自分好みの点心選びに役立ててほしい。

■オーダー式飲茶店
テーブルにメニューシートとペンがあるので、自分で食べたいメニューに欲しい数を記入しよう。数は「正」の字で書かずに、「1、2、3」などアラビア数字を記入する

■ワゴン式飲茶店
ワゴンが回ってきたら近寄り、セイロを指させばスタッフがふたを開けて中身を見せてくれる。欲しいものを指させばOK。点心を受け取り、伝票を渡してハンコを押してもらおう

■飲茶メニュー広東語早わかり

蒸（ジン）	蒸した点心
煎（ジン）	焼いた点心
焗（ゴッ）	オーブンで焼いた点心
炸（ジャッ）	油で揚げた点心
腸（チョー）	ライスクレープで巻いて蒸した点心
甜品（ティムバム）	デザート

★ TECHNIQUE
テクニック

034 /316 🍴 グルメ

知っていると重宝する
早朝OPENのレストラン！

　香港は外で朝食を食べる人が多いので、朝早くから開いているお店がある。茶餐廳で定番朝食のマカロニスープやサンドイッチを食べるもよし、飲茶店で朝飲茶を楽しむもよし。早めに朝ごはんをたっぷり食べて1日を長く使おう！　朝にたくさん食べておけば、ランチを軽く済ませることもでき、時短＆節約にもつながる。また、早朝ならまだ観光客がそれほど多くはいないので、ローカルの人々の日常をより間近で垣間見ることができておもしろい。朝が早いおじいちゃん、おばあちゃんに交ざってパワフルに旅を始めよう。

伝統的な飲茶を味わえる「陸羽茶室」は朝から人気

▶中環
翠華餐廳
| DATA→P.67

▶上環
蓮香居
| DATA→P.16

▶中環
陸羽茶室
| DATA→P.17

▶堅尼家城
新興食家
| DATA→P.18

---

035 /316 🍴 グルメ

日本語＆写真メニューのある
お店でまずはお勉強を

　評判のローカル店に入ったら、メニューも店員も広東語オンリーなんてことも……。1軒目は、日本語や写真付きのメニューがある、観光客御用達の店をあえて選んで、料理名や流れを勉強してみるのも手。店員も観光客慣れしているので安心だ！

日本語＆写真付きなら指さし注文もOK

■1軒目におすすめのレストラン
翠園
| DATA→P.56

翠華餐廳
| URL | www.tsuiwah.com

036 /316 🍴 グルメ

超人気飲茶店。並ばず
食べたい人はこちらへ

　安くておいしい点心が食べられる、ミシュランガイドの星付き飲茶店。中環や深水埗店は行列必至だが、香港島の北角店は並ばず食べられると香港ツウの間で話題。

▶北角
添好運點心專門店
ティムホウワンディムサムチュンモンディム
Tim Ho Wan, the Dim Sum Specialists

アクセス	炮台山駅B出口から徒歩8分
住	和富道2-8號 嘉洋大廈地下B、C及D舖（Wharf Rd.）
☎	2979-5608
営	10:00～21:30
休	無休
CARD	不可

★ TECHNIQUE
テクニック

037 /316 | 🍴 グルメ

飲茶の注文はお茶に始まる。定番の中国茶を知るべし

飲茶店では、席に案内されると店員さんから「飲乜野茶？（ヤムマッイエチャー？／お茶は何にしますか？）」と聞かれることが多いので、まずはスマートに好みのお茶を伝えよう。最もさっぱりした味のお茶はサウメイチャー。

昔ながらのフタ付きの湯のみで提供する店も

定番の中国茶はこちら

■普洱茶／プーアル茶／ポーレイチャー（全発酵茶）

香港や広東系の人に好まれるお茶。こうじ菌を繁殖させて作る。油を流す効果が高く、中華料理に合わせるといい。味が濃く、独特のクセがある。発酵時間が長いほど高級とされる。

■鐵観音／鉄観音茶／ティッグンヤム（半発酵茶）

烏龍茶の一種。台湾や福建系の人が好む。すっきりとした味わいで、日本人にとっても飲みやすいはず。鐵観音茶と同様、「水仙茶（ソイシンチャー）」も烏龍茶の一種でよく見かけるお茶だ。

■茉莉花茶／ジャスミン茶／ムッレイファーチャー（半発酵茶）

緑茶にジャスミンの花を混ぜた花茶の一種。上海系の人が好むお茶だ。香港では外国人向けのお茶と認識されているので、銘柄指定をしないと茉莉花茶が出てくる場合が多い。

■壽眉茶／サウメイチャー（半発酵茶）

白茶の一種。若い芽だけをつんだソフトな味わいのお茶。新茶のシーズンに味わえる。刺激が少なく優しい味なので、ベビーやキッズ、シニア連れの旅行客におすすめ。

★ TECHNIQUE テクニック

038 /316 グルメ

知っていると何かと便利！
朝昼晩飲茶が食べられる店

飲茶は本来、朝・昼に食べられるもの。ところが、観光客向けに終日飲茶を楽しむことができる飲茶店が増加中。これで旅行プランも立てやすくなること間違いなし！

▶上環
聚點坊點心專門店
ジョイディムフォンディムサムチュンモンディム
Dim Sum Square

- アクセス 上環駅A2出口から徒歩4分
- 住 禧利街27號 富輝商業中心地下 (Fu Fai Commercial Centre, Hillier St.)
- ☎ 2851-8088 営 10:00〜22:00(日曜8:00〜)
- 休 無休 CARD 不可

039 /316 グルメ

みんな大好きカスタードまん
香港人はこう食べる！

定番人気のカスタードまん。半分にちぎると中のあんがどっと出て食べにくい。正しい食べ方はこちら。①生地の端を少しちぎって中の熱を逃がす。②あんをすすりながら生地もかじる。③口の中でそのふたつを合わせながら楽しむ。

NG!
これだと、あんがたれて洋服に付きそう！

---

040 /316 グルメ

映える！香港女子に人気な
フォトジェニック飲茶❤

最近の流行は、動物をモチーフにしたキュートな点心など、写真映えする"フォトジェニック飲茶"。素材にこだわる色彩豊かな点心が話題の飲茶店「歓茶」もそのひとつで、食べるのはもちろん、かわいい写真を撮る楽しみも。点心が冷める前にサクッと撮影しちゃおう！

▶尖沙咀
【1】ヤムチャ
飲茶　Yum Cha

- アクセス 尖沙咀駅B2出口から徒歩4分
- 住 加連威老道20-22號3樓(Granville Rd.)
- ☎ 2751-1666
- 営 11:30〜23:00(土・日曜、祝日11:00〜)
- 休 無休 CARD 可

カスタードまん「睇住流奶」HK$49。とにかくユニーク！【1】

小鳥がかわいいパイナップルケーキ「鴿吞鳳梨」HK$59【1】

玫瑰饅頭 HK$29。バラの花エキスを練り込んだ生地でアズキを包んだ饅頭【2】

松露香菇 HK$49。香り豊かなトリュフとシイタケが詰まったトリュフ饅頭【2】

▶中環
【2】唐宮小聚
トンゴンシウチョイ　Social Place

- アクセス 中環駅D2出口から徒歩5分
- 住 皇后大道中139號 The L Place 2樓 (The L Place, Qween's Rd. Central)
- ☎ 3568-9666 営 11:30〜15:00、18:00〜22:30 (L.O.21:30)
- 休 旧正月2日間 CARD 可

★ TECHNIQUE
テクニック

041 /316 🍴グルメ

甘くない？ セイボリーの アフタヌーンティーはここで

アフタヌーンティーのティーフーズは甘いものが多そう……と敬遠している人は、セイボリー（塩味）系のアフタヌーンティーを狙ってみて。フィンガーフードや甘さ控えめスイーツが多めのセットなら、甘いものが苦手な人や男性も楽しめるはず。

セヴァ
DATA→P.83

ロブスター尽くしのセイボリー。味はもちろんビジュアルもGood！ お酒が合いそうなティーフーズが多い

ロブスター・バー・アンド・グリル
URL www.shangri-la.com/jp/hongkong/islandshangrila/dining/restaurants/lobster-bar-grill/

セイボリーメインの男性向けティーセット「ジェントルマンズ・アフタヌーンティー」なら、甘いものが苦手な女性もOK

ティー・サルーン・バイ・アナザー・ファイン・デー
URL www.anotherfineday.com.hk

---

042 /316 🍴グルメ

必修！ アフタヌーンティーの 正しい食べ方を知ろう

思わず好きなものに目がゆくアフタヌーンティー。実はティーフーズは、サンドイッチ、スコーン、スイーツの順で食べるのがマナーだ。各段から少しずつ食べるのは本来の食べ方ではないことは覚えておこう。

紅茶などの飲み物は手でソーサーを持ち上げずに飲もう

043 /316 🍴グルメ

レパルスベイで食べるなら ロケーションも選びたい

香港人のお出かけスポットでもあるビーチタウン、レパルスベイ（→P.125）。ここで食事をするならオーシャンビューで開放的なイタリアン「アマルフィターナ」がおすすめ。

▶淺水灣
アマルフィターナ
Amalfitana

本格的な窯焼きピッツァを召し上がれ

🚇 レパルスベイから徒歩すぐ
🏠 海灘道26-30號 The Pulse 地下105號舗 (The Pulse, Beach Rd.)
📞 2388-7787　🕐 12:00～22:30
休 無休　CARD 可

★TECHNIQUE テクニック

044/316 グルメ
茶餐廳でおいしいものを食べるためのメニュー攻略

茶餐廳（チャーチャンテン）は、ファミレスみたいな店のこと。下記を覚えておこう。

■早餐（ゾウチャーン）
日本でいうモーニングセットのこと。サンドイッチとドリンク、トーストとドリンクなどが主流。

■午餐（ンチャーン）
ランチセットのこと。朝食と比べてボリュームがあるメニューが増える。日替わりもある。

■下午茶（ハーンチャ）
アフタヌーンティーメニュー。メニュー数に限りはあるが、午餐メニューを割引で食べられる店も多い。

■常餐（ソンチャン）
レギュラーメニューの意味で、終日いつでもオーダー可能。モーニングメニューに近いラインアップ。

■おもなメニュー名
・飯（ファン）＝ごはん類
・粉麺（ファンミン）＝麺類。通粉はマカロニ、意粉はパスタの意味
・三文治（サンマンジー）＝サンドイッチ
・多士（ドーシー）＝トースト
・飲品（ヤムパン）＝ドリンク

045/316 グルメ
茶餐廳でおいしいものを食べるための広東語会話

旅先の言葉で現地の人と会話するだけで、旅の楽しみが増える。発音は下手でも大丈夫！　広東語で話してくれるのが、地元の人はうれしいのだ。**茶餐廳での会話を覚えて注文時に使ってみよう！**

■唔該／ンゴイ
「すみません」「お願いします」など店員さんに呼びかけるときのフレーズ。

■呢個／ニゴ
「これ」とものごとを指し示す言葉。メニューを指さして使ってみよう。

■一個／ヤッコ
数を示す言葉。一個／ヤッコ＝ひとつ、両個／リョンゴ＝ふたつ、三個／サーンゴ＝みっつの意味。

■好味／ホウメイ
おいしいの意味。食べておいしかったときは、ホウメイと笑顔で。強調してホウ・ホウメイと重ねて言う人も多い。

046/316 グルメ
茶餐廳の定番メニュー現地流で楽しんでみよう

香港旅行中にお茶や食事などで立ち寄る回数が多いのが茶餐廳や冰室だ。そこでの**定番メニューが、フレンチトーストとレモンティー**。香港のレモンティーは砂糖入りが基本。砂糖が不要なら注文時に「No sugar」と伝えて。飲み方は、何口か飲んでから、スプーンとストローを使ってレモンスライスをぐちゃぐちゃにして飲む。フレンチトーストは、最初にフォーク＆ナイフで賽の目状にカットして、メープルシロップをたっぷりかけるのが香港流だ。**せっかくの香港ローカルグルメ、地元流に楽しんでみて！**

上)熱い香港の気候にしっくりくるレモンティー
下)中國冰室(→P.66)のトーストとミルクティー

★ TECHNIQUE
テクニック

047 /316 | グルメ
火鍋の具材が安くなる時間帯があるって本当?

21:00や22:00以降に入店すると、料金が安くなる火鍋店が多い。具材を当日使い切るためにいくつかの具材が割引になったり、具材が食べ放題になるなど、ディスカウント内容は店によってさまざまだ。

お得に食べるなら遅めのディナーを狙おう! サービスタイムを要チェック

048 /316 | グルメ
火鍋が10倍おいしくなるたれ作りのコツはこれ!

好きなスープや具材を選んで食べる火鍋。つけて食べるたれは自分で作るので、いろいろな味を試せて楽しい。ベーシックなら醤油ベース+生ニンニク、パクチー、サテソース、ごま油がおすすめだ。

まずはこれを作ろう! ベーシックだれ
醤油ベース+生ニンニク、サテソース、パクチー、ごま油

辛いものが好きな人向けピリ辛だれ
生ニンニク、ピーナッツ、黒酢、唐辛子、パクチー、セロリ、ごま油

049 /316 | グルメ
これさえ知っていれば麺店のオーダーも怖くない

朝昼晩問わず、種類豊富でさっと食べられる麺店。注文に迷わないようにメニューを覚えておいしい麺を食べてみよう。

- ■湯麺(トンミン)
  スープ入り麺のこと。香港では、汁なし麺も多いため区別される。
- ■撈麺(ロウミン)
  汁なしまぜ麺のこと。香港では意外にも汁なしはポピュラーなメニュー。
- ■炒麺(チャウミン)
  野菜などの具材と一緒に炒める麺のこと。
- ■公仔麺(ゴンジャイミン)
  インスタントラーメンのこと。麺を変えたいときに使える。
- ■出前一丁(チョッチンヤッデン)
  インスタントラーメンの出前一丁のこと。「公仔麺」と書いている店もあれば、「出前一丁」と書いている店もある。

050 /316 | グルメ
伝統製法でていねいに作られる絶品麺

竹昇麺という伝統的な方法で卵麺を打てる麺店は、香港でも残りわずか。竹を使って打つため、コシがあってツルツルした食感の麺を求めて多くの人が連日訪れる。伝統の味は格別のおいしさ。

蝦子撈麺 HK$35

▶ 深水埗
劉森記麺家 Lau Sum Kee Noodle
ラウサムゲイミンガー

アクセス	深水埗駅D2出口から徒歩1分
住	福榮街82號地下(Fook Wing St.)
☎	2386-3533　営 12:30～23:30
休	旧正月　CARD 不可

★ TECHNIQUE
テクニック

051 /316 🍴グルメ

麺もトッピングもお好みでカスタマイズ

なんと香港では、**たいていの店で麺の種類を選ぶことができる**のだ。香港人は好みの麺を選び、スープや具など思いおもいの組み合わせで麺料理を楽しむ。定番の「エビ入りワンタン麺」に、とろけるような牛バラ肉が入る「牛肉麺」、辛さがクセになる「タンタン麺」、焼きそばの「炒麺」など、好みの麺をいろいろなバリエーションで試してみるのもおもしろい。代表的な麺といえば、**幼麺、米粉、粗麺、河粉、米線の5種類**。一般的に相性がいいとされる組み合わせもあるのでチェックしてみよう。

幼麺
細く縮れた麺。
ワンタン麺といえばこれ

米粉
米で作られた柔らかい細麺。
いわゆるビーフン

粗麺
粗引きの小麦粉に
かん水を入れた麺

米線
米で作られた太麺。
汁あり麺によく使用される

河粉
平たい太麺は、
汁あり麺にぴったり

---

052 /316 🍴グルメ

香港人の栄養ドリンクはサトウキビジュース

中環の街角にたたずむ**老舗ジューススタンド**。ここには昔から香港人の栄養補給に欠かせない、ミネラル豊富で解毒作用もある蔗汁（サトウキビジュース）がある。また、地ビールブランドとコラボして造った「砂糖黍ビール」も試してみて。

竹蔗水 HK$11

▶ 中環
公利真料竹蔗水
ゴンレイジェンホージョックセーソユ

アクセス 中環駅E1出口から徒歩8分　Kung Lee
🏠 荷李活道60號地下 (Hollywood Rd.)
☎ 2544-3571　⏰ 11:00〜23:00
休 不定休　CARD 不可

053 /316 🍴グルメ

朝からがっつり、マカロニスープ＆トースト！

茶餐廳や冰室では香港流の**お得なモーニングセット**が味わえる。どこの店も**マカロニスープ、トースト、卵、コーヒーまたは紅茶が基本**で、卵は焼き方を選べるところも。地元の朝食を体験してみよう。

お得なセットでパワーチャージ！

▶ 灣仔
華星冰室
ワーシンビンサッ　Chrisly Cafe

アクセス 灣仔駅A4出口から徒歩6分
🏠 克街6號 廣生行大廈地下B1號鋪
(Kwong Sang Hong Bldg., Heard St.)
☎ 2666-7766　⏰ 7:00〜23:00
休 旧正月　CARD 不可

★ TECHNIQUE
テクニック

054 /316　🍴 グルメ

世界一安い星付き店も！
お得なおすすめ4レストラン

「ミシュランガイドの星付きレストラン＝高級店」ではないのも香港ならでは。飲茶店、焼味店、麺店が星を獲得しているので、お墨付きの味を気軽に楽しむことができるのだ。価格がリーズナブルなのでハシゴだって可能！著名な食ガイドが認めた"安ウマごはん"を香港旅行の思い出にしてみよう。

雲呑麺(大) HK$49
手打ち麺が絶品の
ワンタン麺は
看板メニュー

▶銅鑼灣
何洪記粥麺専家
ホウホンゲイジョクミンチョンガー
Ho Hung Kee Congee & Noodle Wantun Shop

|アクセス| 銅鑼灣駅F2出口に直結
|住| 軒尼詩道500號 希慎廣場12樓1204-1205號舖
(Hysan Place, Hennessy Rd.)
|☎| 2577-6028　|営| 11:00〜24:00
|休| 無休　|CARD| 可

馳名脆皮燒鵝胸飯
HK$59
ガチョウの胸肉の
ローストがのったごはん

▶中環
一樂燒鵝
ヤッロシウウォ　Yat Lok Restaurant

|アクセス| 中環駅D2出口から徒歩5分
|住| 士丹利街34-38號地下 (Stanley St.)
|☎| 2524-3882　|営| 10:00〜21:00(日曜、祝日〜17:30、料理11:00〜)
|休| 旧正月　|CARD| 不可

化皮乳豬飯
HK$55
子豚のローストをのせた
ご飯は、皮がパリパリで絶品

▶灣仔
甘牌燒鵝
カムパイシウウォ　Kam's Roast Goose

|アクセス| 灣仔駅A4出口から徒歩3分
|住| 軒尼詩道226號 寶華商業中心地舖
(Po Wah Commercial Centre, Hennessy Rd.)
|☎| 2520-1110　|営| 11:30〜21:30
|休| 旧正月3日間　|CARD| 不可

酥皮焗叉燒包 HK$19
フワフワのパンの中に甘めの
チャーシューは必食！

▶深水埗
添好運點心専門店
|DATA→P.17

★ TECHNIQUE
テクニック

055 /316 🍴グルメ

香港冬のお楽しみは
コンビニ前にあり！

香港でよく見かける豆乳ドリンク「維他奶（バイターナイ／Vitasoy）」。紙パック入りや瓶入りなどさまざまある。冬になると瓶入りの維他奶を温める専用ウォーマーがコンビニに設置され、香港人は冬が来たなあと感じるのだとか。温かい瓶の維他奶が飲めるのは冬だけ。季節限定の味わいを楽しんで。

日本人が見ても懐かしい気持ちになる。HK$8〜9ほど

| 関連コラムはP.86をチェック！

056 /316 🍴グルメ

香港の冬グルメは
街歩きのお供にぴったり

寒くなると街角に現れる焼き栗屋さんの焼き栗は、思わず手が伸びる不思議な魅力がある。大きな鉄鍋で豪快に焼く姿は、日本のそれよりもワイルドで思わず写真を撮りたくなる。ホクホクでおいしいので、見かけたらぜひ試してほしい冬のストリートフードだ。価格は12粒ほどでHK$20程度とお手頃。

基本は、量り売りなのでお札を渡せばその分量を売ってくれる

057 /316 🍴グルメ

旅行中のビタミン補給にも！
カットフルーツが手軽で新鮮

数種類のフルーツが入ったパックが、HK$25くらいからのお手軽価格で買えるのが香港のいいところ。朝食や夜食などにぴったり。香港だからこそ出会えるる日本にはないフルーツもいろいろ。暑い夏場はフルーツジュースも水分＆ビタミン補給に活用したい。

スーパーや街なかの果物店でたくさん売っている

©Chie Ikegami

058 /316 🍴グルメ

早起きして食べたい！
できたてアツアツの豆腐花

香港にはアジアスイーツの代表格である豆腐花（ダウフファ）店が多い。おいしい豆腐花を食べたいと思ったら、早起きするのが一番。その理由は、豆腐屋の開店時間に合わせて訪れれば、できたてのアツアツの豆腐花が食べられるから。早起きは三文の得！

荳花 HK$8

▶ 深水埗
公和荳品廠
ゴンウォーダオバンチョン　Kung Wo Bean Curd Factory
| DATA→P.75

★ TECHNIQUE
テクニック

059/316 🍴グルメ
香港グルメ「燒味(シュウメイ)」の メニューを攻略！

　香港町なかランチの定番ともいえるのが、ロースト肉のせごはん。こんがり焼けた各種ローストをごはんにのせるので肉はもちろん、香ばしいたれと肉汁がごはんにしみて最高の味わいに。焼く肉はガチョウ、ポーク、チキンが一般的。創業から継ぎ足し継ぎ足しした秘伝の自家製だれで香ばしく焼かれたロースト肉は、店ごとに自慢の味があるので食べ比べるのも楽しい。チャーシュウが自慢、ガチョウが自慢など店々で看板メニューがあるので事前にクチコミを調べてGO！

ロースト店の軒先には、おいしそうなロースト肉がズラリ！　何肉かわかるように頭を付けて焼かれている

■おもなロースト肉の種類

・燒鵝（シュウ オウ）	…ガチョウのロースト
・叉燒（チャーシュウ）	…はちみつをかけて焼いたロースト・ポーク
・燒肉（ショウ ヨック）	…ロースト・ポーク（皮付き）
・切雞（チッ ガイ）	…ロースト・チキン（皮が白い状態）
・油雞（ヤウ ガイ）	…ロースト・チキン（皮が茶色の状態）

060/316 🍴グルメ
いろいろ食べたいときは "雙併"しよう！

　ロースト店に行くと、ガチョウ、ポーク、チキンとさまざまな肉があり、どれもこれも食べてみたくなる。そんなときは、メニューになくても"合い盛り"（雙併／ションピン）にすることが可能。数ドル高くなるが、せっかくだからいろいろ試してみよう！

ごはん（飯／ファン）付きでも、単品でもOK！

061/316 🍴グルメ ダーパオ
"打包"のひと言で 何でも持ち帰りOK！

　香港では食べ残しを持ち帰ることが普通なので、食べきれないときは恥ずかしがらずにそのことを伝えて。英語が通じない店なら「ダーパオ！」と言えば店員が包んでくれる（自分で包む場合も）。小腹がすいたら、ホテルでつまもう。

夏場などは食品の衛生・温度管理に十分注意しよう

★ TECHNIQUE
テクニック

062/316 🍴グルメ
香港グルメの名脇役 油菜を極める！

ローカル店でも高級広東料理店でも必ずといっていいほどあるのが「油菜（ヤウチョウ）」。青菜の小皿料理を指すが種類はさまざま。おもな青菜は、チャイニーズブロッコリーと呼ばれる「芥蘭（ガイラン）」、菜の花のような「菜心（チョイサム）」、ロメインレタスのような「油麦菜（ヤウマッチョイ）」がある。オイスターソースや豆腐餻のソースなどがのったシンプルな副菜で、どんなメイン料理とも相性ぴったりの名脇役だ。

青々した青菜は新鮮でおいしい！

063/316 🍴グルメ
ホットコーラが 風邪の予防に効く!?

茶餐廳や冰室には、熱可楽（温めたコーラ）がある。日本人にはびっくりのホットコーラ、香港では風邪予防に効果的なんだとか。旅の思い出にチャレンジ！

ショウガ入りのホットコーラもある！

064/316 🍴グルメ
レストランでおいしい 調味料を見つけたら

莆田の
チリソース
HK$48

シーフードがおいしい「莆田」のチリソースや、チャイニーズアフタヌーンティーが人気の「天外天」のお通しに出てくるカシューナッツHK$198などの、自家製調味料や加工品を購入できるレストランが多い。テーブル上の調味料で気に入ったものがあれば、買えるか尋ねてみて。

おしゃれな点心が香港らしい、アフタヌーンティー（週末・祝日限定）もおすすめ

▶尖沙咀
莆田
ポーティン　Putien
[アクセス] 尖沙咀駅B1出口から徒歩5分
[住] 彌敦道118-130號 美麗華廣場2期2樓269-270號舖(Mira Place Two, Nathan Rd.)
☎ 3621-0825　🕘 11:30～16:15、17:30～22:30
[休] 無休　CARD 可

▶紅磡
天外天
ティンゴンティン　Above & Beyond Chinse Restaurant
[アクセス] 紅磡駅D1出口から徒歩5分、尖東駅P2出口から徒歩10分
[住] 東部科學館道17號 唯港薈28樓
(Hotel ICON, Science Museum Rd.)
☎ 3400-1318　🕘 11:00～14:30(土・日曜、祝日～16:00)、18:00～22:30　[休] 無休　CARD 可

★ TECHNIQUE
テクニック

065 /316 | グルメ
アート好きは3月に香港旅行を検討しよう

毎年3月には、「アートバーゼル」、「アートセントラル」などの大規模アートイベントがある。そのため、レストランやホテルも、アートを意識した特別メニューやイベントがめじろ押しで、特別な香港体験ができるかも！

アート月間にあわせてグルメシーンも盛り上がる

アートバーゼル
URL www.artbasel.com/hong-kong

アートセントラル
URL artcentralhongkong.com

066 /316 | グルメ
ワイン好きは「香港ワイン＆ダイン・フェスティバル」へ

秋の定番となった、世界中のお酒と食べ物を楽しめる香港最大のグルメイベント。400以上のブースが出店し、20を超える国のワインが集まる。会場は、中環のハーバーフロント・イベント・スペース。香港旅のついでに、九龍サイドの夜景を眺めながらのグルメなひとときを楽しもう。

香港ワイン＆ダイン・フェスティバル
URL www.DiscoverHongKong.com

067 /316 | グルメ
夜だけじゃなく昼も最高なバーはここ！

ショッピングモール「ランドマーク」にあるジン専門バー「ドクター・ファーンズ・ジン・パーラー」。世界の250種以上のジンを揃え、2017年には「アジアのベストバー50」にランクインした実力派。医院をモチーフにした隠れ家バーは、バーとしてももちろんおすすめだが、実は店は12:00オープンで、凝ったお茶やアフタヌーンティー、サンドイッチなども幻想的なプレゼンテーションでおいしいものばかり。中環のなかでも場所がよく特別感があり、教えたくないタイプの穴場情報だ。観光に疲れたら立ち寄ってみて。

薬局の薬棚のようなインテリアもおもしろい

▶ 中環
ドクター・ファーンズ・ジン・パーラー
Dr. Fern's Gin Parlour

アクセス 中環駅G出口から徒歩4分
住 皇后大道中15號 置地廣場地庫B31A號舖 (The Landmark, Queen's Rd. Central)
☎ 2111-9449
営 12:00〜翌1:00(金・土曜〜翌2:00)
休 無休
CARD 可

★ TECHNIQUE
テクニック

068 /316 🍴 グルメ

コスパのいい上海蟹は滬江飯店にあり！

　香港人の秋冬のお楽しみといえば、上海蟹（大閘蟹と書く）。9〜12月のシーズンが到来すると、上海蟹を求める客で上海料理店は大にぎわいだ。なかでも、コスパがいいと香港人に人気なのが「滬江飯店」。上海蟹セットなるメニューがあり、蟹味噌スープや蟹味噌小籠包、上海蟹、蟹味噌おこわ、デザートなどが一式HK$500台で味わえる。年々価格が上がる傾向があるとはいえ、日本で食べるよりも新鮮でお得なのは確実！　9〜12月に香港を訪れたらぜひご賞味あれ。

上海蟹を食べるためだけに香港に行くのも十分にアリ

▶ 尖沙咀
滬江飯店
ウーコンファンテン　Wu Kong Shanghai Restaurant
[アクセス] 尖沙咀駅H出口から徒歩1分
[住] 彌敦道27-33號 良士大廈地庫（Alpha House, Nathan Rd.）
[☎] 2366-7244
[営] 11:30〜23:30
[休] 無休
[CARD] 可

---

069 /316 🍴 グルメ

秋の名物菓子「月餅」をお得にゲットする方法

　秋の中秋節の月餅は毎年8月頃から売り出されるが、早く買えば買うほどディスカウントプライス（10％OFFなど）で買える。また、中秋節後に売れ残りをバーゲン価格で売ったりするので、もちろんそちらもお得。なお、月餅の賞味期限は意外に長い。

中国の収穫祭である中秋節は、町中がランタンで飾られとても幻想的

070 /316 🍴 グルメ

人気レストランの行列を回避するワザ

　ローストで知られる「甘牌焼鵝」（→P.27）や、世界イチ安いミシュランガイド星付き店で有名な飲茶の「添好運點心專門店」（→P.17）などの人気店は行列必至！　テイクアウトなら並ばずに購入できることが多いので、「外賣（オイマイ）」（テイクアウト）してホテルで食べるのも手！

店の人に「オイマイ、OK？」と尋ねてみよう

★ TECHNIQUE
テクニック

071 /316 | グルメ

スターバックスの香港限定メニューは必食！

オールド香港を再現した中環のスターバックスのコンセプトストアでは、パイナップルパンやエッグタルトなど香港らしいメニューの販売も。日本のスタバでは味わえない限定メニューを楽しもう。

昔の喫茶店「冰室(ピンサッ)」をイメージした香港ならではのコンセプトストア

▶ 中環
スターバックスコーヒー都爹利街店
星巴克咖啡都爹利街　Starbucks Coffee Duddell Street

- アクセス 中環駅G出口から徒歩5分
- 住 都爹利街13號 樂成行地庫中層 (Baskerville House, Duddell St.)
- ☎ 2523-5685
- 営 7:00〜21:00(金曜〜22:00、土曜8:00〜22:00、日曜9:00〜20:00)
- 休 無休　CARD 可

パイナップルパン
HK$16

コーヒーエッグタルト
HK$13

---

072 /316 | グルメ

せっかくの香港だから日本にない食材にトライ

"郷に入っては郷に従え"ということで、日本では食べられない地元食材やメニューを試してみて。なかでも気軽に挑戦できるのが粥や麺店のサイドメニュー。下記にある炸油條や腸粉のほか、薄い衣で魚の皮を揚げた炸魚皮などがおすすめ。麺や粥にトッピングしてみよう。

細長い揚げパン「炸油條」。砕いてお粥にトッピングするのが香港流の食べ方

米粉を蒸したライスロール「腸粉」。もちもちの食感がヤミツキになるはず

073 /316 | グルメ

夜遅くに小腹がすいたら甜品店に駆け込もう

日本人がシメにラーメンを食べるのと同様に、香港人は甜品(ティムバム)店でシメる。中華スイーツには、餡入り団子が温かいショウガスープに入ったものや、ごまやクルミの汁粉など体を温めるスイーツが豊富で、しかも深夜営業をしている店が多い。

温かいスープ入り団子は夜におすすめ

★ TECHNIQUE
テクニック

074 /316 | グルメ
香港のランチタイムは13:00台。12:00台なら入りやすい

香港のオフィスワーカーたちのランチタイムは、**13:00台と日本より遅め**。人気店のランチ飲茶などを狙いたいときは、少し前倒しして12:00頃に行ってみよう。ランチ営業の開始時間なら、たいてい入店できるはず。逆に遅い時間は、アフタヌーンティータイムとなり、混雑しがち。

旅先の一般的なビジネスアワーを調べるのは重要！

075 /316 | グルメ
スタバやマックなどチェーン店での後片付け不要

香港のスターバックスやマクドナルドはもちろん、茶餐廳や麺粥店など香港の飲食店では食後の食器を客が片付ける習慣がない。なぜなら、**各店には片付け担当係がいるから**。どの店でも食べ終わったらそのまま食器を残して店を出よう。店によっては食べ終えた途端に片付けられるので驚かないで。

日本人特有の気配りで片付けると、彼らの仕事を奪ってしまうので気をつけよう

076 /316 | グルメ
少人数で本格中華ならハーフサイズをオーダー

大皿に盛りつけられる中国料理は、少人数だと種類が食べられないことも。広東料理店「香宮」や灣仔にあるグランド・ハイアット香港内の「ワン・ハーバー・ロード」は、ハーフサイズを頼めば提供してくれる場合が多いのでチェック。

ハーフサイズ提供が可能か聞いてみよう

▶ 灣仔
ワン・ハーバー・ロード
港灣壹號　One Harbour Road
DATA→P.17

▶ 尖沙咀
香宮
ヒョングン　Shang Palace
[アクセス] 尖沙咀駅連結通路経由P1出口から徒歩1分
[住] 麼地道64號 九龍香格里拉大酒店地庫1層（Kowloon Shangri-La Hotel, Mody Rd.）
[電] 2733-8754　[営] 12:00〜14:30(土・日曜、祝日10:30〜)、18:30〜23:00　CARD 可

★ TECHNIQUE
テクニック

077/316 🍴 グルメ
知っておくと得する
飲食店の広東語9選

サービス料が必要か、アルコール飲料は置いてあるか（茶餐廳などでは酒類がない店も）など、下記のおもな広東語リストを覚えておくと便利だ。クチコミサイト「OpenRice」（→P.60）でも使えるのでレストラン検索にも役立つ。

■飲食店で見かける広東語リスト

歓迎外賣	テイクアウト歓迎
加一服務費	サービス料あり
網上訂座	インターネット予約
自帶酒水	アルコール持ち込み可
素食	ベジタリアンフード
馳名○○、牌品○○	店の人気・看板メニュー
電話訂座	電話予約
酒精飲品	アルコール飲料
開瓶費	アルコール持ち込み料金

078/316 🍴 グルメ
広東料理レストランの
真価を計るメニューは？

上湯（シャンタン）と呼ばれるスープは中華料理の命。各店独自のレシピで作られた上湯があり、さまざまな料理のベースに使われるだけに、スープがおいしい店は、そのほかの料理もおいしい！

まずはスープメニューを頼んでみよう

079/316 🍴 グルメ
飲茶をお得に
楽しむ方法がある!?

香港を訪れたなら、誰もが一度は食べるのが飲茶だろう。飲茶は、広東レストラン全般で食べられるが、朝食とランチに提供されるのが一般的。そのため、飲茶を扱う店ではランチのピーク時間以外の時間帯、早朝や14:00以降に20％オフなどのディスカウントを実施していることが多い。14:00以降だと品数が減っている可能性はあるが、お得に食べられるのはうれしい限り。食べたいグルメがたくさんある香港だからこそ、食費を上手にやりくりして食べ歩きたい。

支店が多い飲茶店「翠園」では、14:00～L.O.15:00に注文すると20％オフになる

▶尖沙咀

翠園
チョイユン　Jade Garden

[アクセス] 尖沙咀・尖東駅L6出口から徒歩1分
[住] 梳士巴利道3號 星光行4樓
(Star House, Salisbury Rd.)
[☎] 2730-6888
[営] 11:00～15:30（土・日曜、祝日10:00～）、17:30～23:00
[休] 無休
[CARD] 可

★TECHNIQUE
テクニック

080/316 | グルメ
茶餐廳などローカル店の メニューで注意すべきこと

茶餐廳や冰室などのローカル店は単価が安いこともあり、**ひとりあたりの最低消費金額（毎位最低消費）を提示している**店が多い。入口の張り紙やメニューの最下部などに注意書きがないか確認を。飲み物だけでは最低消費金額に届かない場合もあるので、注意！

「毎位」という表記は「ひとりあたり」という意味

ここをチェック！

081/316 | グルメ
あれ？ 箸がない！ そんなときどうする？

香港のファミレス的存在である茶餐廳では、テーブルの上に箸やスプーンなどが見当たらず、かつ、料理と一緒に箸が運ばれてこないことがある。そんなときは、テーブルに引き出しが付いていないかチェック。**箸やフォーク、スプーンなどのカトラリーや紙ナプキンなどが引き出しに入っている場合が多い。**

店員に声をかける前に引き出しの有無を確認！

082/316 | グルメ
香港だから楽しい 食べ歩きの仕方とは？

麺店、粥店など単品メニュー店が多い香港。香港人は、ここでワンタン麺を食べたら近くの甜品店で牛乳プリンを食べるなど、**お気に入りのオリジナルのコース・プランをもっている。**滞在中に町なかの店をつないでフルコースを作ってみては？

①まずは、佐敦の人気店「麥文記麵家」のワンタン麺をいただく
②その後、近所の「澳州牛奶公司」の牛乳プリンをいただくのがおすすめ

083/316 | グルメ
広料理レストランで 注文するときのマナー

広東料理レストランは、メニュー数が多くて注文に困ることも。そんなときは、**「（食べる人数×1皿）＋1皿」を目安に注文**してみよう。ひと皿の量を見ながら足りないときに追加注文するのが賢い。

店によってボリュームに差があるので、いきなり何品も頼まないのがコツ

★ TECHNIQUE
テクニック

084 /316 🍴グルメ

リーズナブルで種類豊富！
食べ歩き天国・登打士街へ

屋台が軒を連ね、夜までにぎわっている油麻地の登打士街。カレー風味のフィッシュボール、腸粉などのスナックから、雞蛋仔などのスイーツ、ジュースまで、香港のB級グルメを楽しめる。

椰汁大王の
タピオカ入りココナッツ
ミルクジュース
HK$18

ココナッツの香りが
濃厚なジュースは
注文後に作るので
とてもフレッシュ

ポテトのほか
ソフトクリームや
かき氷なども売っている
スナックの店

ホット・コムの
フレンチフライ＆
ソーセージHK$29

開放的なイートイン
スペースがあるので
フレッシュジュースで
ゆっくりと休憩を

輕鬆一下の
スイカジュース
HK$18

---

085 /316 🍴グルメ

辛過ぎを避ける
魔法の合言葉「少辣」

香港でも四川系の辛い料理が人気だけれど、店によって辛さのレベルはまちまち。辛いものが得意ではない人は、注文するときに「少辣（シウラー）」と伝えよう。これは広東語で辛さ控えめの意味。

ちょっとだけ辛くしたいときは、「少少辣（シウシウラー）」。簡単なので覚えておこう

086 /316 🍴グルメ

日本のスタバでは飲めない
マスト★ドリンクあり！

街のいたるところにジューススタンドがあり、香港人の生活には欠かせないフレッシュジュース。世界規模のコーヒーチェーン「スターバックスコーヒー」でもスイカやパッションフルーツなど数種類を用意している。シーズンによりラインアップは変更あり。

滞在中のビタミン補給に。
空港にも支店があるので帰国の
直前までジュースが飲める

スターバックスコーヒー→P.54

★ TECHNIQUE
テクニック

087/316 🍴グルメ
ローカルの人気店はホテルのコンシェルジュに予約代行を

ローカル店などでは、英語を話すスタッフがいないことも多く、予約するのが難しい。そんなときはホテルのコンシェルジュに広東語で予約をしてもらおう。チップは不要だが、お礼を伝えて。

香港には英語が通じない名店も多い。恥ずかしがらずに相談してみよう

088/316 🍴グルメ
"にぎわう店はうまい"というアジアの鉄則は香港でも有効

行列や混雑店を見つけたら、外観を撮影するなどして店名を控えよう。その後、スマホやPCで検索してみて。香港最大級のクチコミサイト「OpenRice」を見ると、高評価店だ！ なんてことも。

オープンライス
開飯喇　Open Rice
URL www.openrice.com

行列の先に美食あり。こうやって新規店を開拓する香港ツウはたくさんいる！

089/316 🍴グルメ
観光客なら利用しないと損！ハッピーアワーを狙おう

香港島の蘭桂坊、九龍のナッツフォード・テラスなど、バーの集まるエリアには17:00〜21:00頃にハッピーアワーを設けている店も多い。価格が安くなったり、お酒をお得に楽しめちゃう！

蘭桂坊
レストランやバーが軒を連ね、地元の若者や外国人が集まる香港島屈指の夜遊びエリア

▶ 中環
蘭桂坊
ランカイフォン　Lan Kwai Fong
アクセス 中環駅D1出口から徒歩6分
住 蘭桂坊(Lan Kwai Fong)

ナッツフォード・テラス
オープンテラスのレストランやバーが並ぶ。メキシコやブラジルなど多国籍の店が多い

▶ 尖沙咀
ナッツフォード・テラス
諾士佛臺　Knutsford Terrace
アクセス 尖沙咀駅B6出口から徒歩6分
住 諾士佛臺(Knutsford Terrace)

時間や内容が書かれた看板をチェック。ただし、安いからといって飲み過ぎには注意！

★ TECHNIQUE
テクニック

090/316 🍴グルメ
「金牌」「招牌」と付いた料理を頼めば間違いない

レストランでメニュー選びに迷ったら「金牌」「招牌」が付いた料理を注文してみよう。「金牌」は何らかの料理賞で金賞を取ったもの、「招牌」はその店の看板料理を意味している。

初めて訪れた店で使えるテクニック。メニューを見たら、このふたつの文字を探してみて

091/316 🍴グルメ
高級店は飲茶のあるランチが狙い目

高級店はディナーに比べて、ランチがとっても割安。特に広東料理店は、ランチタイムに飲茶があるので、点心数品とチャーハンなどを頼めばディナーでアラカルトを注文するより断然お得！

広東スタイルのモダンな料理を提供する、ミシュラン星付きレストラン、香宮

香宮→P.55

092/316 🍴グルメ
変わりやすい営業時間はグルメサイトでチェック！

営業時間などが変動しがちな香港のレストラン情報は、ガイドブックと合わせてグルメサイトでダブルチェックを。香港版食べログ、「OpenRice」はマカオや台湾、タイなど海外9ヵ国で展開している、香港発の人気グルメサイト。検索方法はサイトの上に調べたい店の名前や住所を入力。店舗情報ページには、店舗データから予算、投稿者の評価（舌を出したニコちゃんマークはよかった、OKはまぁまぁ、泣いているマークは残念）がわかる。店名の横に「結業」と記載されていたら、閉店しているので注意。

英語ページもあるので検索しやすい。スマートフォン用アプリもある

サイト上の情報のほうが古い場合もある。あくまで目安として活用して

OpenRice
URL www.openrice.com/zh/hongkong

★ TECHNIQUE
テクニック

093 /316 🍴 グルメ
ティータイムの茶餐廳は メニューの値段が安くなる！

ティータイム（下午茶）に入ると、料理が安くなる茶餐廳もある。おなかがすくのをちょっとだけ我慢して、ランチタイムからずらしてお店に入れば、お得に食べられちゃうので、使わない手はない！

ティータイムは14:00〜18:00。「下午茶」の値段をチェックして、お得に食べよう

094 /316 🍴 グルメ
食堂のセットではアイスより ホットの飲み物が安い！

香港ではホットドリンクより、コールドドリンクのほうが高い。約HK$2くらいの差額だが、食事のたびに注文すれば旅費もかさむ。それに、夏場はどの店もエアコンが過剰なので、ホットドリンクが飲みたくなるかも？

塵も積もれば山となる。日本にはない価格設定に注意

095 /316 🍴 グルメ
常連さんらしき人が食べている ものを思い切って指さし！

ローカル店ではメニューに写真がない店がほとんどで困ってしまう。そんなときは、周りの人が食べているものを指さし！ 卓上のメニューを指さしながら「我要 嗰個（オーイウ ゴゴ／あれをください）」と言ってみよう。

「呢個 係咩?（ニー ゴ ハイ マッ?／それは何ですか?）」と聞いてみてもOK

096 /316 🍴 グルメ
有名調味料は シティスーパーに集中

香港グルメを食べると調味料も気になるはず。なかでも有名メーカーの調味料は持ち帰る価値大。シティスーパーなら、各メーカーの調味料が揃っているので、各直営店に行く必要がなく時短に。

シティスーパー→P.117

★ TECHNIQUE
テクニック

097/316 グルメ
どの店にもお酒メニューがあるワケではない!?

香港の茶餐廳やロースト店は、お酒にぴったりのメニューがたくさんあるのにお酒のメニューがない……。絶対に飲みたい人は、バーやレストランを選ぶべし。お酒を頼んで「沒有（メイヨー）」と言われたら「ないよ」の意味。お酒好きは、覚えておこう。

茶餐廳はP.64をチェック!

098/316 グルメ
酒代を安くしたい人は持ち込みOKの店へGO

香港の中華レストランはアルコール持参が可能（自帶酒水）でスーパーなどで買って持ち込める。ただし、持ち込み料（開瓶費）がかかることが多い。下記フレーズを覚えておき、お得にお酒を楽しみたい。

覚えておきたい英語フレーズ
■お酒を持ち込んでもいいですか?
May I bring alcoholic beverages?
■持ち込み料金はいくらかかりますか?
How much is the corkage fee?

099/316 グルメ
香港式ティータイムは茶餐廳や冰室で楽しむ

イギリス統治時代の名残で、今も英国式アフタヌーンティーが盛んな香港。3段トレイを囲んだ英国式アフタヌーンティーもいいけれど、スイーツとコーヒーや紅茶のセットがいただける香港式「下午茶」を茶餐廳や冰室でトライしてみて。

香港式ティータイムの定番は、フレンチトーストとミルクティー

100/316 グルメ
香港の「吉野家」はうまい、安い、新しい!

香港の「吉野家」には、おなじみの牛丼のほか、鶏丼、ライスヌードル、午後のティータイムセットなど、日本人には珍しいメニューがいっぱい揃っている。日本とは異なる雰囲気も楽しんでみて。

野菜と牛肉の盛り合わせ丼「野菜牛肉飯（大）」HK$35

吉野家
URL www.yoshinoya-hk.com

★ TECHNIQUE テクニック

101 /316 🍴 グルメ

香港国際空港は美食の宝庫
第1Tの空港グルメは大刷新中！

　香港国際空港は、2024年の完成を目指して第3滑走路の建設を進めている。空港拡張にともない第1ターミナルの東大堂（East Hall）のフードコートがリニューアル中。900席ほどあった座席は1200席に増え、もちろん店舗も増え、さらに24時間営業になる！　最近オープンした注目店をご紹介。

©Miyako Kai

元マンダリン・オリエンタル総料理長がデザインするグルメバーガーが有名。チャーシュウバーガー、香港ミルクティーのクレームブリュレなど、空港店だけの限定メニューがあるのでおすすめ。

▶大嶼島
ビーフ＆リバティー
Beef & Liberty（空港店）

アクセス 機場駅と直結
🏠 香港國際機場1號客運大樓東大堂
(Unit 7E 138, Departures East Hall, Terminal 1, Hong Kong International Airport)
☎ 2152-1966　🕐 7:00～24:30（バー～翌1:30）
休 無休　**CARD** 可

©Chiho Ohsawa

中環のIFCモールで行列ができるほど香港人に人気のケーキ店が空港内にオープン。ニューヨーク発のケーキ店で、ミルクレープが自慢。ココナッツミルクのミルクレープが香港限定品。

▶大嶼島
レディ・エム・ニューヨーク
Lady M New York（空港店）

アクセス 機場駅と直結
🏠 香港國際機場1號客運大樓東大堂(Shop 7E142A & 7E151, 7/F, Departures East Hall, Terminal 1, Hong Kong International Airport)
☎ 2812-1228　🕐 7:00～23:00（ケーキ9:00～）
休 無休　**CARD** 可

©Chiho Ohsawa

常に焼きたてを提供しているエッグタルト店。味のよさと品質管理のよさにより香港品質保証庁から認証されているほど。香港式とマカオ式の2種類のエッグタルトを売っており、食べ比べができる。

▶大嶼島
蛋撻王餅店
ダンタッウォンベンディム　King Bakery（空港店）

アクセス 機場駅と直結
🏠 香港國際機場機場客運大樓(禁區)登機坪近28號閘口(Near Gate 28, Restricted Area - HKIA Terminal, Hong Kong International Airport)
☎ 非公開　🕐 7:00～24:30
休 無休　**CARD** 不可

第2ターミナルも新店OPEN！

　LCC利用者なら第2ターミナルも注目。写真の人気麺店「譚仔三哥米線」やローカル点心店「唐記」などをはじめ、第1ターミナルより若干お安いローカルグルメが揃っている。

©Chiho Ohsawa

RANKING
― ランキング ―

グルメ

香港のオールタイム大衆食堂
昔ながらの茶餐廳BEST8

★Ranking★
1位

金華冰廳

街中で「茶餐廳」(チャーチャンテン)や「冰室」(ピンサッ)などの文字をたくさん見かけるはず。これらは日本でいう大衆食堂のようなもので、早朝から深夜まで営業している。なかでもここ金華冰廳は、観光客人気も高い茶餐廳のひとつ。オープンから40年以上、親子3代で通う客もいるという地元の名店だ。1日中焼き続けるパンが評判で、麺類やご飯ものと一緒にオーダーする地元客も多い。ぜひお試しあれ！

馳名鮮油菠蘿包 HK$10
人気No.1のバター入りパイナップルパン

\ Recommend /
ふわふわのパンを覆うサクサクの分厚いクッキー生地は風味よく濃厚な味わい。バターにはレモンのようなさわやかな酸味があり、これひとつで満腹に。朝ごはんにぴったり。
（地球の歩き方編集部 福井）

▶ 旺角

金華冰廳
カンワーピンヘン　Kam Wah Cafe & Bakery

- アクセス 太子駅B2出口から徒歩5分
- 住 弼街47號地下 (Bute St.)
- ☎ 2392-6830
- 営 6:30〜23:30
- 休 旧正月3日間
- CARD 不可

奶茶 HK$17
4種の茶葉をブレンドしたミルクティー

店頭にはおいしそうなパンが並ぶ。焼きたての香りに包まれて食べる朝食もGood！

約30年前に開店した家族で経営する和やかムードの茶餐廳。シンプルでおいしいと評判で、ランチタイムになると店内は満席に。スープとコーヒーなどのセットメニューもお得。1日20個限定のポークソテーサンド「豬扒飽」もぜひ。

\ Recommend /
豪快でしっかりした味付けの「猪扒飯」。これに野菜がのった「時菜猪扒飯」も好きですが、最近は混み過ぎていてちょっと足が遠のくくらいの人気です。
（池上千恵さん）

金牌豬扒飯 HK$48
看板メニューのポークチョップのせご飯

▶上環
科記咖啡餐廳
フォゲイガーフェイチャンテン　For Kee Restaurant

- アクセス 上環駅A1出口から徒歩6分
- 住 荷李活道200號 J-K舖（Hollywood Rd.）
- ☎ 2546-8947
- 営 7:00～16:30（土曜は～15:30）
- 休 日曜、祝日
- CARD 不可

★Ranking★
科記咖啡餐廳
2位

\ Recommend /
店内の赤い背もたれ付きの椅子は創業当時からあるとか。メニューはもちろん、本物のチャイニーズ・レトロな雰囲気を体感してみて！
（本誌編集Y）

60年以上の歴史がある香港式カフェ。おすすめは毎日店内で焼く食パンを使ったメニュー各種。スイーツ類もすべてがホームメイドだ。混雑するランチタイムは相席必至で、地元香港の人たちとの触れ合いも期待できそう。

▶上環
海安咖啡
ホイゴンカーフェ

- アクセス 上環駅C出口から徒歩6分
- 住 干諾道西17號地下（Connaught Rd.）
- ☎ 2540-6340
- 営 7:30～16:30（金曜は～15:00）
- 休 日曜、祝日
- CARD 不可

各式厚多士 HK$14
シンプルな厚切りトースト

海安奶茶 HK$16
濃厚な香港スタイルのミルクティー

★Ranking★
3位　海安咖啡

RANKING
― ランキング ―

創業1964年、多くの常連に愛される香港式カフェ。天井で回るファンや床のタイルなど、店内は古きよき香港の雰囲気たっぷり。『PTU』など映画のロケ地としても知られているので、聖地として訪れる香港映画ファンもいる。

▶旺角
中國冰室
チョンウォピンサッ

|アクセス| 旺角駅A2出口から徒歩3分
|住| 廣東道1077A號地下(Canton Rd.)
|電| 2397-7825
|営| 6:00〜19:00
|休| 旧正月、清明節
|CARD| 不可

\ Recommend /
ココナッツミルクから作られたカヤジャムをぬったトースト(加央多士)とミルクティー(奶茶)がおすすめ。
（清水真理子さん）

手前：花生醬西多士 HK$20
ピーナッツフレンチトースト

奥：鴛鴦茶 HK$16
コーヒーとミルクティーを混ぜた香港オリジナルドリンク

★Ranking★ 中國冰室 **3**位

今も1950年代のクラシックな雰囲気が感じられるカフェ。2階の窓際席からは、油麻地を代表するお寺「天后廟」を眺められる。いちばん左奥のテーブルは、創業当時のまま。ぜひ2階へ！

▶油麻地
美都餐室
メイトウチャンサッ

|アクセス| 油麻地駅C出口から徒歩3分
|住| 廟街63號(Temple St.)
|電| 2384-6402
|営| 10:00〜22:00(L.O.21:30)
|休| 祝日、旧正月
|CARD| 不可

\ Recommend /
レトロかわいい店内はオールド香港の雰囲気を楽しむのにぴったり。ここのパイナップルパン(菠蘿包)は、あっさり軽めで食べやすいです。
（地球の歩き方編集部 福井）

★Ranking★ **3**位 美都餐室

手前：奶油多士 HK$13
コンデンスミルク＆バターをかけたトースト

奥：杏仁奶露 HK$17
ホットのアーモンドミルク

香港に30ほどの店舗をもつ有名茶餐廳チェーン店。ローカルフードをはじめ、"楽しく、おいしく、健康なものを"をモットーに、バラエティに富んだ約100種のメニューが揃う。

脆啤奶油豬 HK$18
コンデンスミルクを塗ったトースト

▶ 中環
翠華餐廳
チョイワーチャンテン　Tsui Wah Restaurant

アクセス 中環駅D2出口から徒歩4分
住 威靈頓街15-19號地下至2樓（Wellington St.）
☎ 2525-6338
営 24時間
休 無休
CARD 不可

\ Recommend /
夜遅くまで開いているお店が意外に少ない香港で、店舗によっては24時間営業しているので、夜食にもおすすめです。
（横井尚子さん）

★Ranking★ **6**位　翠華餐廳

1950〜60年代の冰室（カフェ）スタイルを再現したコンセプトカフェ。メニューは、当時のものからホテルでいただくような現代風なものまで、バリエーションが豊富にある。

▶ 銅鑼灣
喜喜冰室
ヘイヘイビンサッ　Café Match Box

アクセス 銅鑼灣駅E出口から徒歩4分
住 百德新街57號地下（Paterson St.）
☎ 2868-0363
営 8:00〜23:00
休 旧正月
CARD 可

\ Recommend /
レトロかわいいお店ですが、男子におすすめしたいメニューが「豆腐火腩飯」！ 豆腐と豚バラ肉がたっぷりのったごはんでガッツリおなかを満たしてくれますよ。
（クリス・ジョさん）

出爐蛋撻 HK$9/個
プリンのようにプルプルのエッグタルト

★Ranking★ **6**位　喜喜冰室

\ Recommend /
日本でいうメロンパンのようなパイナップルパンが大人気！ サックサクの皮とふわふわ生地がヤミツキになります。
（地球の歩き方編集部 壺子）

1951年創業の老舗カフェがリニューアル。5時間煮込んだ牛スジごはんや、甘い牛肉入りの卵焼きサンドなどの食事系パンメニューに定評あり。定番のパイナップルパンも必食！

▶ 跑馬地
祥興咖啡室
チョウヘンガーフェーサッ　Cheung Hing Coffee Shop

アクセス 銅鑼灣から跑馬地行きのトラムで終点下車
住 奕蔭街9號地下（Yik Yam St.）
☎ 2527-5097
営 7:00〜18:00
休 無休
CARD 不可

菠蘿飽 HK$14
バターを挟んだパイナップルパン

★Ranking★ **6**位　祥興咖啡室

RANKING
――― ランキング ―――

| グルメ |

肉系も魚介系も野菜も！
おいしい火鍋BEST5

★Ranking★ 1位

（左）正宗四川麻辣火鍋
（右）鮮果香湯鍋
各HK$168

\ Recommend /
たれは自分で好みの調味料と薬味を混ぜて作れる。パクチー好きならたっぷりと入れて。
（本書編集 Y）

四川出身のシェフが現地の食材を調理するレストラン。「麻婆豆腐」「覇王辯子雞」をはじめ、香港流にアレンジしていない本場の四川料理がいただける。「正宗四川麻辣火鍋」は唐辛子と山椒がたっぷり。辛くないスープ「鮮果香湯鍋」と交互に。

▶ 中環
三希樓
サンヘイロウ　San Xi Lou

アクセス	金鐘駅からタクシーで5分
住	花園道51號 科達中心7樓（Garden Rd.）
☎	2838-8811　営 11:00～16:00、17:30～23:00
休	無休　CARD 可

\ Recommend /
肉が新鮮かどうかで火鍋店を選ぶ香港人は多い。なかでも、ここの牛肉は新鮮で味が濃厚だと、肉食香港人に評判です♪（本書編集 K）

スープは14種類、具材は100種類以上もある人気店。牛肉が有名で、山東省産の牛の首筋肉など珍しい部位も。麻辣湯底は新鮮な牛肉との相性抜群！ 皮蛋鹽茜湯底はピータンとパクチー入りの白湯。団子や餃子類は自家製だ。

▶ 銅鑼灣
謙記火鍋
ヒンゲイフォグゥオ　Him Kee

★Ranking★ 2位
（左）麻辣湯底 HK$138
（右）皮蛋鹽茜湯底 HK$98

アクセス	銅鑼灣駅C出口から徒歩5分
住	謝斐道408-412號 華斐商業大廈1-2樓（Jaffe Rd.）
☎	2838-6116　営 18:00～翌2:00
休	旧正月　CARD 可

鶏肉&冬瓜、カニ&トマトなどスープの種類が豊富な店。人気の黄金海鮮湯底は取れたての海鮮をメインに新鮮な食材が楽しめる。4種類の肉団子「四寶丸」も美味。右写真の牛肉盛り合わせはHK$638。

\ Recommend /
カボチャがメインの野菜だしと海鮮のうま味が効いた黄金海鮮湯底。海鮮盛り合わせ付きでお得。(地球の歩き方編集部 金子)

▶ 銅鑼灣
火鍋本色
フォウォブンセッ　HotPot Instinct

アクセス 銅鑼灣駅C出口から徒歩2分
住 駱克道459-461號 The L. Square 6樓 (Lockhart Rd.)
☎ 2573-2844　**営** 18:00〜翌1:30
休 無休　**CARD** 可

★ Ranking ★
2位

黄金海鮮湯底
HK$368

鶏肉を炒めてからスープを注ぐ新しいスタイルの鶏煲専門店。チーズのスープがまろやかな黄金芝士は、鶏肉とチーズのバランスが最高においしい。野菜と一緒にいただこう。

\ Recommend /
鍋にいろいろな部位の鶏肉と大量のチーズを入れて煮込むいわばチーズフォンデュの中国火鍋版。具が減ってきたら火鍋のスープを足して、チーズ風味の火鍋として楽しめます。(清水真理子さん)

▶ 旺角
米走雞
マイザオガイ　Running Chicken

アクセス 太子駅E出口から徒歩1分
住 彌敦道761號 太子藍馬之城2樓 (Nathan Rd.)
☎ 6821-3394　**営** 18:00〜24:00
休 無休　**CARD** 不可

★ Ranking ★
2位

黄金芝士雞煲
HK$248(3〜4人前)

海鮮やお肉のだしが染み出た四川麻辣スープがやみつきになるおいしさ。ニンニクやごまなど、豊富な薬味をどれも多めにつけだれにトッピングして、四川麻辣のコクと辛さを味わってみよう。

▶ 佐敦
金牌海鮮火鍋
ガムパイホイシンフォーウオー
Gold Medal Seafood Hot Pot

アクセス 佐敦駅C2出口から徒歩3分
住 吳松街182號 榮國中心1樓 (Woosung St.)
☎ 2769-3339
営 11:00〜15:00、17:30〜翌2:00
休 無休　**CARD** 可

\ Recommend /
火鍋店を探すときにこだわりたいのが具材の鮮度。ここはどの具材も新鮮でおいしい!
(横井尚子さん)

★ Ranking ★
5位

牛骨鍋
HK$218

東西＆新旧MIXがおしゃれな モダンダイニングBEST8

レトロモダンなインテリアがおしゃれで落ち着ける空間も楽しもう

\ Recommend /
ドラゴンフルーツ入りの酢豚は味わったことのない新鮮さで印象的。イベリコ豚のチャーシューも必食！
（本書編集 Y）

イベリコ豚のチャーシューHK$295は、数量限定の看板メニュー

★Ranking★ 1位

モット32

2014年、中環のスタンダードチャーター銀行の地下にオープンして以来、いまだ人気が続く。広東料理に四川と北京料理の要素をミックスした中華料理を味わえる。地元産の食材と伝統的な調理法にこだわり、昇華された家庭料理の数々は絶品！ おしゃれでおいしいのが愛される理由かも。ゴージャスなインテリアに合わせて、少しドレスアップして出かけたい。

▶中環

モット32
卅二公館　Mott32

- アクセス 中環駅K出口から徒歩2分
- 住 德輔道中4-4A號 渣打銀行大廈地庫 (Des Voeux Rd.)
- ☎ 2885-8688
- 営 12:00〜15:00、18:00〜23:30
- 休 不定休
- CARD 可

伝統的な広東料理を現代風に提供する人気店。地場産の鶏や豚肉、地元農家から仕入れるオーガニック野菜、化学調味料を使わない自家製ソースなど厳選された食材のみを使う。何度でも食べたくなる、上質な味だ。

▶ 中環
大班樓
ダイバンラオ　The Chairman

[アクセス] 中環駅A2出口から徒歩5分
[住] 九如坊18號地下(Kau U Fong)
[☎] 2555-2202
[営] 12:00〜15:00、18:00〜22:30
[休] 無休
[CARD] 可

\ Recommend /
厳選食材にこだわった広東料理は、アジアのベストレストラン50の常連。予約が取りにくい人気店です！
（本書編集 A）

店の名物、カニの紹興酒蒸し鶏油かけ。陳村粉（幅広の米麵）と一緒にいただこう

★Ranking★
2位　大班樓

\ Recommend /
アジアベストシェフ女性部門に輝いたメイ・チョウさんが手がける創作広東料理レストラン。おなじみの広東料理が独創的に進化。
（清水真理子さん）

部位ごとに真空調理した鶏ムネ肉と足のスープ入りチャーハン
HK$328

バーやクラブを思わせるファンキーな店内。広東料理にバターを使いフレンチの要素を加えるなど、今までにない料理の数々にメイ・チョウさんとシェフのジョンさんのセンスが感じられる。

▶ 中環
ハッピー・パラダイス
Happy Paradise

[アクセス] 中環駅C出口から徒歩10分
[住] 蘇豪士丹頓街52-26號 明興樓地下上層 (Staunton St.)
[☎] 2816-2118
[営] 18:00〜翌1:00(木〜土曜〜翌2:00)
[休] 日曜
[CARD] 可

★Ranking★
3位　ハッピー・パラダイス

\ Recommend /
ここが香港とは思えないほど、本場タイの味わいを楽しめる。中華以外の味がほしくなったらサムセンへGO！
（本書フォトグラファー S）

15年の経験をもつオーストラリア人シェフが手がけるオーセンティックなタイ料理は、バンコクのストリートフードがメイン。少なめのメニュー数は料理の質を上げるためのこだわりだという。

パッタイHK$118。エビやナッツがたくさんのった本格的なひと品は大人気！

▶灣仔
サムセン
Samsen

アクセス 灣仔駅A3出口から徒歩6分
住 石水渠街68號地下 (Stone Nullah Lane)
☎ 2234-0001
営 12:00〜14:30、18:30〜23:00
休 日曜、1/1〜7
CARD 可

★Ranking★
3位 サムセン

\ Recommend /
おしゃれなインテリアとハーバービューは香港ならでは。フュージョン飲茶なので、香港人が食べても発見があります。
（メーター・チャンさん）

ハーバーシティの先端（オーシャンターミナル・デッキ→P.129）の地上階にあるレストラン。絶景ハーバービューを眺めながらモダンな空間で味わうフュージョン飲茶は、とっておきの日をすてきに彩ること間違いなし。バーも充実。

チーズ入り蒸しホウレンソウ餃子HK$50。モチモチの食感もクセになる

▶尖沙咀
六公館
ロッゴングン Hexa

アクセス 尖沙咀駅A1またはL5出口から徒歩10分
住 廣東道3-27號
海港城海運大廈地下OTE 101號舖(Canton Rd.)
☎ 2577-1668
営 11:30〜15:00、18:00〜翌2:00
休 無休
CARD 可

★Ranking★
3位 六公館

スペインで流行中のジントネリア（クラフトジンがメインのバー）が香港に進出。70年代の古きよき雰囲気を残した店内で珍しいジンカクテルを味わってみよう。

▶ 西營盤
ピンポン129
Ping Pong 129

- アクセス 西營盤駅B2出口から徒歩5分
- 住 西環西營盤129號 南昌樓（Second St.）
- ☎ 9835-5061
- 営 18:00～L.O.23:00
- 休 無休
- CARD 可

\ Recommend /
ジンメニューが豊富なバー。"元卓球場"の雰囲気を残した空間が香港らしい。
（清水真理子さん）

ピンポン129

\ Recommend /
デザイン雑貨店「G.O.D.」（→P.112）とコラボしたオーガニック中華レストラン。PMQ内にあるのでショッピングのついでに立ち寄りたい。
（地球の歩き方編集部 金子）

中環のショッピングセンター、PMQ（→P.107）内にあるレストラン。有機野菜の自家農園をもち、使用する肉類も有機畜産のものと、こだわりにあふれている。盛りつけも店内もモダン。

▶ 中環
ソーホーファーマ
料理農務 Sohofama

- アクセス 上環駅E2出口から徒歩9分、中環駅C出口から徒歩10分
- 住 鴨巴甸街35號 PMQ元創方A座 Staunton地下G09-G14號（Aberdeen St.）
- ☎ 2858-8238
- 営 12:00～15:00(土・日曜～16:00)、18:00～22:30
- 休 旧正月3日間
- CARD 可

ソーホーファーマ

人気レストラン「ダドルズ」のオーナーが作った新店。スタイリッシュで開放的な空間で、洗練された江南料理が楽しめる。最近はやりの個性派小籠包なども注文できる。

▶ 中環
オールド・ベイリー
奥卑利 Old Bailey

- アクセス 香港駅C出口から徒歩10分
- 住 荷李活道10號 大館賽馬會藝方2樓（Hollywood Rd.）
- ☎ 2877-8711
- 営 12:00～23:00
- 休 日曜
- CARD 可

\ Recommend /
2018年にオープンした最新スポット「大館」（→P.128）内にあるので観光も兼ねて訪れてみて。
（横井尚子さん）

オールド・ベイリー

昔ながらの味わいにほっこり
中華系スイーツBEST5

★Ranking★ 1位

寧波薑汁湯丸
HK$20

ミシュランガイドのストリートフード部門に選出されたスイーツ店。体にいい食材を使い、素材そのものの味を生かして砂糖はほとんど入れていないという健康的なスイーツばかり。なかでも、ごま入り団子の入ったショウガスープは、「体が温まる！」と冬に人気のひと品。

\Recommend/
ここのジンジャーはとにかくクオリティが高く、辛みが強い。食べたあとは体がポカポカに！　（清水真理子さん）

▶ 佐敦
佳佳甜品
ガイガイティムパム　Kai Kai Dessert

アクセス	佐敦駅B1出口から徒歩3分
住	寧波街29號地下 (Ning Po St.)
☎	2384-3862
営	12:00〜翌3:30
休	旧正月5日間
CARD	不可

清潔感のある店内で、昔ながらの伝統的スイーツの数々を味わえるのはうれしい

牛のマークでおなじみの絶品牛乳プリン店。濃厚でクリーミーなプリンは、一度食べたら忘れられない味。コーヒー、小豆、チョコレートなどのプリンもある。

▶ 油麻地
港澳義順牛奶公司
ゴンアウーソンアウナイコンシー　Yee Shun Milk Company

- アクセス 油麻地駅B1出口から徒歩2分
- 住 彌敦道513號地下(Nathan Rd.)
- ☎ 2332-2726
- 営 8:30～24:00
- 休 無休　CARD 不可

\ Recommend /
あったかプリンは、のどの調子が悪いときや寒い冬に食べたくなる。意外にもボリュームも満点！（メーター・チャンさん）

★Ranking★ **2**位　巧手薑汁燉鮮奶　HK$37

\ Recommend /
寒い日には温かい豆腐花、暑い日には冷たい豆腐花。小腹がすいていたら店内でおやつに豆腐料理を食べてみて。（横井尚子さん）

1893年から続く老舗の豆腐店。1時間ごとに作る「荳花(ダウファ)」や魚をのせて焼いた豆腐「煎釀荳腐(ヂムヨンダウフー)」など、どれも手軽な価格で子供のおやつとしても人気。

▶ 深水埗
公和荳品廠
ゴンウォーダウバンチョン　Kung Wo Beancurd Factory

- アクセス 深水埗駅B2出口からすぐ
- 住 北河街118號地下(Pei Ho St.)
- ☎ 2386-6871　営 7:00～21:00
- 休 旧正月7日間
- CARD 不可

★Ranking★ **3**位　荳花　HK$10

昔ながらの甜品(ティムバム)店。伝統的なスイーツがひととおり揃い、杏仁やクルミなどの汁粉が有名。全卵を使った蒸しケーキは、食後のデザートに最適。

▶ 西營盤
源記甜品專家
ユエンゲイティムバムチュンガー　Yuen Kee Dessert

- アクセス 西營盤駅B1出口から徒歩2分
- 住 正街32號地下(Centre St.)
- ☎ 2548-8687
- 営 13:00～23:00
- 休 無休　CARD 不可

\ Recommend /
卵の蒸しケーキは、持ち帰ってホテルで夜食に。桑寄生蓮子蛋茶もおすすめ。桑の茶に蓮の実とゆで卵が入ったもので、体にいいうえにおいしい！（池上千恵さん）

★Ranking★ **4**位　雞蛋糕　HK$8

©Chie Ikegami

\ Recommend /
季節限定というのがレア。ホクホクの栗がゴロゴロ入ってボリュームたっぷり。なのに甘さ控えめで食べやすい。（池上千恵さん）

自家製にこだわり、伝統スイーツを守り続ける良店。ゴロゴロの栗がたっぷり入った栗汁粉は、秋冬にだけ味わえる香港人にとっても特別な甜品。

▶ 深水埗
綠林甜品
ロクラムティムバム　Luk Lam Dessert

- アクセス 深水埗駅D2出口から徒歩2分
- 住 元州街77-79號地下(Un Chau St.)
- ☎ 2361-4205
- 営 14:00～翌1:00
- 休 無休　CARD 不可

★Ranking★ **5**位　栗子粒露(季節限定)　HK$33

RANKING
― ランキング ―

香港だから出合える新鮮さ
フルーツ系スイーツBEST5

芒果班戟
HK$34

　15店舗を構えるチェーン店の滿記甜品は、このマンゴークレープ巻きで一躍有名になった。完熟マンゴーとホイップクリームをクレープ生地で包んだ創作スイーツで、ふんわり食感と甘さがヤミツキに。元祖マンゴークレープの味をお試しあれ。伝統系スイーツからモダンなもの、フレッシュフルーツの盛り合わせなど、豊富なメニューが自慢。

▶ 上環

滿記甜品
ムンケイティムパン　Honeymoon Dessert

アクセス　上環駅B出口から徒歩7分
住　德輔道中323號 西港城地下4至8號舖（Des Voeux Rd.）
☎　2851-2606
営　12:00～23:00(金・土曜～23:30)
休　無休
CARD　可

\ Recommend /
ふわふわクリームとジューシーなマンゴーがベストマッチ！ スイカとスイカジュースがのった西瓜豆腐花もぜひ！
（本誌編集 Y）

尖沙咀の巨大ショッピングセンター、ハーバーシティにも支店があるので観光客は訪れやすい

マンゴースイーツが有名なチェーン店には、南国スイーツを贅沢に使った映えるメニューが揃う。芒之戀はマンゴー好きにはたまらない欲張りセット！ ドリンクメニューも豊富。

▶ 旺角
許留山
ホイラウサン　Hui Lau Shan

- アクセス 旺角駅E2出口から徒歩10分
- 住 彌敦道750號 始創中心地下G29號舖（Nathan Rd.）
- ☎ 2612-1692
- 営 12:00～23:00（金・土曜、祝前日～23:30）
- 休 無休　CARD 不可

\ Recommend /
どこを見てもマンゴーだらけ！ アイスや餅、プリンなど一度にいろいろ味わえてお得。
（地球の歩き方編集部 金子）

★Ranking★
2位
芒之戀
HK$49

\ Recommend /
昔ながらのスイーツを現代風にアレンジしながら、さらにおいしく仕上げているのがスゴイ！
（クリス・ジョさん）

若者に人気のおしゃれスイーツ店。龍眼椰果冰は、ココナッツとドラゴンアイのシャーベットに果実がたっぷり。フルーツ本来の甘さをたっぷり感じて！

▶ 銅鑼灣
聰嫂星級甜品
チョンソウセンカッテインバム　Cong Sao Star Dessert

- アクセス 銅鑼灣駅A出口から徒歩4分
- 住 耀華街11號地下（Yiu Wa St.）
- ☎ 2278-2622
- 営 12:00～24:00
- 休 旧正月　CARD 不可

★Ranking★
3位
龍眼椰果冰
HK$39

香港に8店舗展開するおしゃれ甜品チェーン。昔ながらの牛乳プリンをイマドキの器に入れ、新鮮でジューシーなマンゴーをたっぷりトッピング！ 食べ応え十分。

▶ 銅鑼灣
發記甜品
ファゲイティムバム　Lucy Dessert

- アクセス 銅鑼灣駅D1出口から徒歩2分
- 住 謝斐道526號地舖（Jaffe Rd.）
- ☎ 3427-9580
- 営 14:00～翌1:00
- 休 無休　CARD 不可

\ Recommend /
メニューがとにかく豊富。さまざまなフルーツを使ったドリンクやアイスがおいしい！
（横井尚子さん）

★Ranking★
4位
芒甲蛋白燉鮮奶
HK$46

\ Recommend /
ココナッツミルク×フルーツ×タピオカ×涼粉。香港スイーツのいいとこ取りで、満たされること間違いなし！
（池上千恵さん）

豆腐花専門店として開店したが、糖水やフルーツ系のスイーツのメニューも充実させ、香港スイーツ全般を取り扱うようになった甜品店。

▶ 天后
晶晶甜品
チョンチョンティムバム　Ching Ching Dessert

- アクセス 天后駅A2出口から徒歩2分
- 住 電氣道81A號地下（Electric Rd.）
- ☎ 2578-6162
- 営 13:00～24:00（土・日曜14:00～）
- 休 無休　CARD 不可

★Ranking★
5位
鮮雜果西米涼粉
HK$49

RANKING
― ランキング ―

| グルメ |

ひんやりおいしくカワイイ★
アイス系スイーツBEST5

★Ranking★
1位

サマー・ゼスト
各HK$68

　香港カフェブームの火付け役的存在の一軒。世界各地の産地から仕入れたコーヒー豆を気候や天候に合わせてローストするこだわりよう。ウッディなインテリアは欧米のカフェトレンドを感じさせ、大きな窓を開ければ心地よい風が店内に吹き込む。おしゃれなだけでなく心地よさも兼ね備えるカフェは人気で、連日多くの客でにぎわっている。

\ Recommend /
ボリュームがあってクッキーもアイスもおいしい。売り切れることもあるのでお早めに！ フレーバーは週替わりなので行くたびに違う味を楽しめます。
（メーター・チャンさん）

▶ 灣仔
エレファント・グラウンズ
Elephant Grounds

- アクセス　灣仔駅F出口から徒歩5分
- 住　永豊街8號 永豊大廈地下（Wing Fung St.）
- ☎　2778-2700
- 営　8:00〜21:00（土・日曜9:00〜）
- 休　無休
- CARD　可

入口にはオープンエアが気持ちいいカウンター席もある。外観もおしゃれでフォトジェニック！

カフェ風の店内では、伝統的なものから現代的なものまで味わえる。フィリピンマンゴーなど世界中から良質な素材を集め、品質にもこだわっている。

▶佐敦
松記糖水店
チョンゲイトンソイディム　Chung Kee Dessert

- アクセス 佐敦駅C2出口から徒歩2分
- 住 白加士街23號地下(Parkes St.)
- ☎ 2736-7895
- 営 12:00〜翌1:30
- 休 日曜
- CARD 不可

\ Recommend /
さっぱりした豆腐味のかき氷は、とてもヘルシー。ぺろりとひと皿食べても罪悪感がなく、おいしいのはうれしいかぎり！
（本書編集Y）

★Ranking★ 2位
豆腐味綿綿冰
HK$35

\ Recommend /
新旧スイーツがコラボした傑作。雞蛋仔は、中はモチモチ、外はカリカリでなめらかなソフトジェラートとベストマッチ。
（本書編集K）

★Ranking★ 3位
ナイト・ウルフ
HK$60

ソフトジェラートとワッフルのような香港伝統スイーツ「雞蛋仔」の店だったが、両者を融合するとたちまち評判に！　季節ごとにいろいろなフレーバーが登場する。

▶中環
オッディーズ
Oddies

- アクセス 上環駅A2出口から徒歩6分
- 住 歌賦街45號地下(Gough St.)
- ☎ 2750-2111
- 営 12:00〜22:30
- 休 旧正月1〜3日間　CARD 可

中華蒸しパンで具材を包むバオウィッチが話題のレストラン。なかでも、アイスを挟んだアイスクリーム・バオは新食感でおいしい！

▶中環
リトル・バオ
小包包　Little Bao

- アクセス 中環駅D2出口から徒歩8分
- 住 士丹頓街66號地下(Staunton St.)
- ☎ 2194-0202
- 営 18:00〜L.O.23:00（土曜12:00〜16:00、18:00〜23:00、日曜12:00〜16:00、18:00〜22:00）
- 休 無休　CARD 可

\ Recommend /
揚げたてのあったかバオと、ひんやりアイスのコントラストが最高。ミニサイズなので、食後のデザートにも最適です！（本書編集Y）

LBアイスクリーム・バオ
HK$38
★Ranking★ 4位

\ Recommend /
素朴で懐かしいソフトクリーム。街歩きで小腹が空いたときにちょうどいい。
（清水真理子さん）

★Ranking★ 5位
ソフトクリーム
HK$10

移動式アイスクリーム店。香港を象徴するアイコニックな存在で子供から大人まで、見つけると思わず食べてしまうという香港人多し。

▶尖沙咀
富豪雪糕
フーホウシュッゴウ　Mobile Softee

- アクセス 尖沙咀・尖東駅L6出口から徒歩約4分
- 住 尖沙咀天星碼頭對出巴士站
  (Star Ferry Terminal, Tsim Sha Tsui)
- 営 日により異なる
- CARD 不可

※上記住所は一例。香港市内のさまざまな場所に出没するので、見つけたらラッキー。

RANKING
ランキング

グルメ

優雅なホテルでご褒美体験
アフタヌーンティーBEST5

★Ranking★
1位

ロビー・ラウンジ

　ホテル「インターコンチネンタル香港」(→P.161)にある九龍イチの美景が広がる極上のティーサロン。ヴィクトリア湾や香港島を真正面に望みながら、優雅な時間を楽しめる。アフタヌーンティーセットのほか、シャンパン・ティーセットもある。この場所は、九龍からヴィクトリア湾へよい気(龍の気)が流れるパワースポットともいわれ、パワーチャージできるかも。アーティストや高級ブランドとのコラボレーション・メニューも要チェック。

\ Recommend /
オーソドックスなものからブランドなどとのコラボ・アフタヌーンティーまで、目の前にヴィクトリア・ハーバーを見ながらゆったりできます。
（木邨千鶴さん）

※写真はイメージ。2018年10月時点ではコスメブランド「ゲラン」とのコラボ・アフタヌーンティー1人前HK$468〜を提供中。

▶ 尖沙咀
ロビー・ラウンジ
Lobby Lounge

- アクセス 尖沙咀駅連絡通路経由J2出口から徒歩3分
- 住 梳士巴利道18號 香港洲際酒店大堂
  (InterContinental Hong Kong, Salisbury Rd.)
- ☎ 2721-1211
- 営 14:30〜18:00(土・日曜、祝13:30〜)
- CARD 可

座席数180の広々としたラウンジが自慢。夜はパノラミックな夜景を一望できる

※80〜81ページの営業時間は、アフタヌーンティーの提供時間です

正統派英国式アフタヌーンティーの伝統を守り続けてきたホテル「ペニンシュラ」のロビーでお茶をいただける。BGMは生演奏、食器はティファニーの特注品とエレガント！

※1人前HK$418〜

\ Recommend /
しっとりとしておいしいレーズンスコーンは、地下のペニンシュラ・ブティックでも売っています。最終日に買って持ち帰るといいですよ。（地球の歩き方編集部 福井）

▶ 尖沙咀
ザ・ロビー
The Lobby

[アクセス] 尖沙咀駅E出口から徒歩2分
[住] 梳士巴利道 半島酒店 (The Peninsula, Salisbury Rd.)
[☎] 2696-6772　[営] 14:00〜18:00　[CARD] 可

★Ranking★ ザ・ロビー 2位

\ Recommend /
歴史を感じられる店内。ローズジャムのスコーンがおいしい。（横井尚子さん）

ホテル「マンダリン・オリエンタル香港」では、伝統的な英国式のティータイムを楽しめる。スイーツやセイボリーはオリジナルレシピで、お茶は17種ほどから選べる。

※1人前
HK$298〜

★Ranking★ 3位 クリッパー・ラウンジ

▶ 中環
クリッパー・ラウンジ
Clipper Lounge

[アクセス] 中環駅F出口から徒歩1分
[住] 干諾道5號 香港文華東方酒店
(Mandarin Oriental Hong Kong, Connaught Rd.)
[☎] 2825-4007　[営] 15:00〜17:30
[CARD] 可

ホテル「グランドハイアット香港」のティフィンでは、軽食やスイーツはもちろん、アイスクリームもすべて手作りでトッピングも充実。店内は1日中生演奏が流れ、優雅な雰囲気。

▶ 灣仔
ティフィン
Tiffin

[アクセス] 灣仔駅A1出口から徒歩10分
[住] 港湾道1號 香港君悦酒店
(Grand Hyatt Hong Kong, Harbour Rd.)
[☎] 2584-7722
[営] 15:30〜17:30　[CARD] 可

\ Recommend /
5段のトレイが迫力！アイスクリームなどのビュッフェが充実しているので満足度が高いです。（清水真理子さん）

※2人前
HK$596〜　★Ranking★
ティフィン 4位

抜群の眺望を誇る、洗練されたホテル「ザ・リッツ・カールトン香港」のアフタヌーンティー。スコーン以外は2ヵ月おきに内容が替わり、旬のフルーツを取り入れたスイーツを楽しめる。

\ Recommend /
高層ホテル102階からの絶景を見ながら（ときには雲の上から！）お茶を楽しめる唯一無二の場所です。（メーター・チャンさん）

※1人前
HK$418〜

▶ 尖沙咀
ザ・ラウンジ＆バー
The Lounge & Bar

[アクセス] 九龍駅C1出口から徒歩5分
[住] 柯士甸道西1號 環球貿易廣場 香港麗思卡爾頓酒店
(The Ritz-Carlton Hong Kong, Austin Rd.)
[☎] 2263-2270　[営] 6:30〜10:30(土・日曜、祝日〜11:00)、12:00〜24:00　[CARD] 可

★Ranking★ 5位 ザ・ラウンジ＆バー

グルメ

RANKING
— ランキング —

グルメ

きらめく摩天楼にうっとり♥
絶景夜景バーBEST8

★Ranking★ 1位

\ Recommend /
いちばん真正面からハーバーの夜景を眺められる場所。併設のレストラン「南海一號」で夕食をとり移動すれば、日暮れから夜景までを贅沢に楽しめる。　（木邨千鶴さん）

アイバー

　ショッピングモール「アイ・スクエア」の30階から、180度のハーバービューを楽しめる。ミシュランガイドで星を獲得したこともあるレストラン「南海一號」に併設しているため、西洋スタイルのバーながらも本格的な広東料理をいただくことができる。料理はワインとのペアリングがおすすめ。大きなバルコニーもあり、そこから香港の夜景を見ながらいただくおいしい料理とカクテルは、旅をいっそう楽しく彩ってくれる。バルコニー席は予約したほうが安心。

カクテル「パッション・ファッション」（左）、白ワインの「アップル・サングリア」（右）各HK$120

▶ 尖沙咀
アイバー
Eyebar

- アクセス　尖沙咀駅H・R出口に直結
- 住　彌敦道63號 國際広場30樓3001號舗（iSQUARE, Nathan Rd.）
- ☎　2487-3988
- 営　11:30〜翌1:00（テラス〜翌3:00）
- 休　無休
- CARD　可

\ Recommend /
レトロおしゃれな雰囲気でノースポイント方面の景色を楽しめる。
（横井尚子さん）

ヴィクトリア・ハーバーの夜景を見ながら幅広い種類のクラフトビールやワインが楽しめる「ケリーホテル香港」のバー。香港のビール醸造所がケリーホテルとコラボして作っている「Dockyard Lager」というクラフトビールは必ず飲みたい！

▶紅磡
レッド・シュガー
Red Suger

[アクセス] 黄埔駅C1出口より5分
[住] 紅鸞道38號 香港嘉里酒店7樓
（Kerry Hotels Hong Kong, Hung Luen Rd.）
[TEL] 2252-5281
[営] 16:00〜翌1:00
（日曜12:00〜15:00はサンデーブランチ）
[休] 無休
[CARD] 可

★Ranking★
レッド・シュガー **2位**

香港経済の中心、中環を象徴する金融街にあるテラス＆バー。オーナーがファッション業界の有名人とあって、インテリアからカクテル、フードに至るまでとにかくおしゃれ。思わずSNSに投稿したくなるはず！

▶中環
セヴァ
Sevva

[アクセス] 中環駅K出口から徒歩1分
[住] 遮打道10號 太子大廈25樓
（Prince's Bldg., Chater Rd.）
[TEL] 2537-1388
[営] 12:00〜24:00（木〜土曜〜翌2:00）
[休] 日曜
[CARD] 可

\ Recommend /
立ち飲みなら予約なしでも入店OK。ビール1杯ですてきな思い出を作れます。キラキラの夜景に包まれたら金運がUPしそうな気分に。
（本書編集 Y）

★Ranking★
2位 セヴァ

\ Recommend /
香港の夜景に囲まれて、まるで空の上で飲んでいる気分になります。
(本書編集 K)

「ザ・パーク・レーン・ホテル香港」の27階に位置するバーは、雲をイメージしたデザインを取り入れるなど、店名のとおり"空"がコンセプト。九龍と香港島、両サイドの夜景を眺めつつカクテルが楽しめる。

▶ 銅鑼湾
スカイ・ルーフバー＆ダイニング
Skye 露天酒吧及餐廳
Skye Roofbar & Dining

|アクセス| 銅鑼湾駅E出口から徒歩5分
|住| 告士打道310號 柏寧酒店27樓
(The Park Lane Hong Kong, Gloucester Rd.)
|☎| 2839-3327
|営| 12:00～翌1:00
|休| 無休
|CARD| 可

★Ranking★
スカイ・ルーフバー＆ダイニング
4位

31階にステーキハウス、その上にはルーフトップバーがある。風変わりな店名はアボリジニの言葉で"自然"の意味。オーストラリア産アンガスビーフを自然のままに食べてほしいという思いが込められている。

▶ 湾仔
ウールームールー・ステーキハウス
Wooloomooloo Steakhouse

|アクセス| 湾仔駅A4出口から徒歩4分
|住| 軒尼詩道256號 The Hennessy31樓及天台
(Hennessy Rd.)
|☎| 2893-6960
|営| 11:45～L.O.翌1:00(バー18:00～)
|休| 無休
|CARD| 可

\ Recommend /
目の前に広がるヴィクトリア・ハーバーのリュクスな景色に酔いしれたい。
(地球の歩き方編集部 金子)

カラフルでおいしいカクテルはHK$105～

★Ranking★
5位
ウールームールー・ステーキハウス

金鐘にあるデザイナーズホテル、「アッパーハウス」のバー。香港人デザイナー、アンドレ・フー氏が手がけたミニマルで直線的なデザインの空間から見る夜景もまたすばらしい。

\ Recommend /
デザイン性の高い内装とユニークなカクテル、そして手が届きそうな美しい夜景が魅力です。(清水真理子さん)

▶ 金鐘
カフェ・グレイ・デラックス
Café Gray Deluxe

[アクセス] 金鐘駅F出口から徒歩5分
[住] 金鐘道88號 太古廣場奕居49樓
(Pacific Place, Qeensway)
[☎] 3968-1106
[営] レストラン6:30〜10:30、バー11:00〜翌1:00
[休] 無休
[CARD] 可

★Ranking★
カフェ・グレイ・デラックス **6**位

ローカルも通う「ザ・リッツ・カールトン香港」の最上階にあるバー。喫煙OKなテラスや、タパスバーなど複数に分かれたユニークなゾーニングにも注目したい。

▶ 尖沙咀
オゾン
Ozone

[アクセス] 九龍駅C出口から5分
[住] 柯士甸道西1號
環球貿易廣場(ICC)香港麗思卡爾頓酒店118樓
(The Ritz-Carlton Hong Kong, Austin Rd. West)
[☎] 2263-2270
[営] 17:00〜翌1:00(木曜〜翌2:00、金曜〜翌3:00、土曜15:00〜翌3:00、日曜12:00〜24:00)
[休] 無休
[CARD] 可

★Ranking★
6位 オゾン

\ Recommend /
香港一高い場所から夜景を見下ろせるバー。それだけで特別!
(清水真理子さん)

太古のデザインホテル「イースト香港」にあるルーフトップバー。南仏をイメージしたという広いテラスか特徴。場所柄、観光客が少なく、リゾート感たっぷりなのもツウ好みで◎。

▶ 太古
シュガー
Sugar

[アクセス] 太古駅D1出口から徒歩1分
[住] 太古城道29號 東隅32樓
(East, Taikoo Sing Rd.)
[☎] 3968-3738
[営] 17:30〜翌1:00(金・土曜〜翌1:30)
[休] 無休
[CARD] 可

\ Recommend /
屋内ラウンジがテラス席より一段高くなっていて、全員が夜景を楽しめます。ラウンジもテラスも広々としていて開放感たっぷり。
(本書編集A)

★Ranking★
シュガー **6**位

COLUMN
コラム

| グルメ |

映画の中で飲んでいたあの飲み物
冬のお楽しみ、瓶入り「維他奶」

　返還前の映画『ラブソング』(原題：甜蜜蜜)で、主人公が雨で冷えた頬に瓶を当てて暖を取っていた「維他奶」(Vitasoy)。それが瓶入りの存在を知った最初だった。維他奶は香港ではポピュラーな豆乳系ドリンクで、甘くてさらっと飲みやすい。紙パック入りのものはどこでも見かけるが、瓶入りはおもに寒さを感じる季節になると専用の湯煎ウォーマーとともにコンビニなどに登場する(※)。味は2種類で、白いものは豆乳のみ、茶色がかったものは麦芽が入っている。湯に浸っている瓶を取り出し、置いてあるタオルで軽く拭いてレジで支払い、王冠を外してもらったらストローを挿して店先で立ち飲み。ほわっとした温かさがのどを通過するたびに、香港の短い寒さや、経てきた冬にあったできごとを想う。おいしいかといえば、それほどでもないけれど、そのちょっと古くさい販売スタイルが好きで、秋〜冬の訪港時には必ず一度は飲んでみる。日本でも2018年に公開されヒットした映画『29歳問題』(原題：29＋1)でも主人公のひとりが幼なじみとともに思い出の店の前で瓶入りの維他奶を飲んでいた。香港の大人たちにとっても"瓶入り"は淡くて甘い想いとともにある飲み物なのだと思う。
(フリーライター　池上千恵)

コンビニではHK＄8〜9ほどで販売され、うち50セント〜HK＄1は瓶のデポジット。レジに瓶を返却すると返金される。ウォーマーが設置されている店は、ポスターなどが貼ってあるのでわかりやすい

※一部飲食店では冷やした瓶入り「維他奶」の通年提供もあり

ショッピング

— Shopping —

巨大なショッピングモールがいくつもある香港。香港島の中環や上環などには、センスあふれる個人商店も多い。香港は美食の町であるばかりでなくショッピング天国でもある。お得情報はもちろん、香港で買うべきアイテムがわかる買い物テクニックを一挙ご紹介！

本書には、Googleマップへのリンク機能が付いています→P.14

RANKING
―ランキング―

ショッピング

個性的な専門店が多数あり！
菓子みやげ★クッキー編BEST5

★Ranking★
1位　原粒杏仁餅
　　　　HK$16

1927年創業のお菓子店。当時のレシピを引き継ぎ、手作りにこだわったお菓子は、昔から変わらぬ味でローカルに愛されている。店頭では、湯葉のエビ巻きや野菜巻きの販売も。昔懐かしい味を求めて世界中の観光客がやってくる。

▶ 中環
陳意齋
チャンイーツァイ　Chan Tee Jai

\Recommend/
杏仁餅は、ほろほろっとした香ばしい生地の中にアーモンドがひと粒。濃い卵ボーロのような感じの味で、香港を知らない人にも喜ばれるのでまとめ買いします。
（池上千恵さん）

アクセス 上環駅D2出口から徒歩4分
住 皇后大道中176B號地下（Queen's Rd.）
☎ 2543-8414　営 10:00～19:00（日曜～18:30）
休 無休　CARD 可

\Recommend/
繊細なのでおみやげには崩れないように注意が必要だけれど、サクサク感がよくキャラメルのフレーバーなども楽しめる。（木邨千鶴さん）

フランス語でヤシの木という意味のパルミエはハート形でかわいい。薄く延ばしたパイ生地を幾層にも重ねてハート形にしたパイは、ヤシの葉や芽に似ていることからこの名前に。甘さ控えめでカリカリとした歯応えがある。

▶ 尖沙咀
帝苑餅店
ダイユンベンディム　Fine Foods

★Ranking★
2位　パルミエ
　　　　HK$188

アクセス 尖東駅P2出口から徒歩3分
住 慶地道69號 帝苑酒店大堂（Mody Rd.）
☎ 2733-2045　営 11:00～21:00
休 無休　CARD 可

88

60年以上の歴史がある菓子店には、香港の昔ながらのお菓子がいっぱい。バラ売りからボックス入りまであるので、友人や会社など、あげる人に応じて商品を選べる。中華菓子なら迷わずココ！

▶ 尖沙咀
奇華餅家
ケイワーベンガー　Kee Wah Bakery

- アクセス 柯士甸駅F出口から徒歩5分
- 住 廣東道33號 中港城18號舗(Canton Rd.)
- ☎ 2199-7028
- 営 7:00〜21:00
- 休 旧正月1日　CARD 可

\ Recommend /
かわいいだけじゃなくて、ちゃんとおいしいです。さすが老舗菓子メーカー。ペンギンバージョンもあります。(本書編集A)

★Ranking★
2位
奇華餅家の
パンダクッキー
HK$85

\ Recommend /
東京の女性誌編集部へのおみやげに大好評。健康志向で高品質で貴重な存在。店頭で試食ができる仕組みもうれしい。(甲斐美也子さん)

★Ranking★
4位
クッキーアソート
HK$188

香港女子も注目のヘルシーなクッキー。オーガニック小麦とニュージーランドやフランスから仕入れたバターなど、こだわりの素材を使用している。真ん中のスマイルフェイスがキュート。

▶ 尖沙咀
曲奇四重奏
コッケイセイチョンサウ　Cookies Quartet

- アクセス 尖沙咀駅D2出口から徒歩3分
- 住 加拿芬道10B 嘉芬大廈
  地下E號商舗(Carnarvon Rd.)
- ☎ 2311-5119　営 11:00〜21:00
- 休 無休　CARD 不可

レモンティー、麦芽飲料「好立克」など、茶餐廳ドリンクフレーバーが4種入ったクッキー。小麦粉と米粉を混ぜて使用している。店内にはオリジナルフレーバークッキーがたくさん。

▶ 尖沙咀
グローリー・ベーカリー
Glory Bakery

- アクセス 尖沙咀駅D2出口から徒歩1分
- 住 加拿芬道10號 嘉芬大廈地下C舗
  (Carnarvon Rd.)
- ☎ 2811-8482
- 営 10:30〜21:30
- 休 旧正月2日間　CARD 可

\ Recommend /
香港らしいフレーバーのクッキーは珍しく、メニュー名もユーモアがあっていいですね。おみやげにも最適。(横井尚子さん)

★Ranking★
4位
港式茶餐廳
HK$98

RANKING
― ランキング ―

| ショッピング |

見た目よし！味よし！
菓子みやげ★チョコ編 BEST3

★Ranking★ 1位

茶古力のお茶チョコ
各HK$25

　伝統的な上海料理を守り続けながら味付けや盛りつけを洋風にアレンジしたチャレンジメニューが楽しめる、上海料理レストラン「夜上海」。その入口にはチョコレートコーナーがある。さまざまなお茶に、それぞれマッチするカカオを世界中から集めて合わせて作った中国茶フレーバーのチョコレートは、香港人にも香港在住の日本人にもじわじわと広まり人気を集めている。ギフトボックスは大小あり贈り物にも最適。ショッピングセンター「パシフィック・プレイス」内にあるので立ち寄ろう。

\ Recommend /
龍井や鉄観音など、お茶ごとに異なるチョコレートを使用。イギリス文化が根付く香港らしく、アールグレイ風味もあります。（清水真理子さん）

▶金鐘

茶古力
チャ・ケ・リ　Chà ke・li Tea Chocolate by yè shanghai

[アクセス] 金鐘駅F出口に直結
[住] 金鐘道88號 太古廣場3樓332號舖
(Pacific Place, Queensway)
[☎] 2918-0093
[営] 11:30〜23:00
[休] 無休　[CARD] 可

\ Recommend /

箱を開けると唇型のインパクトのあるチョコレートがズラリ。目でも楽しめ、味ももちろん一流。（本書編集 K）

※2018年10月現在、この商品は母の日のみの限定発売になっています

ジュエリーショップをイメージした店内には、宝石のように輝くスイーツやパン、おみやげ品が並ぶ。カフェが併設されているので、昼はローカルでいっぱいになる。

▶ 中環
ザ・マンダリン・ケーキショップ
The Mandarin Cake Shop

[アクセス] 中環駅F出口から徒歩2分
[住] 干諾道5號 文華東方酒店（Mandarin Oriental Hong Kong, Connaught Rd.）
[電] 2825-4008
[営] 8:00〜20:00(日曜〜19:00)
[休] 無休 [CARD] 可

★Ranking★ **2位**
ザ・マンダリン・ケーキショップの
リップチョコ
HK$168

海外で修業を積んだ本格的なパティシエが腕をふるう店。チョコレートは、厳選された素材を使った控えめな甘さ。斬新な発想のスイーツが数多く揃い、香港人の間でも人気急上昇となっている。

▶ 尖沙咀
スイート・ブティック・デ・トニー・ウォン
Sweet Boutique de Tony Wǒng　糾藝家

[アクセス] 尖沙咀D2・N4出口から徒歩2分
[住] 河内道18號 K11購物藝術館B1層B122A店舗（K11, Hanoi Rd.）
[電] 2728-7768
[営] 11:00〜21:30
[休] 無休
[CARD] 可

\ Recommend /

香港菓子みやげの定番「エッグロール」をチョコレート生地で焼いたもの。ひと味違う新しさがある。バラ形のクッキーもおすすめ！（クリス・ジョさん）

★Ranking★ **3位**
チョコレートロール
HK$158

RANKING
― ランキング ―

ショッピング

昔ながらの懐かしい味わい
菓子みやげ★エッグロール編BEST3

\ Recommend /
エッグロールの巻きの太さがほどよくて、ざっくりとした食感、優しい卵の味、コクのある風味などのバランスが最高！
（小野寺光子さん）

★Ranking★
1位

家郷雞蛋卷
HK$92

　香港の伝統菓子の代表格であるエッグロール。卵風味の薄いクッキー生地を巻いて焼いたお菓子で、手作りゆえの不揃い感もエッグロールならでは。德成號は、朝早くから行列ができ、連日完売するエッグロール専門の老舗だ。卵の香りが口いっぱいに広がる生地はサクサクで、ほろほろと繊細な食感が特徴。確実に手に入れたいなら、早めに電話で予約をしよう。

▶ 北角

德成號
ダッセンホウ　Duck Shing Ho

- アクセス 北角駅A1出口から徒歩5分
- 住 渣華道64號地下（Java Rd.）
- ☎ 2570-5529
- 営 9:30～19:00
- 休 日曜、祝日
- CARD 不可

両親が営んでいたエッグロール工場の味を守りたいと開店。ふわふわの生地と卵の風味にこだわったエッグロールは、オリジナル、バターなど5種類。昔ながらの手作りの味だ。

▶旺角
蛋巻皇后
ダンギュンウォンハウ　Eggroll Queen

|アクセス| 旺角駅D3出口、旺角東駅B出口から徒歩5分
|住| 染布房街19號地下A舖(Yim Po Fong St.)
|電| 2219-6818
|営| 12:00～21:00(土・日曜11:00～)
|休| 無休
|CARD| 不可

\ Recommend /
時間帯によっては目の前で焼いているエッグロールを1本から購入できるので、焼きたてを楽しめておすすめです。（横井尚子さん）

★Ranking★
2位
家郷鮮雞蛋卷
HK$102

約20種類ものお菓子がずらりと並ぶ店内は壮観！　奥にはキッチンがあり、エッグロールを作る様子が見学できる。職人のワザをじっくり見て、香港伝統菓子の作りたてを味わえるのはこの店ならでは。

▶西營盤
齒來香蛋卷
チーロイヒョンダングイン　Tsi Lai Heung Egg Roll Shop

|アクセス| 西營盤駅B2出口から徒歩2分
|住| 第三街66號 福滿大廈地下(Fuk Mun Bldg., Third St.)
|電| 2975-9271
|営| 9:00～19:00
|休| 旧正月10日間
|CARD| 不可

\ Recommend /
エッグロールはお店で1本ずつ手焼きしています。バターと卵の風味が濃厚で、サクッとした生地がとってもおいしい！（地球の歩き方編集部 金子）

★Ranking★
3位
椰汁蛋卷
HK$100

RANKING
ランキング

ショッピング

いろいろ使える万能＆傑作調味料
香港が生んだXO醤 BEST3

★Ranking★

1位

XO醤　HK$240

　中華料理で世界初のミシュラン3つ星を獲得した広東レストランであり、香港マカオで唯一その3つ星をキープし続ける龍景軒は、最高峰ホテルのひとつ「フォーシーズンズ香港」にある。広東料理はもちろん、自家製XO醤も人気が高い。ほぐした貝柱を中心に細かな具材がぎっしり詰まり、高級店にふさわしい上品な仕上がり。ほんのりスパイシーなこれを青菜炒めにひとさじ加えるだけで、ワンランク上の味に変えてくれる。親や上司など目上の人へのおみやげにも最適！

\ Recommend /
龍景軒メイドのXO醤だけに、味わいはとても上品。具材もたっぷり入っているので、そのままつまんでもおいしい。特別なおみやげにどうぞ！

（本書編集N）

▶ 中環

龍景軒
ロンゲンヒン　Lung King Heen

[アクセス] 香港駅E1出口から徒歩2分
[住] 金融街8號 四季酒店4樓(Four Seasons Hotel Hong Kong, Finance St.)　[☎] 3196-8880
[営] 12:00～L.O.14:30(日曜・祝日11:30～L.O.15:00)、18:00～L.O.22:00　[休] 無休　[CARD] 可

レストランで食事をしたい場合は予約必須

94

\ Recommend /
お手頃価格なのでガンガン使えるのがうれしい！ ラーメンに好きなだけのせれば、一気に香港麺の装いに。
(本書編集Y)

香港人なら誰でも知っている高級調味料店のひとつ。XO醤のほか、広東料理に使う伝統的な調味料や乾物などが300種以上も揃う。八珍のXO醤は貝柱や金華ハムがたっぷりで、ニンニクと辛みがしっかり効いた、まさに万能調味料といえる！

▶ 中環
八珍醤園
パッツァンジョンユン　Pat Chun Fine Foods

[アクセス] 中環駅D2出口から徒歩10分
[住] 威靈頓街75號(Wellington St.)
[☎] 2545-6700
[営] 9:00～19:00
[休] 旧正月3日間
[CARD] 可(HK$300以上)

★Ranking★
2位　XO醤油　HK$88

ホテル「グランド・ハイアット香港」のメインダイニングである広東レストラン、ワン・ハーバー・ロードが作るXO醤。細かくした干し貝柱が繊細な食感を作り、味わいはスパイス控えめでとても上品。

▶ 灣仔
グランド・ハイアット香港
香港君悦酒店　Grand Hyatt Hong Kong

[アクセス] 灣仔駅A1出口から徒歩8分
[住] 港灣道1號(Harbour Rd.)
[☎] 2588-1234
※XO醤は、ホテル内ショコラティエで購入可能。

\ Recommend /
ジャーに入ったパッケージもポイント高し！ 賞味期限が約1週間なので、帰国間際に購入しよう。
(本書編集K)

★Ranking★
3位　XO醤　HK$268(大)

ショッピング

★ TECHNIQUE
テクニック

102 /316 🛒 ショッピング

東涌の街市（市場）は まるでテーマパーク!?

香港人には懐かしく、観光客には新鮮！ 隅々までじっくり眺めて歩くだけでも楽しめる

香港観光のテーマのひとつに、リノベーションスポット巡りがある。古きよき時代を再現したリノベカフェやショップが増えているなか、またひとつ新スポットが誕生！ 巨大大仏で有名なランタオ島の最寄り駅、東涌の街にある街市だ。60～70年代の香港の街並みが再現され、清潔感もあり、旅行者がふらっと立ち寄ってもOK。2000m²以上の広さにパン店や飲食店などが軒を連ねる。通路には昔懐かしい質屋の看板があったり、洗濯物が干されていたり、リアルにおしゃれに再現されている。

▶ 大嶼島
香港街市
ホンコンガイシー

 アクセス MTR東涌駅から38番逸東行きのバスに乗り、終点で下車
住 大嶼山東涌逸東邨
(Yat Tung Estate, Tung Chung, Lantau Island)
☎ 非公開
営 7:00～20:00(物販店のみ)
休 旧正月(店舗により異なる)
CARD 不可

---

103 /316 🛒 ショッピング

香港みやげに最適な かわいいグッズ急増中

さまざまな香港をモチーフにしたグッズが増えている。最近の注目店は、「タイニー」。タクシーやミニバス、パイナップルパンなどなんでも精巧に小さくした商品が話題になっている。

©Chie Ikegami

▶ 銅鑼湾
タイニー
Tiny

 アクセス 銅鑼湾駅D2出口から徒歩4分
住 告士打道311號 皇室堡310號舗
(Windsor House, Gloucester Rd.)
☎ 2333-8827
営 11:30～21:30(金・土曜、祝日は～22:00)
休 無休(施設に準じる)

104 /316 🛒 ショッピング

インタウンチェックインの 前に「G.O.D.」に滑り込み

香港みやげのショッピング先として大人気のデザイン雑貨店「G.O.D.」（→P.112)。その支店が、なんと香港駅のインタウンチェックイン（→P.200)コーナーの近くにオープンした。荷物を預ける前に、ぜひのぞいてみよう！

▶ 中環
G.O.D.(香港駅店)
ジー・オー・ディー

 アクセス 香港駅構内
住 香港駅インタウンチェックインの近く(HOK54)
☎ 2983-9611
営 9:00～22:00
休 無休
CARD 可

96

★ TECHNIQUE
テクニック

105/316 ショッピング
目上の人へのおみやげに困ったら迷わずこれ！

パルミエは、香港みやげの定番焼き菓子のひとつ。なかでも帝苑餅店のパルミエは、リッチな味わいとサクサク食感で香港マダムたちに愛されている。箱入りはギフト用に、袋入りは自分用にと買い分けよう。

パルミエ(缶入り)HK$188

▶ 尖沙咀
帝苑餅店
ダイユンベンディム　Fine Foods
DATA→P.88

106/316 ショッピング
ミュージアムグッズを手に入れるなら

有史以前から中国返還までの歴史を紹介した博物館。書店グループの商務印書館がプロデュースするミュージアムショップ「Passage」は、香港のビル群や道路標識などをモチーフにした香港らしいグッズが充実している。街なかのショップとはひと味違った商品を探せるはず。

▶ 尖沙咀
香港歴史博物館
ヒョウンゴンレクシーポッマッグン
Hong Kong Museum of History

|アクセス| 尖沙咀駅B2出口から徒歩5分
|住| 漆咸道南100號(Chatham Rd. South)
|☎| 2724-9042　|時| 10:00～18:00(土・日曜、祝日～19:00、12/24、旧正月前日～17:00)
|休| 火曜(祝日を除く)、旧正月2日　|料| 無料(常設展)

107/316 ショッピング
あの出前一丁を持ち帰るならこっち！

日本人からするとびっくりだが、香港人はインスタント麺の出前一丁が大好き！ 茶餐廳で麺を選ぶとき、生麺の中華麺より出前一」のほうが高価という不思議。日本にはないフレーバーがたくさんあるので、香港みやげとしても人気がある。なかでも珍しいのが棒丁麺。袋麺は粉々になってしまうが、棒麺ならスーツケースの隙間にすっぽり収まり断然持ち帰りやすい。おもなスーパーでは、まとめ買いで安くなる商品でもあるので、バラマキみやげにおすすめ。XO醤をひとさじのせれば、香港が一気によみがえる。

©Chie Ikegami

ちぢれ麺とは違う棒麺ののどごしを味わってみて

スーパーマーケットはP.116をチェック！

★ TECHNIQUE テクニック

108 /316 🛒 ショッピング

ペニンシュラ・ブティックのパッケージが一新！

高級ホテル「ペニンシュラ」の地下アーケードにあるのが、ホテルメイドの商品を扱う「ペニンシュラ・ブティック」。香港で外さないおみやげを買える場所として認知されている。2018年には全商品のパッケージを一新し、話題に！

©Miyako Kai

▶尖沙咀
ペニンシュラ・ブティック
半島精品店　The Peninsula Butique
[アクセス] 尖沙咀E出口から徒歩2分
[住] 梳士巴利道 半島酒店地庫(The Peninsula, Salisbury Rd.)　[電] 2696-6969
[営] 9:30〜19:30　[休] 無休　[CARD] 可

109 /316 🛒 ショッピング

香港ならではの旧正月のアドベントカレンダーを狙え

ペニンシュラのとっておきギフトが揃う「ペニンシュラ・ブティック」(→P.98)では、旧正月用のアドベントカレンダーが買える！　本来は、クリスマスを待ちわびながらお菓子などが入った小窓を1日ひとつ開けていくカレンダーのことだが、香港人と同じ気持ちで旧正月までの1ヵ月をカウントしてみては？

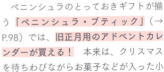

©Miyako Kai

110 /316 🛒 ショッピング

最新スポットで楽しむ絵付けのワークショップ

中国に自社工場をもつ陶器ブランド「ラブラミックス」が、最旬スポット「大館」(→P.128)内にオープン！　店内では、絵付け体験のワークショップを開催している（要予約）。皿やカップを選んで、好きな模様をペイントしてみよう。残念ながら日本への発送は行っていないため、保管期限である1年以内にピックアップに来る必要がある。再訪する理由作りにしてみては？　ラブラミックスの陶器は、中華にも西洋料理にも使えるモダンなデザインが多い。世界的デザイナーとのコラボ商品にも注目したい！

申し込みは下記サイトから。料金は1商品につきHK$400（所要2時間）。道具とコーヒーか紅茶が1杯含まれる

▶中環
ラブラミックス（大館店）
Loveramics
[アクセス] 中環D2出口から徒歩7分
[住] 荷李活道10號 大館(Shop 104, Barrack Block, Central Police Station, Hollywood Rd.)
[電] 2884-0003
[営] 11:00〜19:00（金・土曜〜20:00）
[休] 無休
[CARD] 可
[URL] www.loveramics.com/pages/workshop-booking（申し込み先）

★ TECHNIQUE
— テクニック —

111/316 🛒 ショッピング

アジア初のラルフ・カフェで レアなおみやげをGET！

尖沙咀にあるショッピングモール「ハーバー・シティ」のオーシャンターミナル内にラルフローレンのショップがある。その横にアジア初となる常設カフェ「ラルフズ・コーヒー」がオープン。テイクアウトがメインのカフェだが、おしゃれな缶入りのコーヒー豆やエコバッグなどのオリジナル商品がおみやげに人気だ。世界中から厳選された豆を使ったスペシャルブレンドなど、日本では手に入らないこともあり香港みやげとしておすすめ。サンドイッチやケーキの販売もあるので買い物ついでに立ち寄ってみよう！

ホワイト×グリーンのすがすがしいデザインは、ラルフローレンの世界観そのもの

▶ 尖沙咀

ラルフズ・コーヒー
Ralph's Coffee

`アクセス` 尖沙咀A1・L5出口から徒歩10分
`住` 廣東道3-27號 海港城3樓OT313號舖（Ocean Terminal, Canton Rd.）
`☎` 2376-3936 `営` 8:00～22:00（土・日曜、祝日9:30～） `休` 無休 `CARD` 可

112/316 🛒 ショッピング

香港のスタバ限定 旧正月のエッグロール

旧正月が近づくと、レストランやホテルのギフトショップなどでエッグロール（→P.92）が販売される。スターバックスももれなく旧正月限定のエッグロールHK$148を販売。お年賀みやげとしておひとついかが？ 秋の中秋節シーズンには、スタバ限定の月餅も販売されるのでそちらも要チェック！

※写真はイメージ

スターバックス・コーヒー
Starbucks Coffee

`URL` www.starbucks.com.hk/store-locator/search

113/316 🛒 ショッピング

香港スタバにはベビー用の 無料メニューがある!?

赤ちゃんや幼い子連れ旅の人に教えたいテクニックがこれ。香港のスタバに行ったら「ベビチーノ、プリーズ」と頼んでみて。すると、ホットミルクにカプチーノみたいなフワフワのフォームをのせたミニドリンクが無料で提供される。もちろん、通常ドリンクを頼んだ人への無料サービスなのでご注意を。日本では有料だったり、そもそも提供していないスタバも多いので香港で試してみて。

子供が飲む姿をSNSにアップしちゃおう！

★ TECHNIQUE テクニック

114 /316 ショッピング

量り売りできる店は
バラマキみやげの強い味方

香港には、お菓子や乾物、麺などを量り売りする店が多い。量り売りなので、もちろん1個から購入可能。この手の販売スタイルの店は、バラマキみやげ探しにもってこい。会社全体へのおみやげに大量買いしたり、自分で味を試すために少量買ったりできるのがいい。なかでも、女性の香港ツウたちに人気なのが自家製ベーカリーや菓子を売る「多多餅店」。ここのヌガーがおいしいと美孚駅まで足を運ぶ人が多い。箱入りヌガーもあるが、もっぱらの人気は、好きなフレーバーを好きな数だけ買えるバラ売りヌガー。

©Miyako Kai

ヌガーのほか、豊富な種類のクッキーも自由に箱詰めできる

▶ 美孚
多多餅店
ドードーベンディム　Door Door Bakery

- アクセス 美孚駅A出口から徒歩4分
- 住 新村百老匯街65號地舖(Broadway St.)
- ☎ 2370-3880
- 営 6:00〜22:00
- 休 無休
- CARD 不可

---

115 /316 ショッピング

シーフードの街・西貢で
食すべきは意外なアレ

おいしい海鮮料理を目当てに訪れる観光客が多い西貢の街。でも実は、ザクロジュースが有名って知ってた？ フレッシュなザクロを使った生ジュースは、アンチエイジングや美肌効果が期待できる！

西貢
サイクン　Sai Kung

アクセス MTR油麻地駅A2出口を出て登打士街(→P.143)へ。登打士街を進み、女人街を通り過ぎ「西貢」行きのミニバスに乗車。約30分で終点の西貢に到着

116 /316 ショッピング

絶品オイスターソースは
郊外の街にあった！

ニューテリトリーにある流浮山は、香港人が週末ドライブに出かける街としても人気が高い。西貢同様、シーフードレストランがあふれ、牡蠣の産地としても有名だ。香港の中心地で買うオイスターソースもいいけれど、流浮山のショップで手に入れるノンラベルのオイスターソースの味を知ったら他には戻れないかも!?

流浮山
ラウフーサン　Lau Fau Shan

量によるがおよそ HK$80〜100

アクセス 元朗駅からK65のバスか、緑のミニバス34、34Aに乗り約30分で到着

★TECHNIQUE
テクニック

117/316 ショッピング
世界の"スーパーフード"を香港で買うならここ！

世界中のものが集まる香港。スーパーマーケットでも同様に、世界の食トレンドを見て取れる。なかでも、金鐘のパシフィック・プレイス内にあるスーパー「グレート・フード・ホール」は、スーパーフードの品揃えが豊富。日本では見かけない世界の食材や調味料を探してみよう。

▶金鐘
グレート・フード・ホール
Great Food Hall

- アクセス 金鐘駅F出口に直結
- 住 金鐘道88號 太古廣場LG1地庫9號舗 (Pacific Place, Queensway)
- ☎ 2918-9986 営 10:00～22:00
- 休 無休 CARD 可

118/316 ショッピング
ローカルなおみやげはローカルビルで手に入る

陶器や刺繍小物みやげは、いいものを安く手に入れたい。そんなときは、路面店ではなく、ローカルビルにある店舗を狙って。ペニンシュラと同じ器が買える「粵東磁廠」や汕頭刺繍の布小物が買える「春生貿易行」は、こんなところに？という驚きのあと、品質のよさと価格にさらに二度驚く。

天井までぎっしり器が並ぶ「粵東磁廠」。宝探しの気分になる

| 粵東磁廠 | 春生貿易行 |
| DATA→P.113 | DATA→P.115 |

119/316 ショッピング
美容系が好きな女性へのおみやげはこれでキマリ

香港女性は、メイクアップで作る美しさよりも、肌本来の美しさを磨くことに重きをおいている人が多い。そのため、体の中からきれいになる努力も欠かさない。燕の巣もそのひとつで、ドリンクやシートマスクで美容効果を取り入れている。希少価値が高い燕の巣は、紫外線ダメージや加齢による肌トラブルを改善してくれる効果があるといわれ、アジア圏ではポピュラーな美容ツールのひとつ。日本にも進出している「老行家」のドリンクやドラッグストアで買えるシートマスクなどは香港みやげとしても喜ばれる。

上)老行家の燕の巣ドリンクHK$18は、はちみつ味で飲みやすい
下)ドラッグストア「ワトソンズ」(→P.153)で人気の燕の巣エキス入りシートマスクHK$99(5枚入り)。どちらも賞味＆使用期限が長めでお買い得

▶旺角
老行家燕窩
ラウハンガーインウォー　Lo Hong Ka

- アクセス 旺角駅D2出口から徒歩3分
- 住 亞皆老街83號 先達廣場地下G18號舗 (Sin Tat Plaza, Argyle St.)
- ☎ 2396-9635 営 10:00～22:30
- 休 無休 CARD 可

★ TECHNIQUE
テクニック

120 /316 ショッピング

昔ながらの古きよき雑貨の宝庫「黑地」へ

　最近、香港通たちが足しげく通う場所がある。それは、石硤尾(セッキンメイ)というローカルエリア。古い団地や問屋街、食堂などが昔ながらの姿を留めつつ、若いオーナーたちが個性あふれる店舗を開きほどよく新旧がミックスしている。なかでも、雑貨店「黑地」は新しい石硤尾の顔といえる存在。人気の駱駝牌の魔法瓶(→P.114)など、レトロな雑貨が並んでいる。

▶ 石硤尾
黑地
ハッデイ
| DATA→P.114

121 /316 ショッピング

おみやげで買う人も多い「花文字」の見分け方

　開運グッズとして買う人も多い、花文字。書道の要素に姓名判断などの開運を取り入れた縁起ものとして、香港人にも観光客にも人気がある。その反面、観光客を狙った偽物も存在する。見分けるコツは、一画(いっかく)一画が絵になっているか否か。文字を書いてから絵を後付けしている花文字は偽物なので、店頭のサンプルをじっくり観察してみよう。

5000円以内のものから1万円以上するものまで、文字数や大きさにより価格はマチマチ

122 /316 ショッピング

香港理工大學のスーベニアに注目！

　尖沙咀の東側、紅磡駅からすぐのところに香港理工大學がある。香港をはじめ中国の産業界から注目を集める学校だ。ここの書店で販売されているオリジナルグッズがかわいい。スクールカラーの赤をポイントにグレーやホワイトを使ったさまざまなアイテムが購入できる。パスケースやペンなどは日本のオフィスシーンでも使えるし、パーカーやTシャツもシティユースできるシンプルデザイン。書店は、香港歴史博物館のミュージアムショップも運営する「商務員書館」が担当していて、本の品揃えも豊富。

上)オリジナルフード付きパーカーHK$199
下)キャンバストートバッグHK$20

▶ 紅磡
香港理工大學書店
ヒョンコンレイゴンダイホッシューディム
Hong Kong Polytechnic University Book Store

[アクセス] 紅磡駅A1出口から徒歩1分
[住] 育材道 香港理工大學邵逸夫樓VA209室 (Yuk Choi Rd.)
[☎] 2772-2561
[営] 10:00〜20:00(土曜〜17:00)
[休] 日曜、祝日
[CARD] 可

★ TECHNIQUE
テクニック

| **123** /316 | 🛒 ショッピング |

2019年 秋冬オープン予定「K11ミュシーア」とは？

2018年現在、九龍のヴィクトリア・ハーバー沿いは大規模開発中だ。ハーバー沿いにある建物たちが改装を続けるなか、新たな商業スペース「Victoria Dockside」がオープンする。その中核を担うのがK11グループによる**ショッピングモール「K11ミュシーア」**。ワールドクラスのブランドやレストランが入るのはもちろん、アートイベントも盛んに行われる。香港のアート＆カルチャーの発信基地となる。エントランスには巨大な噴水広場が造られ、世界中の観光客が集まるスポットにもなりそうだ。

「K11ミュシーア」の完成予想図。オープン日など今後の公式発表に注目したい

▶ 尖沙咀
K11ミュシーア
K11 Musea

アクセス 尖沙咀駅・尖東駅J出口からすぐ
住 尖沙咀梳士巴利道18號 Victoria Dockside (Victoria Dockside, Salisbury Rd.)
営 休 CARD 2018年11月時点では未定
URL www.k11musea.com

| **124** /316 | 🛒 ショッピング |

繊細なおみやげを持ち帰るときのワザ

香港旅行でどうしても欲しくなるのが、**乾麺やエッグロール、クッキー**などのフードみやげ。もちろん箱入りのものもあるが、**箱をそのままスーツケースに入れるのは怖い……**。そんなときは、**プラスチック製の密閉容器が大活躍！** 大きめなものを事前に持ち込み、つぶしたくないおみやげ品を容器に詰めてスーツケースにIN。きれいに持ち帰ることができる。

100円ショップでさまざまなサイズが売られている。なるべく軽量なものを選びたい

| **125** /316 | 🛒 ショッピング |

値札に書いてある「2折」や「買1送1」の意味とは？

香港のスーパーマーケットやドラッグストアなどの値札に「**買1送1**」や「**2折**」などの表示をよく見かける。「**買1送1**」は、**1商品買うともう1商品が無料でもらえる**という意味。買2送1なら、2個買えばもう1個無料でもらえる。**HK$100の商品が「2折」だった場合は、100×0.2＝20で20％オフになる**という意味。「75折」なら商品価格×0.75で計算を。小数点以下の数字だと覚えておこう。スーパーやドラッグストアは、バラマキみやげの宝庫でもあるので、この割引表示を頼りにお得におみやげを探してみては？

103

★ TECHNIQUE
テクニック

126 /316 ショッピング

好アクセスなアウトレットで
ブランド品を爆買い

香港ショッピングのお楽しみのひとつに、ブランドショッピングがある。どうせ買うなら少しでも安く！ そんなときは、MTRで行ける好アクセスのアウトレットモール「フロレンティア・ヴィレッジ香港」がおすすめだ。尖沙咀駅から約25分で行くことができる。イタリア発のアウトレットらしく、イタリアブランドを中心に、ハイエンドファッションが25〜50％オフで手に入る。イベント時には70％以上オフになることもあるとか！ 2フロアに複数の店舗が並び、プラダの専有面積が最大。プラダ好きはGO！

▶葵涌
フロレンティア・ヴィレッジ香港
香港佛羅倫斯小鎮　Florentia Village Hong Kong

- アクセス 葵興駅B・E駅出口から徒歩5分
- 住 葵涌葵昌路100號 (Kwai Cheong Rd.)
- ☎ 3595-3833
- 営 10:00〜20:00(金〜日曜、祝日〜21:00)
- 休 無休
- CARD 可

---

127 /316 ショッピング

愛猫家は必訪の1軒
ネコモチーフがたくさん

動物をテーマにした商品が多い「スターズ＆タルト」。注目は、愛猫の写真をもとにクッションやスカーフを作ってくれるカスタムオーダー商品だ。旅の記念にオーダーしてみては？

クッションHK$2500〜、スカーフHK$3500〜からカスタムオーダー可能。写真はイメージ

▶上環
スターズ＆タルト
Stars & Tart

- アクセス 上環駅E2出口から徒歩6分、中環駅C出口から徒歩10分
- 住 鴨巴甸街35號 元創方 Hollywood 2樓 H204舖 (PMQ, Aberdeen St.)
- ☎ 2108-4928
- 営 11:00〜18:00
- 休 無休(施設に準じる)　CARD 可

128 /316  ショッピング

ナイトマーケットは
言い値の半値から交渉！

女人街や男人街では、片言の日本語を話す店員さんが多いので、言葉と電卓を使って値段交渉をしてみよう。まずは言い値の半値からスタートで、まとめ買いして割引してもらうのも鉄則。店員さんと電卓で数字をたたき合うのも楽しい。

マグネットは5個でHK$10くらい

★ TECHNIQUE
テクニック

129 /316 🛒 ショッピング

2015年より
レジ袋が全面有料化！

2015年4月から、すべての店でレジ袋が有料になった香港。旅費の節約に、エコロジーのためにもエコバッグを持ち歩こう。言葉が通じないと思い、勝手にレジ袋代を加算する店員もいるので、会計時に「I have a bag.」と伝えよう。

有料でレジ袋は1枚HK$0.50

130 /316 🛒 ショッピング

優良店の見極め方を伝授。
シールのあるなしを確認

香港政府観光局は、QTS（クオリティー・ツーリズム・サービス）という優良店認定制度を実施。商品価格を明確に表示しているか、客に対して高水準のサービスを提供しているかなど、審査基準をクリアした店には「優」文字の公式ステッカーが貼られる。

店の入口にこのマークがあるかどうか確認！

香港政府観光局
URL www.DiscoverHongKong.com

---

131 /316 🛒 ショッピング

「Tギャラリア香港」を
使いこなせ！

世界各国で展開する免税店「Tギャラリア」。香港には3店舗あり、Wi-Fi無料や荷物預かり、日本からの返品OKなど、観光客にうれしいさまざまなサービスを実施。滞在中に一度は訪れてみたい。
※荷物預かりは店舗により異なる。

Tギャラリア香港は3店舗あり！

▶ 銅鑼灣
Tギャラリア 香港 by DFS
コーズウェイベイ店
T Galleria Hong Kong by DFS, Causeway Bay

アクセス 銅鑼灣駅F2出口に直結
住 軒尼詩道500號 希慎廣場
（Hysan Place, Hennessy Rd.）
☎ 2239-6688　時 10:00～23:00
休 無休　CARD 可

▶ 尖沙咀
Tギャラリア 香港 by DFS
チムサーチョイ イースト店
T Galleria Hong Kong by DFS, Tsim Sha Tsui East

アクセス 尖沙咀駅P2出口から徒歩5分
住 東麼地道77號
（Chinachem Golden Plaza, Mody Rd.）
☎ 2311-3813　時 11:00～21:00
休 無休　CARD 可

▶ 尖沙咀
Tギャラリア 香港 by DFS
カントンロード店
T Galleria Hong Kong by DFS, Canton Road

アクセス 尖沙咀駅L5出口から徒歩5分
住 廣東道28號 新太陽廣場
（Lippo Sun Plaza, Canton Rd.）
☎ 2302-6888　時 10:00～23:00
休 無休　CARD 可

★ TECHNIQUE
テクニック

---

132 /316　🛒 ショッピング

ニューフェイスの
パンダクッキー現る!?

日本人パティシエが腕を振るう「カフェ・ライフ」の、アーモンドパウダーやチョコレートを使ったパンダクッキーが新顔でカワイイ！　一つひとつ表情が違うのもおもしろい。

パンダクッキーHK$50（6枚入り）

▶ 上環
カフェ・ライフ
Café Life

- アクセス：上環駅E2出口から徒歩6分、中環駅C出口から徒歩10分
- 住：鴨巴甸街35號 元創方A座Staunton1樓S106舖（PMQ, Block A, Aberdeen St.）
- ☎ 2858-8755　営 10:30〜19:00
- 休 無休（施設に準じる）　CARD 不可

---

133 /316　🛒 ショッピング

最新の店舗情報は
公式サイトでGET！

買い物に便利なショッピングセンターは、店舗の入れ替わりや移転が多いので、公式サイトで確認してから訪れよう。尖沙咀のハーバーシティや銅鑼灣のリーガーデンズなどの巨大ショッピングセンターでは、目的の店を探すだけで時間のロス！

▶ 尖沙咀
ハーバーシティ
URL www.harbourcity.com.hk

▶ 銅鑼灣
リーガーデンズ
URL www.leegardens.com.hk

---

134 /316　🛒 ショッピング

英国系のスーパーは
おしゃれみやげの宝庫！

30年以上前に香港に上陸した英国老舗スーパーマーケットでは、プライベートブランドの食品をジャケ買いしよう！何でも揃うのでおみやげ探しに、滞在期間用にといろいろ使える。

本場の紅茶も豊富。イングリッシュブレックファストHK$32

▶ 中環
マークス＆スペンサー
Marks & Spencer

- アクセス：中環駅D2出口から徒歩8分
- 住：荷里活道32號 建業榮基中心1樓（Kinwick Centre, Hollywood Rd.）
- ☎ 2921-8552
- 営 7:30〜23:00（土曜8:00〜、日曜8:00〜22:00）
- 休 無休　CARD 可

---

135 /316　🛒 ショッピング

旬モノは「レンクロ」で
まとめてチェックで時短！

センスのいいものが欲しいなら、香港の老舗セレクトショップ「レーン・クロフォード」を見ればいいものに出合える確率高し！　トレンドから定番ものまで、幅広いセレクションが魅力。

▶ 尖沙咀
レーン・クロフォード
Lane Crawford

- アクセス：尖沙咀駅G・L6出口から徒歩10分
- 住：廣東道3號 海港城馬哥孛羅香港酒店商場地下及3樓（Marco Polo Hongkong Hotel Arcade, Harbour City, Canton Rd.）
- ☎ 2118-2288
- 営 10:00〜22:00
- 休 無休
- CARD 可

★ TECHNIQUE
テクニック

136 /316 | ショッピング

ワンランク上のおみやげは ホテルのブティックで買う

親や上司、先輩など**目上の人へのおみやげ**は、5つ星ホテルのブティックで選べば間違いない！「ペニンシュラ・ブティック」や「ザ・マンダリン・ケーキショップ」はグルメツウも御用達の逸品揃い。おしゃれなパッケージもうれしい。

▶ 尖沙咀
ペニンシュラ
半島酒店　The Peninsula
| DATA→P.31

▶ 中環
マンダリン・オリエンタル香港
| URL | www.mandarinoriental.com

さまざまな素材のうま味が凝縮されたペニンシュラ秘伝のXO醤HK$280。ぜひ試してみたい

ローズ・ペタル・ジャムHK$248は、バラの花びら入り

---

137 /316 | ショッピング

「PMQ」は店舗により 営業時間と定休日が違う!?

有名ブランドから無名デザイナーまでさまざまなクリエイティブに触れられるショップが揃う。ショップごとに**営業時間がマチマチなので、必ず事前に確認を。**

香港の最先端に触れられる個性的な店舗群へ

▶ 中環
PMQ
元創方

| アクセス | 上環駅E2出口から徒歩6分、中環駅C出口から徒歩10分
| 住 | 鴨巴甸街35號(Aberdeen St.)
| 電 | 2870-2335
| 営 | 休 | CARD | 店舗により異なる
（施設は7:00〜23:00営業）

138 /316 | ショッピング

セールを狙うなら 7月と12月に行くべし！

夏は7〜9月、冬は12〜2月が香港の**セール期間**になる。ショッピングモールにある高級ブランドショップでも徐々に値下げして、最終的に70%オフになることも！ 買い物好きは旅程の参考に。

★ TECHNIQUE
テクニック

139 /316 ショッピング

ハッピーモチーフを覚えておみやげ探し

おみやげ探しに注目したいのが香港らしいハッピーモチーフだ。金魚、龍、ブタのモチーフや「壽」「囍」「福」の漢字は縁起がよいとされ、雑貨にあしらわれていることも多い。縁起ものの香港みやげは、贈る相手に喜ばれること必至！

「喜」がふたつ並んだ「囍」は、ダブルハピネスを意味する。G.O.D.(→P.112)のグラスHK$20

140 /316 ショッピング

香港大學のオリジナルグッズが人気！

MTR港島線が西側に延伸したことで、「香港大學」へのアクセスが便利に。学内で販売されているオリジナルグッズをおみやげにする人も。

TシャツHK$117

▶香港大學
香港大學ビジター・センター
香港大學訪客中心
The University of Hong Kong Visitor Centre

[アクセス] 香港大學駅C1出口から徒歩5分
[住] 薄扶林道 香港大學百周年校園地下
(Centennial Campus, The University of Hong Kong, Pokfulam Rd.) ☎ 3917-7853
[営] 9:30～17:00(日曜11:00～) [休] 休校日 [CARD] 可

141 /316 ショッピング

お得にバラマキみやげを買う方法はこれ！

バラマキみやげを買うなら、まとめ買いでお得になるスーパーに限る！ なかでも「出前一丁」や中華料理の調味料ブランド「李錦記」は、まとめ買いの対象になることが多いので要チェック。

例えば、出前一丁は8個でHK$29。バラ買いよりHK$6.20お得！

例えば、「李錦記」の中華材料は3個でHK$16。バラ買いよりHK$8お得！

スーパーマーケットはP.116をチェック！

142 /316 ショッピング

保冷バッグを持参！冷凍食品を保冷剤にする

香港ではバターやチーズが安く手に入るので、大量に買い込むツウも多い。保冷バッグを持参し、冷凍食品の饅頭などを保冷剤代わりにして、チーズやバターを挟んで持ち帰るワザが使える！

肉製品の日本への持ち込みはNGなので注意！

★ TECHNIQUE
テクニック

143/316 🛒 ショッピング
ジップ付きビニールで調味料の液漏れを防げ！

調味料がスーツケースで漏れないか心配……。そんなときは、ジップ付きビニール袋に入れてパッキングするのが賢明。香港でよく見る「GLAD」というメーカーものは、サイズも豊富で便利！

GLADの中袋50枚入りHK$24.90。日本では見かけないミニサイズなどがあり、いろいろな目的に使えそう

144/316 🛒 ショッピング
香港なら24時間営業店でギリギリまでショッピング

ローカル系スーパー「恵康」とコンビニエンスストア「セブン-イレブン」は、24時間営業の店も多い。深夜便や早朝便で帰国する場合に、駆け足でおみやげ探しができる場所として使うのも手！

▶ 油麻地
恵康
ウェルカム　Wellcome
住 上海街438-444號地下(Shanghai St.)

セブン-イレブン
7-Eleven
▶ 尖沙咀
住 麼地道1A-1H及1(Mody Rd.)
▶ 中環
住 砵典乍街2A(Pottinger St.)

145/316 🛒 ショッピング
ラストミニッツのショッピングはこの2店

香港国際空港に、大人気の2店舗が登場。ANAやJALのターミナルであるターミナル1にオープンしたのが、中環のセレクトショップ「ホームレス」。LCC各社のターミナルであるターミナル2には、同じく中環のショッピングモールPMQの支店「PMQセレクト」がある。どちらも最旬トレンドに敏感な商品セレクトに定評があり、空港に店舗があるのはうれしい。買い忘れたおみやげがあってもなくても、立ち寄ってみて。コンパクトながら、香港みやげに最適なアイテムが厳選されているので要チェック！

空港ターミナル1にあるセレクトショップ「ホームレス」

ターミナル2にはPMQの空港店「PMQセレクト」がある

▶ 大嶼島
ホームレス(香港国際空港店)
Homeless HK International Airport
アクセス 機場駅と直結
住 香港國際機場1號客運大樓第7層 出發登記大廳 7T080舖(Shop 7T080, L7, Departure check-in Hall, Terminal 1)
☎ 2110-4115　休 無休　CARD 可

▶ 大嶼島
PMQセレクト
PMQ Select
アクセス 機場駅と直結
住 香港國際機場二號客運大樓5樓5P082號舖(Shop 5P082, L5, Terminal 2)
☎ 非公開　営 9:00〜21:00　休 無休　CARD 可

★ TECHNIQUE
テクニック

146 /316 🛒 ショッピング

石の種類が豊富な「タンズ」で、幸運を呼び込む印鑑をオーダーメイド

　約30年の実績を誇る印鑑専門店「タンズ」。妹のマリアさんが世界各国から良質の石を厳選し、兄で篆刻家の鄧力行さんが手彫りで仕上げる。その技術の高さと石の豊富さは多くの人を魅了し、著名人も顧客にもつ。

　天然石はパワーストーンとしてのお守り効果があるので、石選びは上げたい運気も考えてじっくりと。多彩な色やモチーフが揃っているので選ぶのも楽しい。スタッフは日本語ができるので、細かい希望も伝えられコミュニケーションもスムーズに行える。

　石材は350HK$〜1200HK$、加工費は100HK$〜、仕上がりまで1〜2日。日本への郵送も可能。

小さいサイズの石もある

タンさん(中央)とスタッフのおふたり。日本語が通じるので安心

オーダーの仕方

① 石とモチーフを選ぶ

　石の種類は20種類以上。石の大きさもさまざまあり、さらに石の飾りモチーフは多種多様。石にはそれぞれ秘めたるパワーや風水上の特殊な役割があるので、スタッフに石の意味やパワーを聞いて選ぶとよい。

神秘的な色合いのラピスラズリ。天然石は1本1本違う

<石材>翡翠：健康・長寿
<モチーフ>サル：魔除け、邪気をはらう

<石材>ピンク水晶：恋愛運アップ、幸運を招く
<モチーフ>ヘビ：生命力・繁栄

<石材>赤水晶：幸せになれる
<モチーフ>フクロウ：金運・出世運アップ

<石材>虎目石(タイガーアイ)：富と地位を得る
<モチーフ>イヌ：地位向上、繁盛

<石材>ラピスラズリ：金運アップ
<モチーフ>獅子：魔除け

<石材>ブラックアゲート(瑪瑙<めのう>)：仕事運・学力アップ
<モチーフ>ウマ：成功・幸運

★ TECHNIQUE
テクニック

タンズならではの職人ワザ

ベテラン印鑑職人の鄧（タン）さんが作る印鑑は、押したときの印影が美しい。聞けば、円形、楕円形、四角形といった印材の形や堅さ、文字数、字体、画数を総合的に考えて最もバランスよく仕上げることに全神経を集中するという。状態や条件すべてを考え合わせた完璧な印鑑は手彫りでこそできるものだ。

細部までていねいに彫り上げるタンさん

天然石からカラフルな人工石まであり、目移りしそう

朱肉入れも種類豊富。左側の天然石の小サイズのものはHK$550〜、手描きの陶器のものはHK$850〜

真鍮のカエルの朱肉ケース。カエルは「お金が還ってくる」という意味があり、商売繁盛、金運上昇に効果があるとされる

② 書体を選ぶ

印鑑の文字面は「姓名」、「姓」、「名」のいずれかで、銀行印またはプライベート印なのか用途を考慮して書体サンプルから選ぶ。平仮名やアルファベット、イラストも可能。

書体サンプルも豊富に取り揃えている

イラストはサンプル以外のデザイン持ち込みも可能（HK$500〜）

③ 印鑑ケースを選ぶ

印鑑ケースは種類豊富。印鑑の色との組み合わせを考えて選ぶ。朱肉入れも一緒に揃えたい。

左は一般的に人気が高い翡翠の印鑑セット。右は男性におすすめの虎目石のセット

タンさんのアドバイス！

石のもつ運気、パワーはそれぞれ異なります。大まかなところで翡翠は健康、水晶は幸運、ラピスラズリは財運、虎目石は富、瑪瑙は成功。自分の求めるものを参考に選んでください。モチーフは、自分の干支の動物、または好きな動物でいい。特に手入れは必要ありませんが、押すときに力を入れ過ぎると縁が欠けることが。当店の印鑑は力を入れなくてもきれいに押せるように彫っているので、優しく押してください。

アメジストで揃えた印鑑・朱肉セット（HK$1250）。ケースも紫色で色合わせ

▶ 尖沙咀

Tangs タンズ

アクセス MTR尖沙咀駅E出口から徒歩約3分
住 尖沙咀梳士巴利道　香港半島酒店M/F, Shop MW4　Shop MW4, M/F, The Peninsula Hong Kong, Salisbury Rd., Tsim Sha Tsui　☎ 2721-1382, 2721-7337
営 10:00〜19:00　休 旧正月4日間　CARD 可

RANKING
― ランキング ―

ショッピング

レトロ＆ポップがたまらない♥ 香港雑貨みやげBEST10

★Ranking★
1位

\Recommend/
縁起のいいダブルハピネスがモチーフのグッズが充実。
（地球の歩き方編集部 金子）

G.O.D.

　香港を代表するデザインブランド。ダブルハピネス（囍）モチーフのアイテムや、香港の街並み写真をデザインしたバッグ、ビーチサンダルなど、オールド香港を感じられるレトロでユニークなアイテムがたくさん。ショッピングモールのPMQやSKY100、香港国際空港など香港内に11店舗あり。センスのいいおみやげを見つけたい人はぜひ。

紙コップHK$36
陶器の柄がプリントされた紙コップは25個入り。紙皿もあるので揃えたくなる

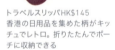

トラベルスリッパHK$145
香港の日用品を集めた柄がキッチュでレトロ。折りたたんでポーチに収納できる

▶中環
G.O.D.
住好啲 ジーオーディー

アクセス	中環駅D2出口から徒歩15分
住	荷李活道48號地下及1樓（Hollywood Rd.）
☎	2805-1876
営	11:00～21:00
休	無休
CARD	可

MORE
人気のウォールアートもお忘れなく！

　香港でも大人気のインスタスポットがこのウォールアート。1994年に取り壊された巨大なスラム街「九龍城砦」を描いたもの。G.O.D.に向かって右側の壁にあるので撮影してみて。

★詳しくはP.131をチェック！

40年続く老舗。中国・景徳鎮という瓷器(チーヘイ／焼物)の産地から仕入れる食器や飾り皿が豊富に揃う。特にレンゲやミニ皿はサイズと価格がお手頃なのでまとめ買いしたくなる。

▶ 中環
興祥富記
ヘンチョンフーゲイ　Hing Cheung Fu Kee

- アクセス 中環駅D2出口から徒歩13分
- 住 士丹頓街17號地下(Staunton Rd.)
- ☎ 2524-2756
- 営 11:00〜19:00
- 休 旧正月
- CARD 不可

カップ&ソーサーHK$200
中華テイスト×西洋のスタイルはとても珍しい。年代ものは少しお高め

\ Recommend /
どれもお手頃価格なのがうれしい。店内が広過ぎないので物色しやすい。ソーホーエリアに行ったら、必ずのぞいちゃいます!　(本書編集A)

楊枝入れHK$10
小さくてかわいい楊枝入れ。フタの付いた大きいサイズもある

★Ranking★
2位　興祥富記

ショッピング

\ Recommend /
ペニンシュラやマンダリンなどの高級ホテルへ卸している食器のB級品が手に入る。職人さんの絵付け姿が見られるのもポイント。
(清水真理子さん)

ホテルやレストランへの卸用や海外輸出を中心に扱う倉庫のような店舗兼工房には、数えきれないほどの陶器が山積み。ミニ皿やレンゲ、茶碗などがコンパクトで持ち帰りやすい。

茶碗HK$60
有名ホテル、ペニンシュラにも卸しているシリーズと同じ商品。狙う価値あり!

▶ 九龍灣
粵東磁廠
ユットンチーチョー　Yuet Tung China Works

- アクセス 九龍灣駅C出口から徒歩5分
- 住 宏開道15號 九龍工業中心3樓1-3室 (Wang Hoi Rd.)
- ☎ 02796-1125　営 9:00〜17:00
- 休 日曜・祝日、旧正月5日間
- CARD 不可

★Ranking★
2位　粵東磁廠

1958年創業の上海スタイルのスリッパ店。色や形が豊富に揃うスリッパは、すべてハンドメイド。デザインは、昔ながらの柄や今風のものまでさまざまで、ハッピーモチーフも多い。

▶ 佐敦
先達商店
シンダッションディム　Sindart

- アクセス 佐敦駅C2出口から徒歩1分
- 住 呉松街150-164號 寶靈商場1樓16-17號舗 (Woosung St.)
- ☎ 6623-3015
- 営 14:00〜20:30(日曜〜19:30)
- 休 旧正月7日間
- CARD 不可

\ Recommend /
かわいいチャイナ柄を探してしまいます。ハンドメイドなのでおみやげに最適!
(本書ライターM)

スリッパHK$150
鮮やかなカラーとパンダの刺繍がキュートなチャイニーズスリッパ。履き心地もいい

★Ranking★
4位　先達商店

113

\ Recommend /
石とモチーフ、印鑑ケースを選べます。開運書体で彫ってくれるので、お仕事している人はぜひ。日本への発送もOKです。（本書ライターA）

印鑑 石材HK$350〜
加工費HK$100〜
運気アップにはモチーフに自分の干支を選ぶのがおすすめ。仕上がりまで1〜2日でできあがる

20年以上のキャリアをもつタンさんが彫りあげる印鑑専門店。恋愛は赤水晶、金運はラピスラズリなど、どの運気を上げたいか石やモチーフを相談しながら選べる。女性スタッフは、みな日本語が堪能なので安心だ。

▶ 尖沙咀

タンズ
Tangs
| DATA→P.110

★Ranking★ **5**位 タンズ

香港人デザイナーたちの作品を世界に紹介することが基本コンセプト。ショップはおもちゃ雑貨、バッグ、時計やアクセサリーと3部屋に分かれている。ポストカードやクリアファイルが手頃でおすすめ。

▶ 上環

HKTDCデザイン・ギャラリー
香港・設計廊　HKTDC Design Gallery

[アクセス] 上環駅E2出口から徒歩6分
[住] 鴨巴甸街35號 元創方B座A地下HG07-09室 (PMQ, Aberdeen St.)
[電] 2548-1115　[営] 11:00〜20:00
[休] 無休　[CARD] 可

マスキングテープ
HK$18(右)、22(左)
陶器の絵柄と二階建てバスの香港らしいモチーフがかわいい。バラマキみやげにぴったり

\ Recommend /
香港をモチーフにしたTシャツやポーチなどセンスある商品が並ぶ。新鋭デザイナーの商品は在庫が少ないことも多く、逆に希少価値が高い。
（木邨千鶴さん）

★Ranking★ **6**位 HKTDCデザイン・ギャラリー

魔法瓶 HK$252
1940年創業の老舗ブランド「駱駝牌」。メイドイン香港が欲しいならこれ！

\ Recommend /
香港内の雑貨店などで購入可能。抜群の保温力なので、冬場は大活躍。大きさやデザインは複数あって、カジュアルデザインのものは新色が出ると集めたくなる。
（池上千恵さん）

ローカルなエリアにオープンした雑貨店「黒地」。商品ラインアップは、昔ながらの家庭用品を扱う店と似ているが、陳列の仕方がモダンでどれもすてきに見えるから不思議。

▶ 石硤尾

黒地
ハッデイ

[アクセス] 石硤尾
[住] 偉智街38號 福田大廈地舗19-20 (Wai Chi St.)
[電] 9806-1476　[営] 12:00〜19:30
[休] 無休　[CARD] 不可

★Ranking★ **7**位 黒地

言わずと知れた世界各国で展開するコーヒーチェーン。ここ中環の都爹利街店は、昔ながらの香港式カフェ"冰室"をイメージした内装がレトロでおしゃれと話題。

▶中環
スターバックスコーヒー 都爹利街店
星巴克咖啡都爹利街
Starbucks Coffee Duddell Street
DATA→P.54

香港限定マグカップHK$170
ご当地レリーフのマグカップ。香港島の高層ビル群がデザインされている

\ Recommend /
香港限定マグやタンブラーはおみやげに◎。飲茶や香港スナックがプリントされたエスプレッソカップは、大き過ぎず重過ぎずでおすすめ!
(木郷千鶴さん)

★Ranking★
7位 スターバックスコーヒー 都爹利街店

ショッピング

\ Recommend /
刺繍の美しさにホレボレ。額に入れて玄関に飾っています。
(本書編集 Y)

汕頭刺繍が美しいハンカチ。商品の大小ではなく刺繍の細かさで金額が異なる

中国三大刺繍のひとつで、白布に白糸で刺繍する汕頭(スワトウ)刺繍専門店。店内には大小さまざまな刺繍ハンカチや巾着、テーブルセンターなどがぎっしり。問屋価格で購入できるのもいい。

▶上環
春生貿易行
チュンサンマホイッポン　Chung Sang Trading Co.

- アクセス 上環駅A2出口から徒歩3分
- 住 皇后大道中302號 北海商業大廈13舗 (Queen's Rd.)
- ☎ 2522-9246
- 営 12:00～19:00(土曜～18:00)
- 休 日曜、祝日　CARD 可

★Ranking★
9位 春生貿易行

中国に自社工場をもつ陶器店で、ヨーロッパやアメリカにも支店を展開している。中華にも西洋料理にも使えるモダンなデザインが特徴で、世界的デザイナーとのコラボレート商品もある。

▶銅鑼湾
ラブラミックス
Loveramics

- アクセス 銅鑼湾駅A出口から徒歩5分
- 住 禮頓道97號地下(Leighton Rd.)
- ☎ 2915-8018
- 営 11:00～21:00(金・土曜～22:00)
- 休 無休
- CARD 可

\ Recommend /
香港シリーズマグカップなど、モダンチャイニーズ柄の食器がおすすめ。ケーキスタンドなど箱入り商品もあるので持ち帰りやすい。
(本書編集 K)

ケーキスタンド
HK$369
鳥や花など中国の昔ながらの柄と色合いの食器を現代風にアレンジ

★Ranking★
9位 ラブラミックス

RANKING
― ランキング ―

| ショッピング |

香港らしいおみやげの宝庫!
スーパーみやげBEST10

★Ranking★

1位

オイスターソース
HK$16.30

　カキを主原料とするオイスターソースは、炒め物、煮込みなどに使われ、広東料理に欠かせない調味料だ。温野菜や焼きそばのソースなど、家庭での簡単な料理に手軽に使え、カキのうま味が本格的な味に仕上げてくれる。カレーやおでんなど、中華以外の隠し味にも使えるのがうれしい。日本でも瓶入りのオイスターソースを見かけるが、香港にあるチューブ式は使いやすく軽いのでおみやげに喜ばれる。

\ Recommend /
李錦記のオイスターソースのなかでもおすすめはこれ。甘みとうま味のバランスが◎。チューブ入りでおみやげに最適です。
(本書編集Y)

▶ 中環

惠康
ウェルカム　Wellcome

[アクセス] 中環駅D2出口から徒歩5分
[住] 皇后大道中84-90號地庫 (Queen's Rd.)
[☎] 2529-1357　[営] 8:00～23:00　[休] 無休
[CARD] 可

1945年創業。香港で最も歴史が古く、支店が多いスーパー。24時間営業の店舗もある

※P.116〜119のすべての商品は4軒のスーパーマーケットで取り扱いあり。

\ Recommend /
貝柱、金華ハム、干しエビなど、大きめの具材がザクザク。料理はもちろん、ごはんにのせて食べてもおいしいです。
(本書編集 K)

香港ならではの、干し貝柱や干しエビのうま味満載の調味料。炒めものに入れたり点心につけるなど用途は幅広い。塩揉みしたキュウリに絡めるだけでも簡単なおつまみに！

★Ranking★
2位 XO醤
HK$122

麺料理がおいしい香港は、インスタント麺も味のレベルが高い。日本と比べ価格が安いので、まとめ買いしてバラマキみやげにできる。日本発祥の即席ラーメンも香港版で拡大中！

\ Recommend /
香港人が大好きな出前一丁。日本にないフレーバーがたくさんあるので、全部買って帰りたくなります。
(本書ライター I)

★Ranking★
3位 インスタントラーメン
各HK$4.40

\ Recommend /
種類が豊富なティーバッグシリーズ。香港人がよく飲むのはプーアール茶だそう。
(地球の歩き方編集部 金子)

飲茶に欠かせない中国茶もテッパンのおみやげ。スーパーではリーズナブルなティーバッグを多く扱い、茶葉の種類も豊富。クセの少ないジャスミン茶やウーロン茶が人気。

★Ranking★
4位 中国茶
各HK$11.60

▶ 中環

シティスーパー
City'super

[アクセス] 香港駅E1出口に直結
[住] 港景街1號 國際金融中心商場1樓1041-1049號舖
(IFC Mall, Harbour View St.)
[☎] 2736-3866 [営] 10:00〜22:00 [休] 無休 [CARD] 可

クオリティの高い商品と豊富な品揃えの高級スーパー。キッチン用品類も充実している

117

RANKING
― ランキング ―

香港で食べたおいしい味を簡単に再現できるインスタントスープ。火鍋の素なら、水を加えて火にかけ、具材を入れるだけで本格的な火鍋が作れる。

\ Recommend /
カレーベースのサテ(左)や麻辣と唐辛子(右)など種類が豊富。
(本書ライターA)

★Ranking★
5位 火鍋の素
李錦記の火鍋上湯
各HK$8

\ Recommend /
紅茶の渋みとミルクのコクがしっかり再現されていて感激！
(本書編集K)

濃厚な紅茶にエバミルクを加えた、コクのあるミルクティーがインスタントに。コーヒーと紅茶をミックスした「鴛鴦茶」を出しているメーカーもあるのでぜひ。

★Ranking★
6位 インスタントミルクティー
ミスター・ブラウンのミルクティー
(香濃原味) HK$19.50

醤とは発酵調味料を含め、ペースト状の調味料のこと。唐辛子味噌の豆板醤、中華甘味噌の甜麺醤、エビを発酵させた蝦醤、白ごまの芝麻醤など、種類はさまざま。

\ Recommend /
カレー醤はカレー粉だけで炒めるよりもおいしく仕上がります。
(本書編集Y)

★Ranking★
7位 醤各種
李錦記の咖喱醤(左) HK$16.90
蒜蓉豆豉醤(右) HK$12.90

▶ 中環
百佳超級市場
パークン・ショップ　PARKnSHOP

- アクセス 中環駅D2出口から徒歩12分
- 住 結志街2A中環大廈地下(Lyndhurst Bldg., Gage St.)
- ☎ 2815-1450
- 営 8:00～22:00
- 休 無休
- CARD 可

香港っ子の生活に根付いている、惠康と並ぶ香港のローカルスーパー。青い看板が目印

※P.116～119のすべての商品は4軒のスーパーマーケットで取り扱いあり。

\ Recommend /
ドリンクタイプは甘めで飲みやい。香港の珍味を友達におすすめ分け！
（本書ライター Y）

解毒作用があり、にきびや吹き出物に効くといわれる亀苓膏（亀ゼリー）は、亀の甲羅のおなかの部分を使った漢方スイーツ。缶入りやドリンクタイプがある。

★Ranking★
8位 亀ゼリー
位元堂の龜苓爽　HK$8

香港メーカーから多く出ているクラッカーは、おやつにもお酒のおつまみにもなるおみやげ。フレーバーは定番から香港らしいものまで豊富に揃う。

\ Recommend /
豆腐を塩漬け発酵させた腐乳のフレーバーは、香港らしさたっぷり。
（地球の歩き方編集部 福井）

★Ranking★
9位 クラッカー
ガーデンのポップ・パン
HK$14.80

\ Recommend /
老舗メーカーのポテチは、やや肉厚でおイモ感があり食べ応え十分。
（本書編集 Y）

スーパーには、中国のメーカー・珍珍をはじめ、欧米のものなど、さまざまなポテトチップスが揃う。サイズも大小あり、大きなパッケージは部屋飲み用のおつまみにもおすすめ。

★Ranking★
10位 ポテトチップス
珍珍のポテトチップス
HK$12

▶ 尖沙咀

マーケット・プレイス・バイ・ジェイソンズ
Market Place by Jasons

[アクセス] 尖沙咀駅N4出口直結
[住] 河內道18號 K11地庫B 111-121號鋪
（K11, Hanoi Rd.）
[☎] 3122-4066
[営] 10:00～23:00
[休] 無休
[CARD] 可

ヨーロッパのスーパーのような雰囲気。珍しい商品や外国からの輸入品を多く扱う

ショッピング

COLUMN
コラム

ショッピング

使って納得！ クセになる！ チャイニーズ調味料の世界

　香港のスーパーマーケットに所狭しと並ぶ多彩な中華調味料。取材陣のなかではもはやマストバイとなった調味料と、その使い方を紹介したい。まず試していただきたいのが「辣油」(写真1)。日本でも定番の調味料であるラー油だが、本場香港のラー油はひと味違ってヤミツキになる。スーパー「恵康」(→P.116) などで見られる大手メーカーのものから、個人店がレジ横で販売する手作りのものまでその種類は数えきれないほど。具だくさんで唐辛子をはじめとした香辛料の香りがとても高く、水餃子のお供や炒め物の隠し味に使えばグッと本場の味に近づくこと間違いなし。次に紹介するのはクセになる調味料「腐乳」(写真2)。そのままだと香りが強いけれど、火が入ることで驚くほど香ばしい味わいに変化する。炒め物はもちろん、鶏のから揚げの下味に腐乳を使うのがわが家の定番。最後に紹介したいのが「豆豉」(写真3)。蒸した黒大豆を発酵させ半乾燥にしたもので、味は塩辛く味噌のような風味とうま味を感じさせる。油との相性が抜群で、軽く刻んだ豆豉をニンニクと唐辛子とともにごま油に入れ、香りが立つまで熱し、チンゲン菜や空芯菜など好みの青菜と炒めればワンランク上の野菜炒めが完成！
(地球の歩き方MOOK 香港マカオの歩き方 フォトグラファー 斉藤純平)

【1】李錦記の「潮州辣椒油」HK$18.50は、香港ラー油の定番。ローカル店が販売する自家製ラー油もチェックしてみて

【2】廖孖記の「腐乳(フーナイ)」HK$52。100年を超える老舗の腐乳は、香港人の食卓に欠かせない調味料のひとつ

【3】珠江橋の「陽江豆豉(ヤンジンダウジー)」HK$4(100g)は調味料だけでなく、漢方としても用いられる優れた発酵食品だ

観光

― Sightseeing ―

世界3大夜景で有名なヴィクトリア・ピークや光と音楽のショーが毎日無料で見られるシンフォニー・オブ・ライツなど、香港らしい観光スポットを満載。効率よく回る方法や撮影ベスポジ情報など、短期間でも満足できる観光テクをマスターしよう！

本書には、Googleマップへのリンク機能が付いています→P.14

RANKING
― ランキング ―

観光

行きたい！観光したい！
香港でやるべきことBEST10

★Ranking★
1位
ヴィクトリア・ピークから
絶景を眺める

\ Recommend /
ここは恥ずかしがらずに、絶景を背景に誰かに撮影してもらうのが正解！ 夜景は混雑必至。人の少ない早朝を狙うのもおすすめ。 （本書編集 K）

観光客が絶えない香港イチの絶景スポット。標高約552m、香港島でいちばん高い太平山の展望台だ。写真はどちらもピークタワーにある有料展望台「スカイテラス428」からの眺め。中環のビル群、ヴィクトリア・ハーバー、九龍半島、そして遠くに新界を望むことができる。太平山にはピークタワーのほか、買い物が楽しめる「ピーク・ギャレリア」（2019年夏まで閉鎖中）や無料の「獅子亭展望台」（→P.126）などもある。山道を昇降するピークトラムからの美しい眺めも最高！

ナポリ、函館と並ぶ世界3大夜景のひとつ

▶ 山頂
ヴィクトリア・ピーク
扯旗山 Victoria Peak

アクセス 中環にあるピークトラム駅（山麓）までは、中環のフェリー乗り場前のバス停から15Cバスで約10分。中環駅D1出口から徒歩14分

\ Recommend /
写真は香港イチのパワスポ寺、黄大仙。結婚したいっ！ と願ったら本当に結婚できました。翌年の取材でお礼参りも完了♥
（本書編集 Y）

★Ranking★
2位 パワスポで運気アップ！願いごと別に訪れたい

香港には、願いごと別に訪れたいパワースポットが点在している。風水スポットがある寺院、巨岩のパワーを集めるお寺、英雄の関羽を祀る寺院、海の守り神を祀る廟など、個性的な香港の寺院を巡ってパワーチャージしてみない？ 詳しくはP.140「パワースポットBEST5」をチェック。

【写真の寺院はこちら】
▶ 黄大仙
薔色園黃大仙廟
シックシックユンウォンタイシンミウ　Sik Sik Yuen Wong Tai Sin Temple
| DATA→P.140

観光

\ Recommend /
九龍の尖沙咀プロムナードが、やっぱりベスポジ！ スピーカーも設置されているので音楽もしっかり聞こえます。
（本書フォトグラファー T）

毎晩20:00から約10分間行われる光と音楽の無料ショー、シンフォニー・オブ・ライツ。音楽にあわせてレーザービームが夜空を舞う、きらめく夜景は必見！ 尖沙咀のウォーターフロントや香港島のシーサイド・プロムナード、スターフェリーなどいろいろな場所や角度から見てみよう。

▶ 尖沙咀や中環ほか
シンフォニー・オブ・ライツ
Symphony of Lights
開 毎晩20:00から10分間
料 無料

★Ranking★
3位 シンフォニー・オブ・ライツを見る

\ Recommend /
どの通りも日本にはない光景ばかり。スマホ片手に歩いてSNSにアップすれば、「いいね！」がたくさんもらえる！
（本書フォトグラファー S）

ローカルな雰囲気満点の、香港名物揃いの専門店街がたくさんある。香港の伝統的なアイテムを揃える専門店が集中する通り。邪気をのみ込むといわれる金魚の専門店や美しい花々の卸問屋、小鳥や関連グッズが揃うバードランド、食べ歩きしたい屋台街などがある。詳しくはP.142「名物ストリートランキング」をチェック！

【写真の名物ストリートはこちら】
▶ 旺角
金魚街(通菜街)
カムユーガイ　Tung Choi Street
| DATA→P.142

★Ranking★
4位 名物ストリートをお散歩

123

RANKING
― ランキング ―

\ Recommend /
日本語が上手な香港人ガイドが街を説明してくれるので、初日の夜に乗るのがおすすめ。誰もがテンションMAXになること必至！（本書フォトグラファー T）

英国統治時代を思わせるダブルデッカーを模した2階建てバスで、夜景巡りに出かけよう。約2時間でヴィクトリア・ハーバー沿いや彌敦道（ネイザンロード）など、夜風に吹かれながら街を駆け抜けるのは爽快で、香港名物の巨大ネオン看板に手が届きそう！

★Ranking★
5位 オープントップバスで夜景巡り

▶ 尖沙咀（乗り場）
オープントップバス・パノラマドライブ
Open top bus Panorama drive

詳しくは下記「マイバス香港」のサイトで確認
URL www.jtb.co.jp/kaigai_opt/

夜間観光のお楽しみ、ナイトマーケット。男人街は男性向けの洋服や雑貨のほか、女性向け商品も売られている。天后廟周辺には占い屋台も並ぶ。女人街には女子ウケ必須のプチプラ商品があふれる。

▶ 油麻地
男人街 ナムヤンガイ　Temple Street

| アクセス | 佐敦駅A出口から徒歩3分 |
| 住 | 廟街（Temple St.） |

▶ 旺角
女人街 ノイヤンガイ　Tung Choi Street

| アクセス | 旺角駅D3出口から徒歩3分 |
| 住 | 通菜街（Tung Choi St.） |

\ Recommend /
夕食の腹ごなしに歩いてバラマキみやげを買ったら、近くでデザートを食べてホテルへ。夜のテッパンコースです♪（本書編集 K）

★Ranking★
6位 ナイトマーケットでお買い物

\ Recommend /
夜景を楽しむ時間は混むので、夕暮れ前に乗るのがおすすめ。公式サイトから予約できる。（本書編集 Y）

伝統ある中国の海賊船を模した観光船で、ハーバービューが楽しめる。所要時間約45分でドリンク1杯付き。デッキで乾杯しながら香港の摩天楼を眺めよう。

▶ 尖沙咀／中環（乗り場）
アクア・ルナ
Aqua Luna

乗り場	尖沙咀発（Pier1）、中環発（Pier9）
☎	2116-8821
営	（Evening Harbour Cruise）尖沙咀発・中環発ともに17:30／17:45／18:30／18:45／20:30／20:45（出発の15分前集合、所要45分）
休	無休
料	大人HK$220、4〜11歳HK$160

★Ranking★
7位 アクア・ルナでハーバーを遊覧

フォトジェニックなスポットを巡る旅は、もちろん香港でも大人気！ なかでも、ウオールアートがあるスポットはいつでも人だかりの大盛況ぶり。撮影マナーを守ってすてきな写真を撮ったらその場でシェア。たくさんの「いいね！」をもらっちゃおう。

【写真のウオールアートはこちら】
▶ 中環
グラハム・ストリート
嘉咸街　Graham Street

アクセス 中環駅D2出口から徒歩15分
住 嘉咸街(Graham St.)
※ショップ「G.O.D.」(→P.112)に向かって右側の壁面。

\ Recommend /
中環には、たくさんのウオールアートがあるので探してみよう！
（本書ライター M）

Ranking 8位 フォトジェニックな街角写真をシェア

\ Recommend /
ゴンドラ「昂坪360」は、アップダウンがあるので子供も大人も大興奮！
（本書編集 K）

街の喧騒から逃れて自然あふれる郊外へ行ってみよう。ランタオ島には、香港最大の野外大仏や仏教文化のテーマパークなど観光スポットが充実。大仏が鎮座する山頂へ向かうゴンドラからの眺めも必見！

▶ 大嶼島
ランタオ島
大嶼島　Lantau Island

アクセス (MTR) 中環駅または九龍駅から東涌綫で約30分、東涌駅下車
アクセス (フェリー) 香港島中環フェリー乗り場6號碼頭から梅窩行きフェリーで約50分。高速船なら約30分

Ranking 9位 郊外へ日帰りトリップ①　ランタオ島

香港島の南部に位置するビーチリゾート。美しい海と白砂が広がるレパルスベイは、リゾート気分を楽しみたい香港人にも大人気。さらに南にある欧米人が多く住む高級住宅街、スタンレーまで行ってみよう。

▶ 淺水灣
レパルスベイ
淺水灣　Repulse Bay

アクセス (バス) 中環の交易廣場バスターミナルから赤柱(スタンレー)行きのシティバス260(快速)または6、6A、6Xに乗車。レパルスベイなら「淺水灣海灘」で下車。所要20〜25分。スタンレーなら「赤柱村巴士總站」で下車。所要30〜40分

\ Recommend /
香港は高層ビルが建ち並ぶ、街の顔だけではありません！ 自然豊かなもうひとつの一面を知ってみてください。
（本書編集 K）

Ranking 10位 郊外へ日帰りトリップ②　レパルスベイ

★ TECHNIQUE
テクニック

147/316 📷 観光

ヴィクトリア・ピークは歩いて下山が新鮮！

なるべく盛夏を避けて、水を携帯してトライしてみて

100万ドルの夜景が見られるヴィクトリア・ピーク（→P.122）は、香港イチの観光スポット。一般的に観光客は、ピークトラムやバス、タクシーなどで上ったり下ったりするが、観光客にも広がりつつあるのが徒歩で下山すること。上りはピークトラムで車窓を楽しみ、下山は自分の足で風景を楽しむのがトレンド。コースは、香港大學駅へ下るものや金鐘駅へ下るものなどさまざま。舊山頂道（オールド・ピーク・ロード）を下り、ヒルサイド・エスカレーターで中環駅まで下るコースもおもしろい。

香港トレッキング（コラム）についてはP.144をチェック！

148/316 📷 観光

夜景で有名なスポットに夜は行かないという選択

香港夜景の名所だけあり、夜の時間は有料のスカイテラスも無料の獅子亭展望台も激混み。大勢の頭越しに見る夜景もいいのだけれど、ゆっくり絶景をひとり占めしたい人は、ぜひ早朝に登ってほしい。ピークトラムは7:00から運行するが、地元の人たちは朝の散歩がてら日が昇る時間にあわせて徒歩で上る。有料のスカイテラスは10:00開場なので獅子亭展望台へ。人の少ない展望台は格別。特に暖かい時期は、早朝のほうが空気も澄んできれいな風景写真を撮れるはず。山頂は多少寒いので羽織るものを持参して。

上）獅子亭展望台のテラス
下）中国様式の丸いエントランス越しに撮れば、香港の絶景を丸く切り取ることができる

▶ 山頂

獅子亭展望台
シージテンジーモートイ　Lions Pavilion

|アクセス| 山頂駅から徒歩1分
|住| 芬梨道 (Findlay Rd.)
|☎| なし　|開| 常時開放
|料| 無料　|休| 無休

★ TECHNIQUE
テクニック

149 /316 📷 観光

ピークトラムの行列を回避する簡単なワザ

常に観光客の**長蛇の列ができるピークトラム乗り場**。でも、**オクトパスカード（→P.194）**に残金があれば、**チケット購入の列をスキップ**してタッチで改札を通ることができる。

▶ 中環／山頂
ピークトラム
山頂纜車　The Peak Tram

アクセス 山麓駅から山頂駅まで約8分（山麓駅までは中環のスターフェリー乗り場前のバス停から15Cバスで約10分）　**開** 7:00～24:00（約10～15分間隔）
料 大人片道HK$37（往復HK$52）、3～11歳・65歳以上片道HK$14（往復HK$23）

150 /316 📷 観光

ランタオ島を観光するなら到着日に手ぶらでGO！

巨大な野外大仏がある**ランタオ島やその周辺の島の観光をするなら、空港に荷物を預けて**到着したその足で向かうのがおすすめだ。香港国際空港はランタオ島の北に位置するので、到着日に行ってしまうのがある意味時短になる。空港では、**1時間HK＄12（最大HK＄140まで）でスーツケースを預けられる**。

旅の安全祈願がてら寶蓮寺の天壇大仏にあいさつ。夏は日傘があると◎

---

151 /316 📷 観光

あのローカルタウン深水埗に夜景の名所あり!?

電気街や手芸問屋街などローカルな雰囲気が残る深水埗。ここには**「嘉頓山」という夜景や街並みを見下ろす丘**がある。地元香港人の間では知られたスポットで昼も夜も人がいるので、案内どおり上っていけばすぐにわかる。ヴィクトリア・ピークほど高さがなく、**目線に近い位置から香港の街を眺められる**のがいい。香港みやげでおなじみのクラッカー（コックさんのアイコンが目印）を販売する**Gardenの本社も見える**。近々、建て替えられるといううわさもあるので、早めに一度見に行ってみるのもいいだろう。

©Chie Ikegami

嘉頓山から深水埗を見た眺め。クラッカーやパンで有名な菓子メーカー「Garden」の本社ビルが見える

▶ 深水埗
嘉頓山
Garden Hill

アクセス 深水埗駅から美荷樓生活館（ユースホステル＆博物館）へ。美荷樓の裏へ出る道を進むと夜景写真を掲載した立て看板あり。案内どおり進めば到着。深水埗駅から15～20分程度で上ることができる

★ TECHNIQUE
テクニック

152 /316 観光

中環の最旬リノベスポット「大館」観光はここをおさえよう！

　2018年5月、香港に新たなる観光スポット「大館」が仲間入り。中環の旧警察本部跡地が歴史とアートの拠点として生まれ変わった。旧中央警察署、中央裁判所、ヴィクトリア監獄の3つのリノベーション建築をメインに複数の建物の集合体になっている。赤れんがが美しい「警察總部大樓」では、昔の警察について学べたりアートの展示を見たりできる。連なるアーチが印象的な元警官宿舎「營房大樓」には、おしゃれなカフェやレストランが入店し、注目を集めている。ヴィクトリア監獄だった「B倉」では、監獄だった当時の様子を見学OK。このほかの建物でも、歴史的展示や現代アートの作品に触れることができる。ショップや飲食店も続々オープン予定なので、最新情報を公式サイトでチェックして出かけよう。

昼（上）もいいが、ライトアップされた夜景（下）も美しい。滞在中に昼夜両方の顔を見に出かけてみて。建築好きはマストビジットといえる新スポットだ！

監獄見学ができるB倉では、囚人のふりをして撮影するのが若者のトレンドに
©Miyako Kai

▶ 中環
大館
タイグン　Tai Kwun

アクセス 中環駅D2出口から徒歩10分　**住** 荷李活道10號(Hollywood Rd.)　**TEL** 3559-2600(10:00〜20:00)
営 11:00〜23:00(ビジターセンター〜20:00)
休 無休　**CARD** 店舗により異なる
URL www.taikwun.hk

※2018年はオープン初年度につき、営業時間等変動の可能性あり。公式サイトで随時確認を。

★ TECHNIQUE
テクニック

153 /316 📷 観光

最新スポット「大館」への入館方法&裏技とは?

　最旬スポットなだけに人が集中しており、入場にはウェブ経由で入場時間を予約し、発行されたパスを入口で見せる必要がある。しかし、平日はパスなしでも入れる、またはレストランを予約し、入口で予約がある旨を伝えれば入れるなど在住者たちの実体験による裏技も。とにかく広大で建物が多いため、事前に公式サイトで行きたい店の場所を確認し、近い入口から入るのが迷わないコツ!

▶ 中環
大館
タイグン　Tai Kwun
DATA→P.128

154 /316 📷 観光

猫好きは上環で猫めぐりがおすすめ

　猫好きは旅した先でも猫を探してしまうもの。そんな人に訪れてほしい街が、上環だ。乾物屋や茶餐廳が軒を連ねる昔ながらの通りには、店ごとに看板猫がいる。まるで店番でもしているかのような、愛くるしい猫たちに会いに出かけてみよう。

写真を撮るときは、「可唔可以影相?(ホンホーイーインショーン?)」と飼い主に写真を撮ってもいいか?　と聞こう

155 /316 📷 観光

最新ハーバービュースポットオーシャンターミナル・デッキへ

　尖沙咀にある巨大なショッピングモール「ハーバーシティ」。最南端にある館のオーシャンターミナルは、もともと海に突き出していたが、さらに増築し270度のパノラマビューを楽しめる「オーシャンターミナル・デッキ」が誕生した。西に向かって突き出しているので、夕日から夜景の時刻がとても美しい。同じビルに入ったレストラン「六公館」(→P.72)のビューも話題に。廣東道からデッキまで歩くと距離があるので、タクシーで展望デッキの目の前につけてもらうのも手。買い物や食事とあわせて行ってみよう。

©Miyako Kai

2017年10月のオープン以来、香港人にも観光客にも大人気

▶ 尖沙咀
オーシャンターミナル・デッキ
海運観點　Ocean Terminal Deck
[アクセス] 尖沙咀駅A1・L5出口から徒歩10分
[住] 廣東道3-27海港城 號海運觀點(Ocean Terminal Deck, Harbour City, Canton Rd.)
[☎] 2118-8666(ハーバーシティ)
[営] 7:00~24:00
[休] 無休
[料] 無料

★ TECHNIQUE
テクニック

156 /316 📷 観光

最旬インスタスポット「Instagram Pier」とは?

香港大學駅から海へ向かって15分ほど北上すると、西區公眾貨物裝卸區碼頭という埠頭にぶつかる。ここが「インスタグラム・ピア」と呼ばれ、香港大學の学生をはじめ若者たちを熱くさせている最旬インスタスポット。800メートルほど海と埠頭だけの風景が広がり、夕景や夜景がロマンティックに撮れるとあって、カップルに大人気。今ではウエディング撮影をする人がいるほど。特に雨上がりになると埠頭上に大きな水たまりができ、空が鏡のように反射して、南米のウユニ塩湖のような写真が撮れる!と話題だ。

©Chie Ikegami

ハッシュタグ(#instagrampier)や地名で検索するとたくさんの写真がヒットする。参考にしてみよう

▶ 香港大學
西區公眾貨物裝卸區碼頭
サイコウゴンジョンフォーマッジョンセイコウマータオ
Western District Public Cargo Working Area

- アクセス 香港大學駅B2出口から徒歩15分
- 住 石塘咀西區公眾貨物裝卸區
- 開 24時間開放
- 休 無休
- 料 無料

---

157 /316 📷 観光

建築好きは必訪!
香港大學のエリオットホール

数年前に香港島のMTRが西に延伸したことで、香港大學を訪ねやすくなった。香港大學は、英国の教育専門誌が発表するアジア大学ランキング2018で第4位に輝くほどの優秀校。100年以上続く校舎は、建築の名所としても注目されている。エリオットホールは優美な英国風建築で、ウエディング撮影スポットとしても有名だ。

▶ 香港大學
香港大學
The University of Hong Kong
| DATA→P.108(香港大學ビジター・センター)

158 /316 📷 観光

香港は意外にも
建築天国なのである

見る香港も意外に楽しい。それを実感させてくれるスポットが、香港理工大學にあるザハ・ハディド建築。無料で内部見学も可能。ノーマン・フォスターの香港国際空港や香港上海銀行、ダニエル・リベスキンドの香港城市大学なども必見!

故ザハ・ハディド氏が設計した「PolyU School of Design Jocky Club Innovation Tower」

▶ 紅磡
香港理工大學
The Hong Kong Polytechnic University
| URL www.polyu.edu.hk

★ TECHNIQUE
テクニック

159 /316 📷 観光

香港のインスタスポットを効率よく回るプランはこれ！

世界の人気観光都市に必ずあるのがウオールアート。SNSをにぎわすおしゃれなウオールアートは、香港にもたくさんある。特に密度が高い「オールド・タウン・セントラル」と呼ばれる中環にあるウオールアートを中心に、香港のフォトジェニックスポットを効率よく回るプランをご紹介！

START

1 彩虹邨　＠九龍半島

1960年代に建てられたカラフルな団地は、人が少ない午前中に行くのがおすすめ。立体駐車場のバスケットコートで撮影を。朝早く行くと太極拳を楽しむ人々に出会えるかも。

▶彩虹
彩虹邨
チョイヒョンツェン　Choi Hung Estate
[アクセス] 彩虹駅C4出口から徒歩5分
[住] 紫葳路2號

2 フリンジ・クラブ　＠香港島

中環にある100年以上の歴史あるレトロな建物。乳業会社の冷蔵倉庫として造られ、現在は、ギャラリーやバーが入ったイベント会場としてアート＆カルチャーを発信している。

▶中環
フリンジ・クラブ
藝穗會　Fringe Club
[アクセス] 中環駅D1出口から徒歩6分
[住] 下亞厘畢道2號

3 シェリー・ストリート　＠香港島

ウオールアートに仲間入りしたのが、ヒルサイド・エスカレーターの壁に香取慎吾さんが描いた龍のアート。

▶中環
シェリー・ストリート
些利街　Shelly Street
[アクセス] 中環駅D1出口から徒歩9分
[住] 荷李活道32號 馬莎百貨（Marks & Spencer Food, Hollywood Rd.）※ここを目指そう

4 グラハム・ストリート　＠香港島

デザイン雑貨店「G.O.D」（→P.112）の壁に描かれたアートは、1994年に取り壊された「九龍城砦」。道路の階段部分を入れて坂道とわかるように撮れば、中環らしい1枚になる。

▶中環
グラハム・ストリート
嘉咸街　Graham Street
[アクセス] 中環駅D1出口から徒歩10分
[住] 荷李活道48號 G.O.D.（G.O.D., Hollywood Rd.）※ここを目指そう

5 玉葉甜品　＠香港島

昔ながらのスイーツ屋台「玉葉甜品」の脇の壁にもアートがある。モノクロのシックなアートは、香港では珍しい。営業時はテーブルと椅子が並べられるので、開店前を狙ってみて。

▶中環
玉葉甜品
ギョッブティンバン　Leaf Dessert
[アクセス] 中環駅D1出口から徒歩10分
[住] 蘇豪伊利近街2號（Elgin St.）

6 水池巷　＠香港島

GOAL

最後は、香港のスーパースター、ブルース・リーが描かれたウオールアートへ。今にもカンフー技で迫ってきそうな躍動感が、おしゃれなストリートアートに昇華されている。

▶上環
水池巷
ソイチーホン　Tank Lane
[アクセス] 上環駅A2出口から徒歩8分
[住] 四方街23號 加華藝廊（Cawah Arts Gallery, Square St.）※ここを目指そう

131

★ TECHNIQUE
テクニック

160 /316 📷 観光

シンフォニー・オブ・ライツがリニューアル!?

香港の夜空を彩る光と音楽のショー、シンフォニー・オブ・ライツは、実は2017年12月から新バージョンになっている。ハーバー沿いの40ものビルが参加し、さらにダイナミックな光のショーへとアップグレードしていたのだ!

シンフォニー・オブ・ライツ
幻彩詠香江　Symphony of Lights
- 住 音楽を聴きながら観賞できるおもなスポット：
  【尖沙咀】香港文化センター広場
  【灣仔】ゴールデン・バウヒニア・スクエア
- 開 20:00〜20:10　休 無休　料 無料

161 /316 📷 観光

香港の競馬場は水曜日を狙って行くべし

高級住宅街のハッピーバレーにある競馬場。水曜夜は「ハッピーウエンズデー」と銘打ち、日本でもおなじみのビアフェス「オクトーバーフェスト」などさまざまなイベントを実施。ライブ演奏などもあり、盛り上がること間違いなし。

▶跑馬地
ハッピーバレー（競馬場）
跑馬地　Happy Vally
- アクセス 銅鑼灣駅A出口から徒歩10分
- 住 黃泥涌道79號 香港賽馬會跑馬地馬場 (Wong Nai Chung Rd.)
- 料 非公開　営 水曜ナイトレース17:15〜
- 料 入場料HK$10(G入口で支払い)
※18歳未満の馬券購入は禁止。
- URL happywednesday.hkjc.com

162 /316 📷 観光

スターフェリーは平日利用!?週末・祝日は運賃UP

スターフェリーは平日より土・日曜、祝日の乗船料が若干高く設定されているので、なるべく平日に乗るのが得策。上層デッキよりも下層デッキのほうが料金は安いが、せっかく乗るなら眺めのいい上層デッキで楽しもう。

上層デッキは平日HK$2.70が週末・祝日にはHK$3.70になる

163 /316 📷 観光

スターフェリーで景色を楽しむときは座席を選ぼう

運賃が安く、眺めがいいスターフェリーは観光客にとっても有効な交通手段。よりよいビューを求めて座る位置を考えてみよう。香港島のビル群を楽しみたいときは、尖沙咀→中環なら左側に、灣仔→尖沙咀も左側に座って。写真を撮るときは、乗客の後ろ姿などを入れるとスターフェリーに乗っている感が出てGood！

2大高層ビルの九龍のICCや香港島のIFCビルを眺めたいときは、上記と逆サイドに座ろう

★ TECHNIQUE
テクニック

164/316 📷 観光

庶民の足ローカルフェリーで東側を観光

ハーバーを渡るのはスターフェリーだけじゃない。紅磡～北角を結ぶファーストフェリーはHK$3.70(約100円)で利用でき、香港の東側で遊びたい人におすすめ。バスやタクシーで渡ろうとすると渋滞必至のエリアだけに、ぜひ利用したい。

▶ 紅磡
紅磡渡輪碼頭
ホンハムドールンマータオ　Hung Hom Ferry Pier
アクセス 紅磡駅D5出口から徒歩7分
住 華信街紅磡渡輪碼頭

圧倒的に香港人利用者が多い船内。オクトパスカードもOK

165/316 📷 観光

オーシャンパークで狙うべき展示はこれ

動物園、遊園地、ショーなどを備えた世界有数の海洋生物テーマパーク。ここで観光におすすめなのが、アクアシティエリアにある水族館だ。クラゲや金魚などが幻想的に泳ぐ姿に癒やされよう。

▶ 黄竹坑
オーシャンパーク
香港海洋公園
アクセス 海洋公園駅B出口からすぐ
住 黄竹坑(Wong Chuck Hang)
☎ 3923-2323
営 10:00～18:00(季節により異なる)
休 無休　**料** 大人HK$480、3～11歳HK$240

166/316 📷 観光

チャイナドレスを着て中環で撮影大会をしよう

ここ数年人気を集めているのが中環のチャイナドレスのレンタル店。約200着から選べるチャイナドレスは、生地を仕入れて手作りしたものが多く、若い人に似合うモダンなパターンやデザインを豊富に揃えている。レンタル料金はHK$380／日(要予約。営業時間内に返却)。シューズのレンタルはないので持参しよう。チャイナドレスを着て、中環のオールド・タウン・セントラルのフォトジェニックなスポット(→P.131)を巡って撮影すれば、一生宝物にしたくなる旅行写真が撮れるはず。

上)店内には、かわいいチャイナドレスが並ぶ。デザインもサイズもたくさんあり迷うほど
下)女性用のドレスのほか、男性用・子供用のチャイナ服もある

▶ 中環
嫣裳記
インションゲイ
Yan Shang Kee Qipao Rental
アクセス 中環駅D2出口から徒歩12分
住 伊利近街16A號1樓C室
☎ 9144-5228
営 9:00～18:30
休 無休
CARD 不可

★ TECHNIQUE テクニック

167/316 📷 観光
朝が遅い香港で午前中をどう楽しむ?

香港の朝は遅い。午前中に観光したい人はラマ島へのハーフデイトリップへ。中環から島北西部の溶樹湾(ヨンシーワン)行きのフェリーに乗り、下船後は約1時間のハイキングを楽しみ索罟湾(ソックワン)フェリー乗り場へ。周辺の海鮮レストランでランチを食べて午後早めに中環に戻ってくるコースはいかが?

▶ 南Y島
ラマ島
南Y島　Lamma Island

アクセス 中環のフェリーターミナルからフェリーに乗り約30分。行き先は、溶樹湾(ヨンシーワン)行きと索罟湾(ソックワン)行きのふたつ

168/316 📷 観光
MTRが延伸した東九龍はローカルグルメの宝庫!

MTR観塘線が東に延伸し誕生した何文田駅と黄埔駅はもちろん、紅磡駅までを広く含む「東九龍」エリアが今アツい! 紅磡には香港理工大学(→P.102)があることから、学生街特有の安くておいしい飲食店がいたるところにあるエリア。エネルギッシュ過ぎず、でもにぎやかで物価が安い東九龍。今後要チェックのエリアだ。

何文田駅と黄埔駅で下車して東九龍を探索してみよう

169/316 📷 観光
香港ツウがマークしているエリア「深水埗」へGO!

尖沙咀駅から5駅隣の深水埗は、昔ながらの姿を残す街。レトロな懐かしさが漂うストリートに、若いアーティストが店を構え、いい塩梅に伝統と革新が混ざり合う街に成長中。ビーズ問屋街を巡ったり、嘉頓山(→P.127)に上ったり、街歩きが楽しいエリアだ。

深水埗には昔ながらのグルメが、まだまだたくさんあふれている

170/316 📷 観光
「#アガる香港」を付けてSNSに香港の今をアップしよう

香港政府観光局がここ数年行っているキャンペーンキーワードは「アガる香港」。香港ツウの間にもこのキーワードが浸透し、香港旅行の写真をSNSに投稿する際に「#アガる香港」と付ける人が増えている。このハッシュタグを付ければ、香港ツウたちはもちろん、香港政府観光局のみなさんからもチェックされるかも!?

★ TECHNIQUE
テクニック

171/316 📷 観光

荃灣に新スポット「ザ・ミルズ」が誕生！

続々新スポットが誕生している香港。尖沙咀駅からMTRで30分ほどのところにある荃灣駅周辺に新しい商業施設「ザ・ミルズ」が2018年12月6日にオープンする。元繊維工場を改装したリノベスポットで、香港人デザイナーを招いてアトリエやショップを設けたり、カフェやレストラン、アート展示やイベント開催などを行う複合的なスペースになる予定だ。1960年代のものづくり全盛時代の香港の熱気を体感できるはず。まだ詳細が見えない状況ではあるが、公式サイトで順次発表されるニュースリリースをチェックしよう。

▶ 荃灣
ザ・ミルズ
南豐紗廠　The Mills

アクセス 荃灣駅A3出口から徒歩16分
住 白田壩街45號 南豐紗廠
(The Mills, Pak Tin Par St.)
☎ 3979-2300
営 未定（今後公式サイトでチェック）
URL www.themills.com.hk

172/316 📷 観光

訪れると開運間違いなし!?銀行前のライオン像とパチリ

風水的に最高のビルといわれる中環のHSBC。北側の門にいる2頭のライオン像を訪れると、開運間違いなし!?　一緒に写真を撮れば財運もUPするかも。撮影した写真はスマホの待ち受け画面にしてみては？

龍道といういい気が流れる道の上にビルは建つ

▶ 中環
香港上海滙豐銀行總行大廈
ヒョンゴンションホイウイフォンガンホン
Hong Kong & Shanghai Bank Bldg.

アクセス 中環駅K出口から徒歩7分
住 皇后大道中1號（Queen's Rd. Central）

173/316 📷 観光

お手伝いさんたちが集まる風景は香港週末の風物詩

イギリス領だった影響で、メイド文化が残る香港。週末になると連絡通路など屋根のあるところで休日を過ごすべく大勢のメイドさんが集まる。香港ならではの光景だけれど、メイドさんたちの大移動と週末になだれ込む観光客で香港の街は混み合いがち。時間に余裕をみて行動したい。

週末になると仲間同士で集まり語らうメイドさんたち

★ TECHNIQUE テクニック

174 /316 | 📷 観光

SNSアップ用にパチリ！「ザ・香港」な写真はこれ

海外旅行中、写真を撮ってSNSにアップするのはもはや定番中の定番。特にインスタグラムは、トラベラーとの親和性が高いといわれ、世界中のユーザーが日常的に旅写真をポストしている。香港なら料理や観光名所だけではなく、街なかの看板やお寺の渦巻き線香など"これぞ香港"と感じられる景色を撮りたい。右の写真を参考に撮影してみて。日本にはない風景に香港を知っている人も知らない人も反応してくれるはず。すてきな写真に「いいね！」が増えるかも？

街なかの郵便受け
"幸せは目の前"という意味のふたつのコインがデザインされている

街なかの看板
道に飛び出した巨大な看板は誰もが思い描いている香港そのもの

お寺の線香
寺院の中にはぐるぐる巻かれた線香が。燃え尽きると願いがかなうとか

スーパーの牛の缶
ミルクティーに欠かせない練乳の缶がかわいい。マグカップでもおなじみ

---

175 /316 | 📷 観光

香港に広大な芝生エリアとサンセットの名所が誕生

九龍駅から南西へ少し突き出したエリア、West Kowloon Cultural Districtにアートパークが誕生。サイクリングロードや広大な芝生エリアがあり、屋外のイベント会場になる予定。また場所柄、美しい夕日を眺められるスポットとしても今後人気が出そうだ。

▶ 尖沙咀
西九藝術公園
サイガウンガイショゴンユン West Kowloon Art Park

> アクセス 九龍駅E4・E5出口から徒歩10分
> 住 西九文化區 (West Kowloon Cultural District)
> URL www.westkowloon.hk/en/the-district/architecture-facilities/art-park/

176 /316 | 📷 観光

100万ドルの夜景と花火のコラボを見逃すな！

100万ドルの夜景と花火のコラボは、新年カウントダウン、旧正月、返還記念日、国慶節の年4回のみ。これらの時期は混雑＆旅行代金割高だけれど、香港旅の計画があるなら一度は合わせてみては？

九龍半島から眺める香港島のビル群と花火

★ TECHNIQUE
テクニック

177/316 📷 観光
Xmasシーズンの ディスプレイがスゴイ！

クリスマス時期は、ホテルやショッピングセンターがイルミネーションの光に包まれ華やかな雰囲気に変わる。**ライトアップされた名所**を巡ってみるのも冬の香港旅行の楽しみのひとつ。

香港島の中環にあるIFCモールとクリスマスツリー

178/316 📷 観光
ランタオ島のロープウエイ 昂坪360で肝試し！

香港島西方のランタオ島に鎮座する、巨大な天壇大仏をお参りするには、**全長約5.7kmのロープウエイ「昂坪360」**に乗って行く。雄大な景色を空中散歩で楽しめるが、かなり怖い。絶景とスリルを体感して、大仏様にごあいさつ！

▶ **大嶼島**
昂坪360
ゴンピン360 Ngong Ping 360

[アクセス] 東涌駅から乗り場まで徒歩すぐ
🕐 10:00〜18:00(土・日曜、祝日9:00〜18:30)
[料] スタンダードキャビン
　：往復HK$235、3〜11歳HK$110
　クリスタルキャビン(床がガラス)
　：往復HK$315、3〜11歳HK$190
[休] 不定休

179/316 📷 観光
黃大仙の線香は 無料でもらえる場所がある！

黃大仙駅を出ると、線香を売るおばあちゃんに遭遇する。だがここで買わずとも、**中に入れば無料でいただける。線香は9本**いただき、自分の姓名・生年月日・住所・願いごとを唱え、**各所に3本ずつ供えよう。**

祈願は線香を掲げ、3回の礼をしたら線香台に線香を供える

▶ **黃大仙**
嗇色園黃大仙廟
シックシックユンウォンタイシンミウ
Sik Sik Yuen Wong Tai Sin Temple
DATA→P.140

180/316 📷 観光
2019年ブルース・リー像が 元の場所に戻ってくる！

香港を象徴する写真でおなじみのブルース・リーの像。2018年10月現在、ハーバー沿いに立つ「香港藝術館」の改修にともない、尖沙咀東海濱平台花園に一時的に移設されているが、元の場所に帰ってくる。**2019年からは、香港島のビル群とヴィクトリア湾をバックに凛々しいブルース・リー像を撮影できる！**

美しいハーバーをバックに同じポーズでツーショット撮影してみよう

137

★ TECHNIQUE
テクニック

181 /316 　観光

香港ディズニーランドのオープンラッシュに注目！

モアナのショーでは、冒険から戻ったモアナと村人たちのその後を描く

「眠れる森の美女のお城」のリニューアル完成図

香港ディズニーランドには、**2023年までに毎年続々と新アトラクションが誕生**する。2018年5月にはモアナと村人たちが観客を出迎えるショー「**モアナ：ホームカミング・セレブレーション**」がスタート。2019年には、マーベル映画『**アントマン＆ワスプ**』をモチーフにしたアトラクションが誕生予定。さらに2020年にはリニューアルした城でキャッスル・ショーが行われ、2021年にはヒット映画『アナと雪の女王』をテーマにしたフローズンファンタジーのエリアがオープン。毎年香港に足を運ばないと！

アナとエルサの姉妹愛と氷や森に包まれた映画の世界へ

▶ 大嶼島
香港ディズニーランド・リゾート
香港迪士尼樂園　Hong Kong Disneyland Resort

アクセス MTR東涌線の欣澳駅から迪士尼線に乗り換えて約6分、迪士尼駅下車ですぐ
住 香港大嶼山香港迪士尼樂園 (Hong Kong Disneyland Resort, Lantau Island)
営 10:00〜20:00(季節により異なる)
休 無休　CARD 可
料 ワンデー・チケット 大人HK$619、子供(3〜11歳)HK$458、65歳以上HK$100
URL www.HKdisneyland.jp

ビクトリア様式の魅力あるエレガントな外観のMarket House

オリジナルの陶器製タンブラーHK$338。逆サイドにはスタバのロゴが入っている

▶ 大嶼島
Market House市集咖啡店
シーザップガーフェーディム

住 Market House
☎ 非公開
営 開園から閉園まで
休 無休
CARD 可

182 /316 　観光

アジアのディズニーパーク初！スターバックスがオープン

2018年8月、香港ディズニーランドにアジアで初のパーク内スターバックスがオープンした。場所は、**メインストリートUSAにあるレストラン「Market House」**。ディズニーとコラボしたオリジナルグッズ「スターバックス＋ディズニー・マジカル・シリーズ」に、スタバとディズニー両方のファンが注目している。もちろん、テイクアウトカップにもスタバのロゴとディズニーのロゴがダブルネームのようにプリントされていて、とってもレア！　香港ディズニーランドに行ったら、ぜひ立ち寄ってみて。

★ TECHNIQUE
テクニック

183 /316 | 📷 観光

香港ディズニーランドで マラソンができる!?

2018年11月（3日と4日に開催）に3回目を迎えたのが、香港ディズニーランド「10Kウィークエンド2018」というマラソン大会。事前申し込みを済ませたランナーたちが園内を疾走する、年に一度の恒例イベントだ。ランニングに自信がある人から楽しんで走りたい人まで、たくさんの人が楽しめる多様なコース設定が魅力。ディズニーランド内を走れるだけでも感動モノなのに、沿道ではディズニーとピクサーの人気キャラクターたちがランナーを応援してくれる！

※例年の予定では申込期間は6～8月、開催は11月。公式サイトをチェックしよう。

5歳以下が参加できるコース「ミッキー＆フレンズ・キッズレース」もある

楽しげな園内を見ながら走れば、マラソンの疲れも吹き飛ぶ！
©Disney/Pixar ©Hasbro, Inc. ©Mattel, Inc. ©Poof-Slinky, Inc.

参加費用には記念品のTシャツ、メダル、ゼッケン、ゼッケンピン、完走証が含まれる

184 /316 | 📷 観光

公式アプリを駆使して スムーズに園内を巡ろう

香港ディズニーランドに行く前に、公式アプリをスマホにセットすべし。開演時間からエンターテインメントのスケジュールまで、最新情報をチェックできる。ワンタップコールでレストランの予約ができたり、ディズニーキャラクターがいつどこに現れるかまでわかってしまう。

アプリ「Hong Kong Disneyland」
URL itunes.apple.com/app/id1077550649（iPhone）
URL goo.gl/ZbHHbP（その他スマートフォン）

185 /316 | 📷 観光

マーベル映画ファンは 香港ディズニーランドへ

香港ディズニーランドでは、アジアで唯一、マーベル映画関連のアトラクションが体験できる。大人気の「アイアンマン・エクスペリエンス」をはじめ、2019年にはアントマン関連のアトラクションもオープン。今後、マーベル映画のテーマエリアが誕生する予定だとか。今後のニュースに注目！

アントマンとワスプと一緒に秘密結社に立ち向かう、スリル満点の冒険アトラクション

139

RANKING
― ランキング ―

観光

功徳ごとの神様にごあいさつ
香港パワースポットBEST5

★Ranking★
1位

\ Recommend /
恋愛運UPを願うなら、縁結びの神様、月下老人にお参りを。いただいた赤い糸を結んで良縁祈願をします。
（本書ライターM）

恋愛運
嗇色園黃大仙廟

　病気治療や占いの能力をもつという黃大仙が本尊。香港にある道教寺院で最も"願いがかなう""効き目がある"寺として連日多くの人が訪れる。日本のものとは異なる太くて長めのお線香(→P.136)を供えて、参拝してみてはいかが。敷地内には、風水の五行（木、火、土、金、水）にちなんだスポットもあるので巡ってみよう。

▶ 黃大仙
嗇色園黃大仙廟
シックシックユンウォンタイシンミウ　Sik Sik Yuen Wong Tai Sin Temple

[アクセス] 黃大仙駅B2出口から徒歩すぐ
[住] 竹園村2號(Chuk Yuen Village)
[☎] 2327-8141
[営] 7:00～17:00
[休] 無休
[料] 無料

140

宋代の将軍、車公を祀る廟。建立は約300年前で、村の洪水や疫病を止めたとの伝説が残る。本堂の風車は、回すと幸運が訪れるとされており有名。

\ Recommend /
福を呼ぶ銅の風車。お線香をあげて、近くにある太鼓をたたいたあと、時計回りに3回回すと幸運が訪れるそう。
(本書編集 Y)

▶沙田
車公廟
チェクンミウ　Che Kung Temple

[アクセス] 大圍駅B出口から徒歩10分
[住] 大圍車公廟路7號
(Che Kung Miu Rd.)
[☎] 2697-2660　[営] 7:00～18:00
[休] 無休　[料] 無料

★Ranking★ 全体運 車公廟 **2**位

\ Recommend /
学問の神様だけあり、学生の姿もよく見られます。仕事運を上げたい人は、歴史に名高い武将の関羽に祈願を。
(本書編集 A)

1840年代に建てられたとされる、香港最古の道教寺院。学問の神・文昌帝と三国志の英雄・関羽を祀る。廟内の渦巻き線香が印象的。

▶上環
文武廟
マンモウミウ　Man Mo Temple

[アクセス] 上環駅A2出口から徒歩10分
[住] 荷李活道126號
(Hollywood Rd.)
[☎] 2540-0350
[営] 8:00～18:00　[休] 無休　[料] 無料

★Ranking★ **3**位 仕事運／勉強運 文武廟

海の守り神、天后を祀る寺院は香港に数あるなかで最大級。ほかにも多くの神様や縁起物が集まり、さまざまなご利益にあずかることができる。

\ Recommend /
渡ると寿命が延びるといわれる長寿橋、金運UPには正財神、恋愛運には月下老人や婚姻石と、とにかく神様がいっぱい！
(本書編集 K)

▶淺水灣
天后廟
ティンハウミウ　Tin Hau Temple

[アクセス] 淺水灣海灘バス停から徒歩15分
[住] 南灘道(South Bay Rd.)
[☎] なし　[営] 日の出～日没
[休] 無休　[料] 無料

★Ranking★ 恋愛運／金運など 天后廟 **4**位

\ Recommend /
蓮の花を模した本堂やろうそくなど、名前のとおり蓮でいっぱいのかわいい廟。疫病がなくなることを祈った天井の龍も見どころです。
(本書編集 Y)

1846年建立。蓮の形を模した本堂は、観音様が出現したと伝わる巨岩の上に建つ。厄よけや家内安全、延命長寿などのご利益を授かることができる。

▶大坑
大坑蓮花宮
タイハンリンファコン　Tai Hang Lin Fa Kung

[アクセス] 天后駅B出口から徒歩6分
[住] 蓮花宮西街街尾
(Lily St. & Lin Fa Kung St. West)
[☎] 2578-2552　[営] 8:00～17:00
[休] 無休　[料] 無料

★Ranking★ **5**位 健康運 大坑蓮花宮

RANKING
― ランキング ―

観光

個性あふれる通りばかり
名物ストリートBEST5

★Ranking★
1位

幸運を呼ぶ金魚がいっぱい

　金魚は金運をもたらすといわれ、飼っている香港人は多い。専門店街には、ビニール袋入りの金魚や熱帯魚、水草などが並ぶ。水槽や餌など関連ショップが軒を連ねるその様子は圧巻！

▶旺角
金魚街（通菜街）
カムユーガイ　Tung Choi Street

|アクセス| 旺角駅B3出口から徒歩3分

\ Recommend /
子供からお年寄りまで金魚ファンが大集合。真剣に物色する姿も愛らしい。近距離で撮影すると注意されるので気をつけて。　　（本書編集 Y）

★Ranking★
2位

鳥好きたちのパラダイスへ

　小鳥や鳥かご、エサなどの小鳥関連の店が並ぶ中国式の公園。軒先にはたくさんの鳥かごが置かれ、小鳥のさえずりが響いている。鳥愛好家のほか観光客も多く訪れる場所。鳥インフルエンザ感染防止のため入場が規制されるときもあるので、外務省などのアナウンスもチェックしたい。訪れたあとは手洗いを忘れずに。

\ Recommend /
鳥かご片手に小鳥談議で盛り上がるおじさんたちがかわいい。想像以上に小鳥がたくさんいてテンションが上がる!
（本書編集 K）

▶太子
バード・ガーデン
雀鳥花園　Bird Garden

|アクセス| 太子駅B1出口から徒歩8分

\ Recommend /
珍しい花々やぬいぐるみを一緒に束ねたブーケなど、日本では見られないものがたくさん。撮影OK店が多いのでシェアしまくり。
(本書フォトグラファーT)

卸問屋が多く、新鮮な花卉(かき)をリーズナブルな価格で買えるとあって、業者から一般客までたくさんの人々が訪れる。美しい花々のほか、竹や蓮など香港らしい縁起物の植物も販売される。

▶太子
フラワー・マーケット
花墟道　Flower Market Road

アクセス 太子駅B1出口から徒歩5分

★Ranking★
3位　美しい花々の卸問屋が並ぶ

\ Recommend /
香港らしいアイテムが多く、眺めるだけでも楽しい。毛沢東グッズや、古きよき時代の香港を映したはがきなどおすすめ。(本書編集O)

かつて盗品(ネズミ商品)を売る場として知られ、それらを買う人を猫と呼んだことから、その名がついたストリート。骨董品からガラクタまでが並ぶ。

▶上環
キャット・ストリート
摩羅上街　Upper Laster Row

アクセス 上環駅E2出口から徒歩3分

★Ranking★
4位　掘り出し物を探しに行こう

\ Recommend /
すれ違う人が食べているものが、どれもおいしく見えるマジカルな場所。食事代を浮かせたいなら迷うことなくここに行こう！
(本書フォトグラファーS)

スナックやジュースなどの屋台が連なる。カレー風味の魚のすり身団子や卵とココナッツが入った焼き菓子、雞蛋仔など、香港のB級グルメを楽しんで。

▶油麻地
登打士街
ダンダーシーガイ　Dundas Street

アクセス 油麻地駅A2出口から徒歩3分

★Ranking★
5位　スナック屋台街で食べ歩き

COLUMN
コラム

 観光

高尾山と六本木が隣り合う感覚
香港トレッキングの魅力とは？

　香港でトレッキング？　香港の街並みを前に想像がつかないかもしれない。しかし中環駅から15分も歩けば、高層マンションの合間からヴィクトリア・ピークに向かう山道に入ることができる。香港のトレイルロードは非常によく整備され、案内や休憩所がところどころに設置されている。特にヴィクトリア・ピーク周辺の道は舗装されており、路線バスが通る車道にも簡単にアクセスできるので旅行者でも気軽に挑戦できる。初めは見上げていた高層ビルを徐々に見下ろしながら登る道のりは飽きることがない。山頂ではピークならではの香港の摩天楼を見下ろす絶景を堪能できるわけだが、自分の足でたどり着いて眺める景色は格別だ。帰りはバスやピークトラムで下山するもよし、別の道を歩くもよし、個々人の体力に合わせて楽しめるのもピーク周辺のトレイルの魅力だ。イギリス統治時代から整備されてきたコースは全長600kmにも及ぶとされ、九龍サイドから香港島まで見渡せる「ライオンロック」や、アジアで最もすばらしいトレイルコースといわれる「ドラゴンズバック」のほか、魅力的なコースが多数存在する。近年アウトドア熱がアツい香港で、旅の合間にできる絶景トレッキングをぜひおすすめしたい。
（地球の歩き方MOOK 香港マカオの歩き方 フォトグラファー 斉藤純平）

きちんと整備されている「ピークロード」。スニーカーで気軽に登れる。軽装備で十分だが、水は必ず用意しよう

山頂から見下ろす摩天楼はいつ見ても圧巻。疲れたら無理せずピークトラムやバスで下山

ビューティ&リラックス

― Beauty & Relax ―

ゴッドハンドがいるマッサージ店が街のいたるところにあり、各ホテルには自慢の極上スパが備わる。香港なら、美食でカラダの中から、マッサージやスパでカラダの外側からもきれいになれる。コスパがよくておみやげにも最適な、ドラッグストアの優秀アジアンコスメも要チェック!

本書には、Googleマップへのリンク機能が付いています→P.14

★ TECHNIQUE
テクニック

186 /316 ビューティ&リラックス

散策ついでに立ち寄れる
駅なかスタンドで美活！

　香港人は、食べるもので心身の健康を保とうとする「医食同源」を日々実行している。中環や金鐘、尖沙咀、佐敦など地下鉄駅を中心に21店舗展開する「健康工房」は、香港で定番の健康スープ＆ジューススタンド。薬膳、ハーブ、果物などをブレンドしたドリンクのラインアップは数日で入れ替わる。夏なら、熱を冷まし胃腸の働きをよくしてくれたり、水分過多に効く冬瓜や荷葉（蓮の葉）入りを。秋なら、体を温めてくれ乾燥肌の保温にも効果のあるアンズや菊の花、梨、ビワ入りをといったように季節ごとのニーズに応じたドリンクが選べる。亀ゼリーやヘルシーなシュウマイなども販売。暑い日はジュースを、寒い日やホッとひと息つきたいときは温かいスープHK$50～をどうぞ。街歩きのついでに疲労回復＆ビューティチャージを！

漢方ドリンクはHK$25～。
血行をよくしたい人はバラ
と桑の実ドリンクを

ココナッツとアワビ入りスープ
「鮮椰子鮑魚花膠湯」HK$54

▶中環
健康工房
ギンホンコンフォン　Health Works
- アクセス　中環駅A出口から徒歩1分
- 住　港鐵站大堂W7號舗
  （Central MTR Station Exit A World Wide House）
- ☎　2840-0518
- 営　8:00～21:00(土曜～20:00、日曜10:00～20:00)
- 休　無休
- CARD　可

★ TECHNIQUE
テクニック

187 /316　ビューティ＆リラックス

フレッシュジュースで
疲労回復＆栄養補給

　香港で27店舗を展開する、**イギリス系のサンドイッチチェーン「プレタ・マンジェ」**は、添加物を使用していない、体によい食材で作るサンドイッチがヘルシー志向のOLやビジネスマンに支持されている。なかでもニンジン、リンゴ、オレンジにショウガをミックスした**フレッシュジュース「Flu Flighter」**は食物繊維やビタミンCが豊富で疲労回復効果もあり、歩き疲れた体にぴったり。サンドイッチのほかにサラダやフルーツ、スープなども販売している。早朝から営業しているので、モーニング利用にもおすすめ！

栄養抜群で飲みやすい
「Flu Flighter」HK$24

▶ 中環

プレタ・マンジェ
Pret A Manger

アクセス 中環駅G出口から徒歩1分
住 皇后大道中15號 置地廣場3樓321號舖
(Landmark Atrium, Queen's Rd. Central)
☎ 2840-0129
営 7:30～21:00(土曜8:00～20:00、日曜・祝日8:30～20:00)
休 無休　**CARD** 可

---

188 /316　ビューティ＆リラックス

ドラッグストアの
美白歯磨きが花盛り！

　ドラッグストアで販売している美白歯磨きは種類豊富。「1週間で白くなる」「10人入り」など各メーカーが競うように新商品を発売している。おすすめはコルゲートの「OPTIC WHITEシリーズ」。日本人にもなじみやすいフレーバーだ。

ササ→P.152
ワトソンズ→P.153
マニングス→P.154

189 /316　ビューティ＆リラックス

歩き疲れた足には
現地調達の足裏シートを

　肩こり、筋肉痛、頭痛などに効果的な軟こう、タイガーバームは中華圏でおなじみのアイテム。**滞在中の足の疲れやむくみ対策には、湿布タイプを選択**しよう。足裏やふくらはぎに貼れば血行を促進し、筋肉痛を和らげてくれる。

マニングスやワトソンズで購入可。日本にはないので香港でトライしてみて

ドラッグストアは
→P.152をチェック

★ TECHNIQUE
テクニック

190 /316 ビューティ&リラックス
滞在中に虫さされ！よく効くお助けアイテム

リリーオイルは、虫さされのかゆみ、肩こり、筋肉痛を緩和してくれる。香港では万能薬として広く知られている家庭の常備薬で、軟こうタイプもおすすめ。持ち歩きに便利でオイルより使いやすい。ポーチに常備しよう。

虫さされのほか、鼻づまりには軟こうタイプHK$18.20が◎

ドラッグストアは
→P.152をチェック！

191 /316 ビューティ&リラックス
美容、疲労回復に毎日飲みたい豆乳！

美肌やダイエット、アンチエイジングなど女性にうれしい効果がある黒豆を使った豆乳の種類が豊富。スーパーでお得にまとめ買いできるので、旅行中にお安くビューティチャージを。「黒豆漿」のマークをチェックして。

250ml×6本でHK$27.20はお買い得！

スーパーマーケットは
→P.116をチェック！

192 /316 ビューティ&リラックス
滞在中に不調を感じたら街角のスタンドへ

漢方医が処方する漢方薬はちょっとハードルが高い……。という人は、街なかの涼茶スタンドを利用してみて。食べ過ぎ、二日酔い、風邪気味など旅行中に発生しやすい症状に合わせて飲んでみるのも手。中環にある「春回堂藥行」は、昔ながらの雰囲気を残す1916年創業の漢方薬店で、常駐する漢方医（英語可）が診断・漢方を処方してくれる。店頭では24種類の漢方で作る廿四味涼茶など数種類を販売していて、街行くたくさんの人々が店の前で立ち飲みしている。香港人の定番健康茶で快復しよう！

目の疲れによいとされる甜花茶 HK$8

寝つきが悪いときや二日酔いに◎な人参八寶茶 HK$15

消化不良、体がほてるときに。廿四涼茶 HK$8

▶ 中環
春回堂藥行
チョンウォイトンユウホウ
Good Spring Company Chinese Herbal Pharmacy
| DATA→P.29

★TECHNIQUE テクニック

193/316 ビューティ&リラックス

水分補給&熱冷ましはこの2本にキマリ！

暑さ厳しい香港の夏。その時期に旅行するなら、気をつけたいのが水分補給。街歩き中の水分補給におすすめなのが、コンビニやスーパーですぐに買える「漢方茶」。街角の漢方スタンドよりも手軽で飲みやすい。

漢方風味強めで効きそうな感じ
「咸青檸」HK$9.20

レモン風味で比較的飲みやすい
「清酷」HK$10.90

194/316 ビューティ&リラックス

メイド・イン・香港のキュートなコスメに注目

香港コスメの代名詞的存在である「トゥーガールズ」は、香港で100年以上続く老舗コスメブランド。美容効果はもちろんのこと、レトロなパッケージがかわいい。リップやアロマオイルなどいろいろ欲しくなる。

左)リビングローズ・ハンド・クリーム HK$20(40g)　右)オーデコロン「フロリダ・ウオーター」HK$15(15ml)

▶ 銅鑼灣
雙妹嘜
サンムイマッ　Tow Girls

アクセス	銅鑼灣駅E出口からすぐ
住	記利佐治街2-10號 銅鑼灣地帯283號舗 (Great George St.)
☎	2504-1811　営 12:00〜21:00
休	旧正月2日間　CARD 可

195/316 ビューティ&リラックス

香港メイドの自然派ソープが肌と世界を変える!?

香港のおしゃなショップでよく見かけるハンドソープ「ソー・ソープ+」は、香港の女性たちが生んだブランド。100%天然素材を使用し、リユースできるボトルを開発というストーリー性のある逸品だ。

ハンドソープ HK$88
※このデザインは販売終了

【購入可能な店はこちら】
▶ 油麻地
キューブリック
Kubrick

アクセス	油麻地駅C出口から徒歩5分
住	眾坊街3號(Public Square St.)
☎	2384-8929　営 11:30〜22:00
休	無休　CARD 可

196/316 ビューティ&リラックス

化粧品を忘れた……そんなときはササへGO！

香港コスメの大型チェーン店「ササ」は、世界中のコスメブランドを激安で取り扱うので、コスメ狙いなら要チェック。ミニサイズのスキンケアもいろいろ揃うので、試してみたいと思っていたブランドに出合える確率も高い！

ミニサイズは試し使いにちょうどいい

ササ
DATA→P.152

★ TECHNIQUE
テクニック

197/316 ビューティ&リラックス

絶景ネイルサロンでリッチなひとときを

香港で**リッチなネイルケア体験をする**なら「**フォーシーズンズホテル香港**」の**サロン**がおすすめ！ 目の前に広がるヴィクトリア湾の絶景を見ながら施術を受けられる。キッズメニューもあるので母娘でトライ！

▶中環
ネイル・バー
The Nail Bar

Luxury ManicureHK$740（金～日曜HK$850）ともに60分

[アクセス] 香港駅E1出口から徒歩6分、中環駅A出口から徒歩8分
[住] 金融街8號 香港四季酒店6樓（Four Seasons Hotel Hong Kong, Finance St.）
[☎] 3196-8900
[営] 9:00～20:00 [休] 無休 [CARD] 可

198/316 ビューティ&リラックス

上海ペディキュアでツルツルかかとに！

香港のマッサージ店では、「**上海ペディキュア**」と呼ばれる足裏の角質取りが安価で受けられる。なかでもホテル「**マンダリン・オリエンタル香港**」のサロンはとてもゴージャスで、お姫様気分が味わえる。

▶中環
マンダリン・バーバー
The Mandarin Barber

上海ペディキュア
HK$880(60分)

[アクセス] 中環駅F出口から徒歩2分
[住] 干諾道5號 文華東方酒店（Mandarin Oriental Hotel Hong Kong, Connaught Rd.）
[☎] 2825-4088 [営] 8:00～20:00（日曜9:00～18:00）
[休] 不定休 [CARD] 可 ※要予約

199/316 ビューティ&リラックス

香港で初めて風水を取り入れたスパへGO！

世界で初めて、インテリアに**中国古来の風水を取り入れた**「**インターコンチネンタル香港**」（→P.161）のスパ。リラックスしながら、風水の力でさらなるパワーチャージに期待したい。ホテル公式サイトから事前予約可。

▶尖沙咀
アイスパ
I-SPA

インテリアの随所に風水効果が。運気もUPしそう

[アクセス] 尖沙咀駅連絡通路経由J2出口から徒歩3分
[住] 梳士巴利道18號 香港洲際酒店3樓（InterContinental Hotel, Salisbury Rd.）
[☎] 2721-1211 [営] 9:00～22:00
[休] 無休 [CARD] 可

200/316 ビューティ&リラックス

帰国日は贅沢ホテルスパでゆったり過ごすのも手

ホテルスパを利用すると、**スパ内のリラクセーションスペースやサウナ、プールが使い放題**になることが多い。帰国便が遅めなら、クロークに荷物を預けて搭乗までゆっくり過ごすのはいかが？

絶景をひとり占めできるザ・リッツカールトン・スパ by ESPA

ザ・リッツカールトン・スパby ESPA
[URL] www.ritzcarlton.com/jp/hotels/china/hong-kong

ザ・オリエンタル・スパ・ホンコン
[URL] www.mandarinoriental.co.jp/hong-kong/victoria-harbour/luxury-spa

★ TECHNIQUE
テクニック

201/316 ビューティ&リラックス

香港ツウも行くたびに通うゴッドハンドの陳先生

元リハビリ医だったという陳先生のゴッドハンドには、香港人のファンも多い。リーズナブルなローカル価格もうれしい！店での施術だけでなく、ホテルへの出張マッサージ（20%増+交通費要）も行っている。

ボディマッサージ HK$250(60分)

▶ 尖沙咀
健之寶 キンチーポウ　Kin Chi Bo

[アクセス] 尖沙咀駅A2出口から徒歩5分
[住] 寶勒巷27號 東滙商業大廈12樓(Part Ave.)
[☎] 2191-9277　[営] 11:00～19:00
(19:00以降はホテル出張サービス)
[休] 無休　[CARD] 不可(日本円可)

202/316 ビューティ&リラックス

香港人に人気のセラピストリタさんを訪ねよう

「心身ともにバランスを取ることが大事」と語るセラピスト、リタさんの店。体の不調部がわかるシンギングボウルを鳴らす施術や、腰や腹などを温め血液やリンパの循環を改善するなど珍しい施術を体験できる。

▶ 中環
ボディ・ゼン Body Zen HK

[アクセス] 中環駅D出口から徒歩5分
[住] 士丹利街66-72號 佳德商業大廈804室 (Stanley St.)
[☎] 2770-6728　[営] 10:00～21:30
(土・日曜～19:00)　[休] 無休　[CARD] 不可

203/316 ビューティ&リラックス

香港イチ売り場面積が広いコスメフロアでお買い物♪

ブランドコスメをお得に買うなら「Tギャラリア」へ。なかでも香港イチ広いフロアをもつコーズウェイベイ店は見応え十分！アドバイザーによるカウンセリングやメイクアップなども行っているので、立ち寄ろう。

自分用に友達用に買い求めて。たくさんあって迷っちゃう！

Tギャラリア香港 by DFS コーズウェイベイ店
| DATA→P.105

204/316 ビューティ&リラックス

髪の毛から体の中まで！ノンストップで美を極める

美容フリークにぜひ訪れてほしいのが、レイトンセンター内にあるコスメショップ「ササ」。ここはササ初のコンセプトショップで、ヘアサロンやカフェなども併設され、ほかの店舗にはない商品も販売している。

広く贅沢なコンサルゾーンが併設されている

▶ 銅鑼灣
ササ・スプリーム 莎莎生活概念店　Sasa Supreme

[アクセス] 銅鑼灣駅A出口から徒歩3分
[住] 禮頓道77號 禮頓中心地下及2樓(Leighton Rd.)
[☎] 2555-0806　[営] 10:30～22:30(土・日曜、祝日10:00～)　[休] 無休　[CARD] 可

| ビューティ&リラックス |

優秀なプチプラコスメ天国！
ドラッグストア★コスメBEST10

★Ranking★
1位

タイガーバームの湿布
各HK$67.90

　タイガーバームファンは見逃せない日本未発売品の湿布。冷湿布（右）は、筋肉痛、捻挫、打撲、筋肉疲労に。唐辛子エキスが入った温湿布（左）は、筋肉痛、肩こり、腰痛におすすめ。1パック2枚入りなので、旅で疲れたふくらはぎや足裏のクールダウンにも冷湿布は使える。軟膏ではないタイガーバームは珍しいので女子ウケアイテム第1位！

\ Recommend /
滞在中、歩き疲れたり、腰が痛くなったりしたら、ホテルでペタッ！　伸びのいい腰痛用の湿布もあります。
（本書ライターK）

★おすすめショップ①
▶ 中環

ササ
莎莎　Sa Sa Cosmetic

アクセス	中環D2出口から徒歩5分
住	皇后大道中88號 勵精中心地下G1號舖 (Queen's Rd. Central)
☎	2521-2928
営	9:30〜21:00
休	無休　CARD 可

国内外のコスメからボディケア製品までを扱う大型チェーン。おみやげ探しは迷わずここ

152　※152〜153ページの3店舗で全商品の取り扱いはあるが、価格は店舗や時期により異なる場合あり

★Ranking★ 2位
和興白花油
HK$16.80(小)

　リリーオイルは、香港ではどこの家庭にもあるという定番品。鼻づまり、頭痛、筋肉痛、虫さされ、乗り物酔いなどに効く万能薬。成分はメンソールやユーカリなどの精油をおもに使っているので安心して使える。

\ Recommend /
ミニボトルは持ち歩きに便利なので、いつもポーチに入れ、鼻づまりや頭痛のときにサッと塗っています。（本書ライターA）

ビューティ&リラックス

\ Recommend /
缶入りは自分用に、小さい袋入りはバラマキ用におすすめ。新しいフレーバーが出ていないか香港を訪れるたびに必ずチェックしちゃいます。（本書編集Y）

★Ranking★ 3位
京都念慈菴 枇杷潤喉糖
HK$20.90

　種類の多いのどあめのなかで、特に人気なのがこちら。杏仁味のオリジナルのほか、レモン、リンゴ、梅、プラムなど、フレーバーも豊富。香港人歌手も愛用するロングセラーののどあめは、パッケージもかわいい！

★おすすめショップ②
▶ 油麻地

ワトソンズ
屈臣氏　Watsons

- アクセス　油麻地駅A2出口から徒歩3分
- 住　西洋菜南街2W及2X號(Sai Yeung Choi St.)
- ☎　3169-3333
- 営　10:00〜23:30(金・土曜、祝日〜24:00)
- 休　無休
- CARD　可

薬、コスメはもちろん、食品関連までバラエティ豊富な品揃え。オリジナル商品も充実

153

リグレーのエクストラ・プロフェッショナル・ミンツ HK$9.90

★Ranking★ 4位

\ Recommend /
さまざまなフレーバーがあるのでバラマキみやげにぴったり。パッケージはサプリメント入れなどに二次利用できます。（本書編集Y）

口の中をリフレッシュしてくれるミントタブレットは、片面の突起が特徴で、舌をこすり洗いして細菌を減らすという。中国料理を食べたあとのお口直しに最適。

★Ranking★ 5位 テンポのポケットティッシュ HK$2〜

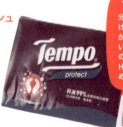

\ Recommend /
分厚さはもちろん、開け口を留めるテープが付いているのもいい！　日本でも使えるので10個入りパックHK$14.90もおすすめです。（本書編集K）

広東料理は油っぽい料理が多く、口を拭くには分厚いティッシュが◎。紙ナプキンがない店もあるので、持っていると便利。分厚いポケットティッシュは香港でも日本でもさまざまなシーンで役立つ。

\ Recommend /
ワトソンズオリジナルの燕の巣（右）は潤い効果抜群。アニマル柄などおもしろシートマスク（左）も種類がいっぱい。（本書ライターM）

シートマスク
（右）HK$99（1箱5枚入り）
（左）HK$24

★Ranking★ 6位

お手軽スキンケアのマストアイテム、シートマスクは香港女子も大好き。さまざまな成分、効能のものが並んでいる。たくさんの種類から自分にもおみやげを選ぼう！

★おすすめショップ③
▶ 湾仔

マニングス
萬寧　Mannings

- アクセス　湾仔駅A2出口から徒歩5分
- 住　莊士敦道18號 嘉寧大廈地下C,E,F,G及J舗（Johnston Rd.）
- ☎ 2111-9641
- 営 8:30〜22:30（土・日曜、祝日9:00〜）
- 休 無休　CARD 可

ワトソンズと並ぶ香港の2大ドラッグストア。系列には「マニングス・プラス」もある

★Ranking★ 7位 タイガーバームのネック＆ショルダー・ラブ・ブースト
HK$42.50

\ Recommend /
ベタつきにくく使いやすいクリームタイプ。匂いも気にならないので、外出時にも塗っていけます。
（地球の歩き方編集部 金子）

　温め効果のあるタイガーバームの首、肩用クリームは、さらりとして、匂いが控えめなのが特徴。冷タイプのネック＆ショルダー・ラブもある。デスクワークの疲れを取り除こう。

\ Recommend /
タイガーバームの匂いが苦手という人にはソフトタイプがおすすめ。スーッとする感覚も気持ちがいいです。
（本書ライター M）

タイガーバームのソフト軟膏
HK$27.50 ★Ranking★ 8位

　筋肉痛や頭痛、鼻づまりの緩和、虫さされなどにも効くと定評のある、タイガーバームのなかでもやわらかい軟膏。ラベンダーの優しい香りで、使いやすいと人気だ。

★Ranking★ 9位 ササのミニマニキュア
各HK$11

\ Recommend /
リーズナブルなので、まとめ買いしていろいろな色を楽しんでいます。ふたつ買うと安くなるのもうれしいかぎり！ （本書編集 Y）

　カラーバリエーションが豊富で発色がいいと評判のミニマニキュアは、ササのオリジナル。ハートのフォルムもかわいい、バラマキみやげの定番アイテムだ。

\ Recommend /
香港は日本より早く、世界で話題の品が入荷されることがある。ドラッグストアをパトロールする価値あり！
（本書編集 A）

オーストラリアの軟膏 ★Ranking★ 10位
HK$48

　ルーカス・ポーポー・オイントメントは、パパイヤを発酵させて作った万能軟膏。モデルなど、世界的にも愛用者が多いロングセラー商品で、リップや肌荒れ、髪にも使える。

ビューティ&リラックス

COLUMN
コラム

ビューティ&リラックス

"上海ネイル"という匠たちのワザに恋した話

　香港取材で定番なのが、マッサージ店取材。たまにはお言葉に甘えて、フットマッサージを自ら体験することもある。フットマッサージをし終えると、「上海ネイルもやってみませんか？」。上海ネイルとはなんぞや？ と思いながらフットバスに足を浸しつつ待っていると、彫刻刀のような刃物を手にした男性が近づいてきた。上海ネイルとは、足裏の角質を刀のような器具で削り取ってくれる施術のことだった。刃物感が少々怖いのだが、施術が始まるとまったく何も感じない。ものの数分で、固くなっていた足の裏が赤ちゃんみたいにツルツル、フカフカになっていた……。このときの体験に味をしめて、翌年、マンダリン・オリエンタルの「マンダリン・バーバー」（→P.150）に取材アポを入れた。なぜなら、ここにはマンダリンがハンティングした逸材がいるからだ。上海ネイルとは、中国本土の限られた地域で修業した男性が習得する技術だそうで、どの店でも男性が担当してくれることが多い。職人のような施術師に足裏をきれいにしてもらえるなんて、まさに気分はお姫様。マッサージだけでなく、中国の歴史を感じる"上海ネイル"もお忘れなく。
（地球の歩き方MOOK 香港マカオの歩き方　編集ライター　山田裕子）

マンダリン・バーバーでは、専用の個室で角質を取ったあと、足の爪にネイルを塗るところまでを男性施術師が担当。男性にネイルを塗ってもらうなんて一生に何度あるかわからない！ 上海ペディキュアHK$880（60分）

宿泊

— Stay —

ほぼ毎年、新しいホテルがオープンする香港。そのため、デザインやサービスに特徴のあるホテルが多い。そんなホテル事情をふまえた宿泊テクをマスターしよう。また、ホテルのレストランやカフェ、バーを日常的に利用する香港っ子を見習ったビジター流の楽しみ方もチェック！

本書には、Googleマップへのリンク機能が付いています→P.14

★ TECHNIQUE
テクニック

205 /316 | 宿泊
2017年、一等地に新★絶景レストラン誕生！

2017年に生まれ変わった「ザ・マレー香港・ニッコロ・ホテル」。ここに誕生したのが絶景レストラン「ポピンジェイズ」。座席は全114席、屋内ダイニングエリア、バーエリア、420m²の屋外テラスを備え、**270度の角度で設計されたガラス張りの店内**からは、中環の一等地の景色が見渡せ、開放感がすばらしい。メニューは、季節の食材を取り入れた西欧料理が中心。スタイリッシュなバーエリアでは、ライブミュージックをバックにクラシックなカクテルも楽しめ、おしゃれで贅沢な時間を提供してくれる。

ガラス張りとテラスの広々としたデザインにより、中環のビル群に溶け込むような雰囲気がすてき！

▶ 中環
ポピンジェイズ
Popinjays

- アクセス 中環駅L出口から徒歩10分
- 住 紅棉路22號 尼依格羅酒店 頂層層
 (The Murray, Hong Kong, a Niccolo Hotel, Cotton Tree Drive)
- ☎ 3141-8888
- 営 レストラン18:30～22:30（木～土曜～23:00）、バー17:00～24:00（金・土曜～翌1:00）
- 休 月・日曜　CARD 可

---

206 /316 | 宿泊
海中を思わせる大型水槽や屋外ラグーンプールが話題

2018年、香港島の南側に「**香港海洋公園マリオット・ホテル**」がオープン！海洋公園駅前すぐの立地で、ロビーで歓迎してくれる**高さ16mの大型水槽**はインパクト大！

▶ 黃竹坑
香港海洋公園マリオット・ホテル
香港海洋公園萬豪酒店
Hong Kong Ocean Park Marriott Hotel

- アクセス 海洋公園駅C出口から徒歩3分
- 住 黃竹坑道180號（Wong Chuk Hang Rd.）
- ☎ 3555-1688
- CARD 可

---

207 /316 | 宿泊
ホテル設置の無料スマホがWi-Fiテザリングで活躍！

香港で導入が拡大している**無料スマホ付き客室**。客室のスマホにWi-Fiテザリング機能サービスが付帯されていれば、自分のスマホをネット接続する際の**ルーター代わりとして使える**。観光中に困ることがあれば、ホテルに電話して確認したり、通訳をお願いするなどの使い方もできる。

利用は簡単な初期設定だけ。無料で客室から持ち出しOKの場合が多い

★ TECHNIQUE
テクニック

208/316 🏨 宿泊

ホテルでお得に飲む方法①
夕方限定★無料バーフード

毎日18:00～19:00の時間限定で、おなかいっぱいになるほどのおつまみがいただける「フォーシーズンズホテル香港」の「ブルーバー」。創作カクテルもおしゃれ。

▶ 中環
ブルーバー
Blue Bar

アクセス 香港駅E2出口から徒歩5分
🏨 金融街8號 香港四季酒店（Four Seasons Hong Kong, Finance St.） ☎ 3196-8888
🕐 7:00～翌1:00（金～土曜～翌2:00）、ハッピーアワー18:00～19:00 休 無休 CARD 可

209/316 🏨 宿泊

ホテルでお得に飲む方法②
2品注文で盛り合わせ無料

「ザ・ランガム香港」の「アルテシアン」では、アペリティーボアワーで決められたドリンクを2品注文すると、プロシュートやチーズの盛り合わせが無料！

▶ 尖沙咀
アルテシアン
Artesian

アクセス 尖沙咀駅C1出口から徒歩5分
🏨 北京道8號 香港朗廷酒店
（The Langham Hotels, Peking Rd.）
☎ 2132-7898 🕐 15:30～24:00、アペリティーボアワー18:00～20:00 休 無休 CARD 可

210/316 🏨 宿泊

最新アフタヌーンティーは
おしゃれな期間限定コラボ

スイーツラバーにおすすめなのが、「ザ・リッツ・カールトン香港」の「カフェ103」！ チョコレートアフタヌーンティーが自慢で、街なかに出て行かなくても、おいしいチョコスイーツを堪能できる。さらに、高級ブランドやキャンペーン企画など期間限定コラボメニューも。2018年は、きらめくモスキーノベアの三段トレイにフードが並ぶファッションブランド「モスキーノ」とのコラボを実施中。乳がん予防啓発月間のサポートとして「プリティ・イン・ピンク」をテーマにしたアフタヌーンティーを発売したりもする。

本棚をイメージした棚にずらりと並ぶチョコスイーツにうっとり♥ 眺めも最高だ

「プリティ・イン・ピンク」のフレッシュなピンクグレープフルーツのカクテル

ピンクとピンクゴールドで彩られた、スイーツ尽くしの「プリティ・イン・ピンク」メニュー

▶ 尖沙咀
カフェ103
Cafe103

アクセス 九龍駅C出口から徒歩5分 🏨 柯士甸道西1號 環球貿易廣場 香港麗思卡爾頓酒店103樓
（The Ritz-Carlton, Hong Kong, Austin Rd.）
☎ 2263-2270 🕐 12:00～14:00（土・日曜・祝日～14:30）、15:30～17:30、18:30～22:00
💴 ランチビュッフェHK$388～、アフタヌーンティーHK$428～、ディナービュッフェHK$718～　※料金には10％のサービス料が加算される。 CARD 可

★ TECHNIQUE テクニック

211 /316 　宿泊

ホテルでは珍しい!?
ローカルメニューを食す

「ケリーホテル香港」のロビー・ラウンジでは、香港式フレンチトーストやフィッシュボールなど、昔懐かしの香港料理が楽しめる。ホテルで味わえるのはレア！

▶紅磡
ケリーホテル香港
香港嘉里酒店　Kerry Hotel Hong Kong

アクセス	MTR黄埔駅C出口から徒歩5分
住	灣紅鸞道38號(Hung Luen Rd.)
☎	2252-5237(ロビー・ラウンジ)
営	8:00～24:00(ロビー・ラウンジ)　CARD 可

---

212 /316 　宿泊

今、ホテルの
フードコートが熱い！

ケリーホテル香港（→P.160）などにある、ホテル内のフードコートが新感覚で楽しい！　さまざまな国の料理が集合し、バーもある。ケリーホテルのほか、イートンホテル香港のフードコートも話題だ。

▶紅磡
ドックヤード
百味村　Dockyard

アクセス	MTR黄埔駅C出口から徒歩5分
住	ケリーホテル香港→P.160
☎	2252-5228　営 11:00～23:00
休	無休　CARD 可

---

213 /316 　宿泊

1万円台で好立地！
使えるカジュアルホテル

香港のホテル代は安くない……は、香港あるある話。そこで、取材陣が過去に泊まったホテルから"安めで立地のいいホテル"をご紹介。滞在日数が少ない場合は、時間を無駄にしないために客室の広さより立地を優先して選ぶのが正解だ！

おすすめ
イートンホテル香港（佐敦）
　URL www.eatonworkshop.com
ミニ・ホテル・セントラル（中環）
　URL www.east-hongkong.com
アイクラブ・ションワン・ホテル（上環）
　URL www.iclub-hotels.com/iclub-sheung-wan-hotel/

---

214 /316 　宿泊

郊外のホテルなら
お手頃に贅沢を味わえる！

香港は地下鉄が広範囲に整備され、郊外にも贅沢にリゾートステイを体験できるホテルが続々と誕生している。中心地よりも郊外のホテルのほうが宿泊料はやや下がるので、移動手段の心配が少ない郊外のホテルを選択肢に入れてみては。

おすすめの郊外ホテル
ケリーホテル香港（紅磡）
　DATA→P.160
イースト香港（太古）
　URL www.east-hongkong.com
ハイアット・リージェンシー香港（沙田）
　URL www.hyatt.com/ja-JP/hotel/china/hyatt-regency-hong-kong-sha-tin/shahr

★ TECHNIQUE テクニック

215/316 | 宿泊
とことん贅沢するなら クラブルームに宿泊する！

本気で贅沢したいなら、客室ランクはクラブルームで決まり！ 通常の部屋に比べて広く、最高の眺望が約束される。さらにクラブルームゲスト専用のラウンジで、軽食やお酒などが無料で楽しめる権利も付いている。お得で贅沢な旅を希望する場合は、クラブルームへの宿泊を検討してみて。

ホテル「ザ・リッツ・カールトン香港」の洗練されたクラブラウンジ

216/316 | 宿泊
気に入ったホテルがあれば ホテル会員になろう！

ハイアット・リージェンシー、シャングリ・ラ、マリオット・ホテル、アコーホテルズ系などなどグローバルに展開しているホテルのほとんどに登録無料の会員制度がある。リピーターは会員になっておくと、ポイントが還元され、アップグレードの可能性が高くなるので賢く利用しよう。

さらに上級会員になるには、提携航空会社が幅広いかどうかも検討材料に

217/316 | 宿泊
あの有名ホテルが 2019年から休業を発表！

ヴィクトリア湾に面した小テル「インターコンチネンタル香港」は、大規模な改修工事を実施するため2019年第1四半期から営業を一時停止することを発表。工事は12～16ヵ月間に及ぶといわれ、全客室を含め全館を一新する。レストランは、2019年夏の終わり頃からディナー営業のみを再開する予定にしている。

▶ 尖沙咀
インターコンチネンタル香港
香港洲際酒店　InterContinental Hong Kong

- アクセス 尖沙咀駅J2出口から徒歩3分
- 住 梳士巴利道18號（Salisbury Rd.）
- ☎ 2721-1211
- URL www.hongkong-intercontinental.jp

218/316 | 宿泊
アフタヌーンティーなら ティッフィンに決まり

より優雅なアフタヌーンティーを求めるなら「ティッフィン」へ行こう。ティーセット、アイスクリームバー付きデザートビュッフェ、生演奏まで楽しめてお得！

▶ 湾仔
ティッフィン
茶園　Tiffin

- アクセス 湾仔駅A1出口から徒歩10分
- 住 港灣道1號 香港君悦酒店 (Grand Hyatt Hong Kong, Harbour Rd.)
- ☎ 2584-7722
- 営 12:00～23:00（日曜11:00～）
- 休 無休
- 料 昼HK$438～、アフタヌーンティー2人前HK$596（アイスクリームバー付き）、夜HK$728～
- CARD 可

★ TECHNIQUE
テクニック

219/316 宿泊

ハーバーの絶景ポイントに ブランドホテルが仲間入り

現代的でエレガントな雰囲気になるであろう、豪華なインテリアにも期待

ヴィクトリア湾に面した立地に建設中のホテル＆レジデンスが「ローズウッド香港」。65階建てのタワーの43階分を占有し、413室の客室と10のレストランやバー、トータルウェルネス、スイミングプールなどを擁するホテルとして2018年冬にオープン予定。ハーバーに面した高層ビルが建ち並ぶ、香港観光で外せない夜景に浸るなら、ブランドホテル「ローズウッドホテルズ＆リゾート」が手がける、新ホテルを早速選んでみては。ラグジュアリーなステイをかなえてくれる眺望のほか、洗練されたデザインにも期待したい。

またしてもビューがすばらしい香港らしいホテルがデビュー！

▶ 尖沙咀
ローズウッド香港
香港瑰麗酒店　Rosewood Hong Kong

[アクセス] 尖沙咀・尖東駅J出口から徒歩1分
[住] 梳士巴利道18號
(Victoria Dockside, Salisbury Rd.)
[電] 3891-8888
[料] スタンダードルーム HK$4300＋10%〜
[CARD] 可

220/316 宿泊

安くて移動もラクラク!? 駅から遠めのホテルのよさ

駅から遠いホテルは安いが、アクセスが心配。そんなときは事前にホテルの公式サイトをチェック。最寄り駅から無料シャトルバスを運行しているホテルが見つかるはず。移動時間は多少かかるが、その立地ゆえ安く泊まれる宿泊費と無料シャトルバス、トータルで旅費を抑えるのも手。

▶ 新蒲崗
ペンタ・ホテル・ホンコン・カオルーン
香港九龍貝爾特酒店　Penta Hotel Hong Kong Kowloon

[アクセス] MTR鑽石山駅A2出口から徒歩10分、MTR鑽石山駅とK11 ArtMall.LevelB3へ無料シャトルバス運行　[住] 新蒲崗六合街19號(Luk Hop St.)
[電] 3112-8222　[料] スタンダードツインルーム HK$1325〜　[CARD] 可

221/316 宿泊

香港の下町夜景が楽しめる マデラ・ホテルのバー

九龍半島の下町的夜景を望む、「マデラ・ホテル」のルーフトップバーからは、香港のローカルエリアの夜景が見られる。プライベート感たっぷりの空間は極上！

▶ 佐敦
ホライズン・ラウンジ
Horizonte Lounge

[アクセス] 佐敦駅B2出口から徒歩3分
[住] 長樂街1號 木的地酒店29-30樓
(Cheong Lok St.)
[電] 2121-9888　[営] 17:00〜翌1:00　[休] 無休
[CARD] 可

★ TECHNIQUE
テクニック

222 /316 宿泊
最高級ホテル並みの ハーバービューをお得に

「YMCAザ・ソールズベリー」は、ハーバービューを安く楽しめる。最高級ホテルと並んだ立地で、ヴィクトリア湾が広がる絶景を中級ホテル価格でゲット！

▶尖沙咀
YMCAザ・ソールズベリー
香港基督教青年會　YMCA The Salisbury

| アクセス | 尖沙咀駅L6出口から徒歩1分
| 住 | 梳士巴利道41號(Salisbury Rd.)
| ☎ | 2268-7000
| 料 | ダブルまたはツインハーバービューHK$2000〜
| CARD | 可

223 /316 宿泊
有料展望台より高い場所の お得なビュースポット

「ザ・リッツ・カールトン香港」のラウンジは、有料展望台より高い場所にあるお得なビュースポット。おすすめは窓に向かって絶景を眺めつつ並んで食事ができるペアシート。予約の際にぜひリクエストを。

有料展望台に負けない眺め。食事をしながら絶景を満喫しよう

▶尖沙咀
ザ・ラウンジ＆バー
The Lounge & Bar
| DATA→P.81

224 /316 宿泊
朝食ビュッフェの品数が 多いホテルを選ぶワケ

おいしさと品数が香港イチの「カオルーン・シャングリ・ラ」の朝食ビュッフェ。ホテルで朝食をたっぷり食べ、街なかでの食費を浮かせよう！

▶尖沙咀
カオルーン・シャングリ・ラ
九龍香格里拉大酒店　Kowloon Shangri-La Hong Kong

| アクセス | 尖沙咀駅連結通路経由
| 住 | 東麼地道64號(Mody Rd.)
| ☎ | 2721-2111
| 営 | 「カフェ・クール」6:30〜22:00
| 料 | デラックスルームHK$4200〜　CARD 可

225 /316 宿泊
アウトドアジャクージから ヴィクトリア湾を望む

「インターコンチネンタル香港」のジャクージからの眺めは最高！ 湯船につかった目線で広々としたヴィクトリア湾をゆったり満喫することができる。宿泊者限定だ。

▶尖沙咀
インターコンチネンタル香港
香港州際酒店　InterContinental Hong Kong
| DATA→P.161

★ TECHNIQUE
テクニック

226 /316 | 宿泊

ハーバービューもいいけど ピークビューも美しい♪

香港ではハーバービューが重視されるが、**穴場なのが「アイランド・シャングリ・ラ」のピークビュー！** ピークに林立するビル群が輝く夜景が堪能できる。

▶ 金鐘
アイランド・シャングリ・ラ
港島香格里拉大酒店　Island Shanri-La Hong Kong

`アクセス` 金鐘駅F出口に直結
`住` 法院道太古廣場(Supreme Court Rd.)
`☎` 2877-3838
`料` デラックスピークビューHK$4000〜、デラックスハーバービューHK$4400〜　`CARD` 可

227 /316 | 宿泊

抜群の開放感とスリル感♪ ビルから飛び出すプール

「ホテル・インディゴ香港」のプールは、29階にありながら、**ガラスの床面から地上を見下ろせてスリル満点！** デザイナーズホテルなのでセンスも抜群。

▶ 湾仔
ホテル・インディゴ香港
港島英迪格酒店　Hotel Indigo Hong Kong Island

`アクセス` 湾仔駅A3出口から徒歩5分
`住` 皇后大道東246號(Queen's Rd. East)
`☎` 3926-3888
`料` スーペリアルームHK$2255〜　`CARD` 可

228 /316 | 宿泊

プールラバーが高評価 ガラスの壁面プール！

「ハーバーグランド九龍」のプールは、**側面がすべてガラス張りになっていて、デッキから泳ぐ人の姿を眺められるのがユニーク。** ルーフトップで開放感も抜群♪

▶ 紅磡
ハーバーグランド九龍
九龍海逸君綽酒店　Harbour Grand Kowloon

`アクセス` 紅磡駅A出口から車で5分
`住` 徳豊街20號(Tak Fung St.)
`☎` 2621-3188
`料` ハーバービュールームHK$3400〜
`CARD` 可

229 /316 | 宿泊

インテリアや雑貨が 旅の気分を上げてくれる♪

おしゃれエリアSOHOを拠点にするなら「ランカイフォン・ホテル」へ。悪夢よけのヒスイなどのさりげない装飾、レトロチャイニーズな内装に気分アップ！

▶ 中環
ランカイフォン・ホテル
蘭桂坊酒店@九如坊　Lan Kwai Fong Hotel @ Kau U Fong

`アクセス` 上環駅A2またはE2出口から徒歩3分、中環駅D2出口から徒歩10分　`住` 九如坊3號(Kau U Fong)
`☎` 3650-0000
`料` シティビュールームHK$2000〜
`CARD` 可

164

★ TECHNIQUE
テクニック

230/316 宿泊
キッチン付きホテルなら トータルでお得！

部屋で食事が作れたり、観光に疲れたら部屋でティータイムと、何かとうれしいキッチン付きホテル。「ランソン・プレイス・ホテル」は全室にキッチンがあり、「ホテル・プラヴォ香港」はプレミアム・スイート以上がキッチン付きとなる。

おすすめ
ランソン・プレイス・ホテル(銅鑼灣)
逸蘭精品酒店　Lanson Place Hotel
URL hongkong.lansonplace.com

ホテル・プラヴォ香港(尖沙咀)
香港寶御酒店　Hotel Pravo Hong Kong
URL www.hotelpravo.com.hk

231/316 宿泊
チェックイン時に要望を リクエストしないと損！

ホテルのチェックイン時には、フロアや眺めのリクエストを細かく伝えるが勝ち！　特に、眺望に期待がかかる香港旅では、ハーバービューをリクエストしないと損をすることになるかもしれないから希望を伝えることは重要！　また移動時間を優先したいなら、低層階の希望を出すのもアリ。

日本人は遠慮しがちだけど、思い切って希望を伝えてみよう

232/316 宿泊
お値打ちホテルは それなりの理由がある

ホテルの宿泊料金だけで判断し、予約をするのはちょっと待って。1泊1万円未満の2つ星以下のホテルは、窓がない可能性が高い。いざというときの避難経路の確認や、閉所恐怖症の人などは窓があるかないかなど、しっかり検討してから予約に踏み切ろう。3つ星ホテルの場合だと、狭い部屋は多いものの、窓があることが多い。窓があれば圧迫感は軽減されるので、安さだけに飛びつかないで、3つ星以上のホテルがおすすめ。旅の後味を左右するホテルでの居心地のよさもふまえてプランを考えよう。

233/316 宿泊
広い部屋に安く泊まるなら アパートメントホテル

香港のホテルは狭い……。それならキッチンやリビング付きのアパートメントホテルへ！　長期滞在向けなので、落ち着いている雰囲気や客層がうれしい。

▶ 佐敦
CHIレジデンス314
CHI Residences 314
アクセス 佐敦駅B1出口から徒歩2分
住 彌敦道314號(Nathan Rd.)
☎ 3406-9999
料 1泊HK$1550〜(時期により変動あり)
CARD 可

COLUMN
コラム

 宿泊

香港ステイの密かな楽しみ
私だけの窓辺の特等席

　香港取材の楽しみは、ワールドクラスのホテルに宿泊できること。実際に泊まってみるとサービスや設備、ホスピタリティのすばらしさにただただ感激する。最近は、われわれ庶民にも手が届くお値段で快適さやアートワークを追求したデザイナーズホテルも増えてきた。今、香港のホテルは"選び放題"なのである。そんななかでも、香港に来たなぁ～と思わせるのが、写真にあるような窓辺のスペースを見つけたとき。ランクや立地より、この窓辺のスペースがあるかないかでホテルを選んでしまいそうになる。

　目覚めのコーヒーを飲むとき、部屋に戻ってきたとき、真っ先に座りたくなるのがこの窓辺。小さなテーブルにお酒とおつまみを置いて、向かいのビルで働く人々やミニカーみたいに見える真っ赤なタクシーの往来を眺めつつ飲む一杯は格別だ。部屋の広さなんて関係ない。この窓辺と窓の向こうに香港の風景があれば満足！

（地球の歩き方MOOK 香港マカオの歩き方 編集ライター　山田裕子）

写真は中環の「ランカイフォン・ホテル」（→P.164）の窓辺。高所恐怖症でなければ、ぜひ窓辺飲みにトライしてみて

トラブル&セキュリティ

― Trouble & Security ―

海外旅行中は、どんなに気をつけていても
トラブルを回避できない場合はあるもの。
比較的治安のいい香港でも、もしものとき
のためにきちんと準備をし、知識を備えて
出発しよう。香港でのトラブル事例をしっ
かり頭にたたき込んで、楽しい旅行へ出
かけよう！

本書には、Googleマップへのリンク機能が付いています→P.14

覚えておくと役に立つ タクシーのあれこれ

| 234 /316 | ⚠ トラブル |

目的地まで直接行ける便利なタクシー。日本より安い運賃（初乗り2kmまでHK$24）なので、気軽に利用できるのが魅力だ。ただし、朝夕の混雑時には時間がかかるので注意したい。日本とは異なるルールがあるので事前にチェック！

①タクシーが止まらないそのワケは?

空車でも止まらないタクシーがいたら自分の立ち位置を確認して。カーブや交差点付近にある、黄色の二重線で記された駐停車禁止区域には、タクシーは停車できない。

歩行者でも道路のラインや標識をチェック

②シートベルトをしないと乗客が罰金を支払う

日本では乗客がシートベルト未着用だとドライバーが減点されるが、香港では未着用者に罰金が科せられる。無駄な出費をしないためにも、常にベルト着用を心がけよう。

助手席だけでなく、後部座席でも！

③トランクに入れるスーツケースは有料

香港のタクシーは、車後部のトランクに荷物を入れると1点につきHK$6の加算になる。後部座席に荷物を置いても、縦×横×高さ=140cm以上の大きさの場合、同様に加算される。

おつりの小銭はたいてい端数切り上げ計算されるのでチップは不要

★ TECHNIQUE
テクニック

235 /316 ⚠ トラブル
困ったときの緊急時ダイヤルリスト

病気や事故・盗難などの緊急時は、慌てずすぐに電話しよう。999番は警察、救急、消防の緊急機関につながる（24時間、言語は英語、広東語）。香港警察日本語ホットラインなら、日本語対応してくれるので言葉の心配は不要。海外旅行保険に加入している人は、保険カスタマーサービスへ電話してみるのもよい。日本語スタッフが24時間相談にのってくれる。特に病気の場合は提携の病院を紹介してくれて、治療代はたいてい保険料でカバーできる。

まずは落ち着いて電話。掛け間違いに注意

警察・消防・救急	☎ 999
香港警察日本語ホットライン	☎ 2529-0000
在香港日本国総領事館（→P.175）	☎ 2522-1184

---

236 /316 ⚠ トラブル
日本語スタッフがいる緊急病院リスト

現地で病気になった場合、日本語が通じる病院だと安心して受診できる。日本語対応時間は限定されていたり、通訳の申し込みが必要だったりするので、事前に確認を。持病がある人は、もしものときのために日本で英語のカルテを作成し持参しておくとよい。香港の医療技術は高く、安心して受診できる。ただし、医療費は全額自己負担になるので高額だ（公立、私立、クリニックにより異なる）。海外旅行保険に加入しておくのがベスト。

香港は日本語が通じる病院が比較的多い

港安醫院 Hong Kong Adventist Hospital	🏠 香港跑馬地司徒拔道40號 40 Stubbs Rd., Happy Valley, Hong Kong ☎ 3651-8888 （日本語対応は月〜金曜 9:00〜17:00）
聖保祿醫院 St. Paul's Hospital	🏠 香港銅鑼灣東院道2號 2 Eastern Hospital Rd., Causeway Bay, Hong Kong ☎ 2890-6008 （日本語ホットライン）
伊利沙伯醫院 Queen Elizabeth Hospital	🏠 九龍何文田加士居道30號 30 Gascoigne Rd., Ho Man Tin, Kowloon ☎ 2958-8888 （日本語通訳は事前の申し込みが必要）

★ TECHNIQUE
テクニック

237/316 トラブル
値段交渉する場では いきなり日本語はNG！

ナイトマーケットやヒスイ市など、商品を見ながら店員さんとやり取りをする場合、最初は英語で話しかけるのがベター。日本人だとわかると、値段を盛られてしまうことも……。「ハウマッチ？」からスタートしてみよう。

マーケットでは値段交渉が常識

238/316 トラブル
到着したらすぐに作りたい オクトパスカード

短い滞在であっても作りたい、ICカードの「オクトパスカード」。作るにはHK$150（デポジットHK$50を含む）かかるけれど、交通機関やコンビニなどで使えてかなり便利。チャージも簡単で、有効期限は使用開始から1000日。詳しくはP.194をチェック。

チャージはMTRやコンビニでHK$50から可能

239/316 トラブル
ラッシュ時のMTRは スリ犯に気をつけて！

香港の通勤通学のラッシュ時は、日本の満員電車並みに混み合うことも。治安の比較的いい香港だけれど、ファスナーのないバッグを持っている時や背中に背負ったリュックは周囲を十分に警戒して。また、ズボンのポケットには財布を入れないように注意しよう。

ラッシュ時は乗車を制限するスタッフがいる

240/316 トラブル
重慶大廈の前にいる ニセモノ売りに注意

尖沙咀のネイザンロードに建つ商業施設ビル、重慶大廈。ビル前では、外国人がニセモノのブランド品を販売している。日本人には日本語でとても親しげに話しかけてくるので気をつけて。コピー商品は日本に持ち込めないのですすめられても無視しよう。

1階はショップや飲食店が連なり、上の階は安宿が集まる

★ TECHNIQUE
テクニック

241 /316 ⚠ トラブル
病院で使える広東語単語リスト

滞在中に体調不良を感じた場合、ホテルでは通じる英語も、ローカルの病院やドラッグストアでは通じないこともしばしば。また、日本語を話せるスタッフは事前申し込みが必要だったり、時間が決まっていたりしていて必ず対応してもらえるとも限らない。

まずは症状だけでも広東語で伝えられたら、ローカルの病院でもスムーズに対処してもらえる。発音が難しい場合は、指さしで伝えて。ゆっくり読めば相手に伝わりやすい。

症状	広東語	読み
食あたり	食物中毒	セッマットジョン
下痢	腹瀉	フォクセー
便秘	便秘	ビンベイ
消化不良	消化不良	シウファバッロン
頭痛	頭痛	タウトン
インフルエンザ	流感	ラウガム
熱中症	中暑	ジョンシュー
歯痛	牙痛	ンガトン
疲労	疲勞	ペイロウ
やけど	燒傷	シーウション

242 /316 ⚠ トラブル
困ったときのための使えるSOS単語リスト

トラブルに巻き込まれたときや、最低限知っておくとよい困ったときのフレーズは、とっさに言えるように広東語で覚えておこう。万一、不審者に遭遇してしまったら、周囲に気づいてもらえるよう、とにかく大声で相手を威嚇するのがベター。夜遅い時間や人けのない静かな通りはなるべく歩かないように心がけ、高価なものを身につけないなど、旅の安全の基本を第一に考えよう。香港は比較的治安がよいとはいえ、海外旅行での油断は禁物！　最悪の場合は、日本語でもいいので大声で助けを求めて。

内容	広東語	読み
助けて！	求人呀！	カウメンア！
やめて！	停手！	テンサウ！
あっちに行け！	走開呀！	ジャウホーイア！
警察！	警方！	ギンホウ！
救急車！	救護車！	ガウーチェー！
泥棒！	盜！	ダオ！
体の具合がよくありません	我身體唔舒服	オーサンタイムシューフォッ
医者を呼んでください	唔該叫醫生	ンゴイキウイーサン
パスポートをなくしました	我掉失咗護照	オーティウサッツォーウーチウ

★ TECHNIQUE
テクニック

243 /316 | ❗ トラブル

覚えておきたい
撮影トラブル回避法

海外旅行に写真撮影はつきもの。SNSに投稿するのが当たり前となった現在では、何気ない撮影が大きなトラブルを引き起こすことも。海外だし、たぶん大丈夫！ という油断は禁物。

こんな"うっかり"に注意！

①勝手に写真を撮らない
大前提として、個人や個人の所有物を勝手に撮影しないこと。海外には珍しい景色がたくさんあるので、気づいたら撮影に夢中になっていて、あとで大問題に発展なんてことも。

⑤その祭り、パレードは撮影OK？
撮影禁止や制限をされているイベントがあるので、事前に確認が必要。人が写り込んだものをSNSにアップして肖像権の問題になることもあるので、十分に気をつけたい。

②子供を撮るときは親に許可をもらう
かわいい！とつい写真を撮ってしまいがちだが、快く思わない親御さんは少なくない。必ず「Photo OK?」など確認することが大切。NGの場合も嫌な顔をせずに立ち去ろう。

⑥テロ対策が厳重な場所の撮影OK？
軍事施設や国境付近の施設での撮影は、職務質問される、写真を削除・没収されることも。また、駅構内や空港内、券売機や改札を入念に撮影していると、注意される場合も。

③SNSにアップしてもOK？
SNSにあげる際には顔が特定できる状態になっていないか必ずチェック。現地で仲よくなった人との写真も必ず許可をとって。自分は問題ないからと勝手に投稿しないこと。

⑦警察・軍関係は要注意
テロへの警戒が厳重になっている昨今。かっこいい〜！ と軽いテンションで軍服姿の人やパトカーなどを撮らないように。また、SNSにアップするのも注意が必要だ。

④撮影禁止の場所・建物か確認
観光地でも、寺院・教会などの神聖な場所や美術館・博物館では、撮影を禁じているところがあるので要注意。また、撮影がOKでもフラッシュはNGな場合もある。

⑧ドローン撮影はOK？
国によっては使用許可を取得する必要があるドローン。世界遺産などドローン撮影禁止区域も増えていて、違反すると高額な罰金を課せられることも。事前に下調べを。

★ TECHNIQUE
テクニック

244/316 トラブル
ドアノブに札を下げるだけ。ホテルでの簡単安全テク

ホテル滞在では、清掃でハウスキーパーが部屋に入ってくる。ホテルのランクによっては、どういう人が清掃するか不安。そんなときはドアノブに「Don't Disturb」の札を下げっぱなしにして、誰も入れないようにしてみて。

2〜3泊の滞在ならシーツ交換も不要

245/316 トラブル
エアコンの室外機と「小心地滑」看板に注意

高層ビルが多い香港では外壁にエアコンの室外機があることが多く、地面がぬれていることも多いので、転ばないように気をつけよう。こんなサイン（写真下）が出ているところもある。上から垂れてくる水にも注意。

街なかや建物内で見かける「小心地滑」

246/316 トラブル
荷物を預けるときは南京錠をかけるべし！

ホテルによって異なるが、荷物をキープしてくれる場所に実際は誰でも出入りができる!?なんてことは少なくない。ホテルだから大丈夫と過信せずに、自分の荷物は自分で守るように最善の注意を払うようにしたい。南京錠やロープ錠などを持参するとよい。

おみやげで増えたエキストラバッグの施錠も忘れずに

247/316 トラブル
MTRの切符がない！そんなときの対処法

乗車券を紛失してしまったら、客務中心（カスタマーセンター）へ行き、乗車区間を伝えて精算を。乗車券はカード式で、入場時には改札にタッチ、出場時はカード挿入口に入れる仕組み。時間の無駄にもなるので、なくさないように。

MTRの乗車券は入場と出場で2回使用する。折り曲げは厳禁

173

★ TECHNIQUE テクニック

248/316 トラブル
香港のMTRは改札を入ったら飲食厳禁

香港では、公共交通機関での飲食は法律で禁止されている。MTRでは罰金も科せられるので、うっかりおやつを食べたりドリンクを飲まないように。日本人はついついやりがちなので、改札へ入る前に水分補給をしておくといい。

飲食した場合、罰金は最高HK$2000なので気をつけて！

249/316 トラブル
喫煙マナーに注目 違反すると罰金！

香港では公共の場、飲食店、バーなどすべての屋内施設をはじめ、公共市場や公園などで全面禁煙となっており、吸えるのは屋外喫煙所のみ。禁煙の場所で吸った場合、最高でHK$5000の罰金が科せられる。

外国人だからと罰金は免れない。タバコは必ず指定の喫煙所で吸おう

250/316 トラブル
旅行が決まったら「たびレジ」に即登録！

外務省による海外安全情報配信サービス。旅先や連絡先を登録しておけば、最新の安全情報がメールで受け取れる。緊急時には、必要な支援も受けられるので、家族のメールアドレスも登録しよう。

たびレジ
URL www.ezairyu.mofa.go.jp/tabireg

251/316 トラブル
外務省発信の海外安全手引きは必読！

外務省では毎年、海外旅行の安全に関するパンフレットを作成している。テロに対する心構えなど7章にわたって解説。下記ウェブサイトにアクセスするとPDFファイルをダウンロードできる。正しい知識を身につけよう。

外務省「海外安全 虎の巻 2018」
URL www.anzen.mofa.go.jp/pamph/pdf/tora_2018.pdf

★ TECHNIQUE
テクニック

252/316 ⚠ トラブル
クレジットカード付帯
海外旅行保険の落とし穴

　短い旅だと、海外旅行保険に入らずにクレジットカード付帯の保険でカバーしようと考える人は多い。しかし、クレジットカード会社により**保険が利用付帯と自動付帯に分かれているので**、事前に確認しよう。例えば、利用付帯は旅行前に旅費（交通機関など一部でOK）をカードで支払わないと保険がおりず、自動付帯は補償額が利用付帯より少なくなることもある。**カード付帯保険と有料保険では補償内容が異なるので、比較検討して加入しよう**。

■利用付帯とは？
旅行代金や航空券代をクレジットカードで支払うなど、旅行に関連する支払いをカードで行った場合、海外旅行保険が有効になる。

■自動付帯とは？
クレジットカードを持っているだけで、自動で海外旅行保険が有効になること。ただし、補償期間や内容は事前に調べておきたい。

■ネット加入可能な海外旅行保険

**損保ジャパン日本興亜
「新・海外旅行保険 off!（オフ）」**
URL www.sjnk.co.jp/kinsurance/leisure/off/

253/316 ⚠ トラブル
パスポートを紛失したら
在香港日本国総領事館へ

　パスポートの盗難や紛失に遭ってしまったら、最寄りの警察に届け「紛失・盗難届受理証明書」を発行してもらう。その後、**日本総領事館へ出向き、新規薄給の手続き**（①旅券発給申請書　②紛失一般旅券等届出書2通　③紛失・盗難届受理証明書1通　④戸籍謄（抄）本1通　⑤顔写真2枚が必要、10年用HK$1140、5年用HK$790）。新規発給まで3日以上かかる。帰国するだけなら「**帰国のための渡航書**」（新規発給の①②③⑤と運転免許証などの身分証明書と帰国の航空券が必要。HK$180、1回限り有効）を作る。

新規発給は手続きに時間がかかる。「帰国のための渡航書」でも帰国することはできる

▶ 中環
在香港日本国総領事館
Consulate-General of Japan in Hong Kong

アクセス 中環駅A出口から徒歩7分
住 康楽広場8號 交易広場第一座46樓及47樓
（One Exchange Square, Connaught Place）
☎ 2522-1184
営 9:15～12:00、13:30～16:45
休 土・日曜、祝日
URL www.hk.emb-japan.go.jp

COLUMN
コラム

❗ トラブル

思わず撮影せずにはいられない香港の絵になる交通標識

　香港を初めて訪れたとき、お約束どおり高層ビル群やネオン看板に目を奪われ、上を向いて歩き回った。取材が進み、香港の街の風景に目が慣れたころ、今度は逆に足元が気になり始めた。その理由は、路上に書かれた交通標識に気づいたから。私のお気に入りは、駐車禁止の黄色い格子ライン（写真左）と信号のない横断歩道に記されたLOOK RIGHT／LOOK LEFTのサイン（写真右）。これらを見つけるたびにおもしろがって何枚もデジカメで撮影していた頃を、懐かしく思い出す。

　香港の街は、イギリス統治時代の名残をそこかしこで見ることができ、これらの交通標識もそのひとつ。なかでも、LOOK RIGHT／LOOK LEFTのサインはデザイナー心を刺激するのか、香港らしさの象徴として雑貨店「G.O.D.」（→P.112）でもたくさん商品化されている。ぜひ香港みやげにチェックしてもらいたい。黄色い格子の駐車禁止のサインは、この上を真っ赤なタクシーが通りかかる瞬間をとらえた写真が、たくさんSNS上に上がっている。そんなすてきな写真を見ると思わずまねしたくなる。香港は上を眺めるだけの街じゃない。足元にも、歴史を感じさせる香港らしさがある。
（地球の歩き方MOOK 香港マカオの歩き方 編集ライター 山田裕子）

駐車禁止の格子サインを撮るなら、中環駅からフェリーターミナルに続く空中回廊へ。IFCモールを越えたあたりから下を眺めてみて

LOOK RIGHT／LOOK LEFTのサインは、香港の街に不慣れな観光客の強い味方でもある

準備&出発

― Preparation & Departure ―

リーズナブルな価格で快適に香港旅行を楽しみたいなら、大切なのはその準備。おすすめの旅行時期から航空券予約の極意まで、得するテクニックを大公開！ 香港ツウたちはどんなワザを実践しているのか？ 知る人だけが得する情報をチェック！

★ TECHNIQUE
テクニック

254 /316 ✈ 準備・出発

香港旅行に必ず役立つ
「あってよかった」必携アイテム

香港という地域・社会性ならではの必需品をご紹介。蒸し暑い夏、急な雨などに使える暑さ・寒さ対策グッズ、シーン別にサッと履き替えたい靴、街の常識に合わせた便利グッズなど、持ち運びやすいアイテムを厳選。香港ツウおすすめの使えるアイテムばかり！

冷気よけに必携！
ストール

寒さ対策はもちろん、室内の冷気よけに、日よけにと何役にもなるストール。1枚あると香港旅行がグンと快適になる

泳げるホテルが多い
水着

中級クラス以上のホテルなら、水着は持参したい。宿泊客でなくても、スパメニューの利用でプールを使えることもある

海用だけじゃない！
ビーチサンダル

プールやビーチ用。室内や機内でのスリッパ代わり、ホテルからコンビニへのご近所履きなどいろいろなシーンで使える

おしゃれ店用に1足
ぺたんこ靴

高級ホテルにチェックインするときや、レストランなどへ正装していきたい場合に。かさばらず軽くて旅に最適

★ TECHNIQUE
テクニック

レジ袋は有料だから
エコバッグ

2015年4月から、どのショップでもレジ袋が有料になったので、エコバッグは数枚持って行くのが正解

寒さ対策はこれ1枚
ポケッタブルダウンジャケット

機内やホテル、急な雨など、寒さ対策に使えるのが薄手のダウンジャケット。コンパクトになるし軽くて運びやすい

食べ歩きにマスト
ウエットティッシュ

香港ではおしぼりを出すレストランは少ない。ローカル店で、箸やレンゲを拭いてから使うというツウもいる

暑い時期は必須！
汗ふきシート

香港の夏は湿度がかなり高め。蒸し暑い期間が長いので、汗拭きシートを持っていると体も気分も快適

街歩きで大活躍！
メモ帳＆ペン

英語が苦手なローカル店のスタッフやタクシー運転手とは、漢字で筆談するほうが通じる場合も

コーヒーが意外と高い
コーヒーのドリップバッグ

チェーン店であってもコーヒー代が結構高い香港。コーヒー好きは、ホテルで飲めるように持参するとよい

★ TECHNIQUE
テクニック

255/316 ✈ 準備・出発
香港の祝日は毎年変わる!?

香港も日本同様に東西文化を織り交ぜたさまざまな祝日がある。また、秋の中秋節など旧暦にあわせて**毎年移動する祝日も多い**ので注意が必要だ。毎年5月頃に、香港政府観光局や香港の情報を配信するサイトで**「0000年の祝日が決定」とニュースになる**ので、旅行を計画している人は、それらのサイトをマークしておこう。

2019年　香港の祝日

1月	1日（火）	元日
2月	5日（火） 6日（水） 7日（木）	旧正月初日 旧正月2日目 旧正月3日目
4月	5日（金） 19日（金）～22日（月）	清明節 イースター
5月	1日（水） 13日（月）	メーデー 佛誕翌日
6月	7日（金）	端午節
7月	1日（月）	香港特別行政区成立紀念日
9月	14日（土）	中秋節翌日
10月	1日（火） 7日（月）	国慶日 重陽節
12月	25日（水）～26日（木）	クリスマス

ヴィクトリア・ハーバーの旧正月の花火は見事！

256/316 ✈ 準備・出発
香港旅行の最安値シーズンはいつ？

人気の旅行地、**香港は年間を通して航空券が高め**。しかし、**ゴールデンウイーク明けの5月中旬から夏休み前の7月頃までの雨や台風のシーズンは航空券が比較的安い**。ホテルもこの時期は特典付きのお得なパッケージを出しているので、各ホテルのウェブサイトをチェックしたい。ショッピングモールが多く地下鉄網も充実している香港は、雨季でも比較的行動しやすい街。ショッピングやホテルステイを楽しむ香港旅行を計画してみては？

257/316 ✈ 準備・出発
格安で入手しやすい早朝便。チェックイン時間にご注意

格安価格で人気のLCC早朝便。でも**チェックインが深夜なので空港までのアクセスに課題もある**。空港のベンチで仮眠を取ることも可能だが、スリ被害にあったり体調を崩すリスクも。**深夜バスを利用するなど対策を考えてみよう**。

空港内に泊まるときは貴重品の管理に注意！

★ TECHNIQUE
テクニック

258/316 ✈ 準備・出発
航空券の値段が下がらない そんなときはこう乗り切る！

次の方法にトライ！ ①旅程を数日前後にずらしてみる ②泊数を増減してみる ③「航空券＋ホテル」のセット購入でトータル費用を下げてみる（ホテル代がほぼ無料になる場合もある！） ④直前割で格安航空券がないかチェック ⑤航空券検索サイト「スカイスキャナー」でプライスアラート設定をする（値が動く度にメールで知らせてくれるので便利！）

エクスペディア（AIR＋割）
URL www.expedia.co.jp/unreal-deals

スカイスキャナー
URL www.skyscanner.jp

259/316 ✈ 準備・出発
ホテルは九龍側と 香港島側のどっちに取る？

ヴィクトリア・ハーバーを挟んで、北側の九龍と南側の香港島、どちら側にあるホテルを予約するか悩みどころ。ここは行きたいスポットが多いほうを選んでホテルを決めておこう。MTRで移動するのは簡単だが、交通費の削減にもなる。

女人街などのナイトマーケットやヒスイ市など観光要素豊富な九龍

香港島にはツウ好みのショップやレストラン、カフェが多い

260/316 ✈ 準備・出発
「アガる香港おすすめ旅ガイド」 のサイトで情報収集

香港旅行を決めたら、サイトで情報収集するのは常識。ただ、どのサイトを見ればいいの？と迷ったらおすすめなのが、政府観光局が日本人旅行者向けに作ったサイト「アガる香港おすすめ旅ガイド！」。政府観光局が作っているので、情報が正確で安心感がある。香港初心者がチェックすべき「香港入門」カテゴリーや、香港ツウが紹介する「香港迷のおすすめ」カテゴリーもあり情報満載。香港のトレンドやイベントなども、随時更新されている。動画付きの記事もあり、現地の雰囲気がつかみやすいのもうれしい。

【おもなコンテンツ紹介】
★香港迷のおすすめ…香港ツウたちがさまざまなテーマで香港を紹介
★イベント…各種イベント情報を紹介。旅行プランの参考に！
★香港入門…市内交通や飲食店での注文方法など滞在に便利な知識を紹介

アガる香港おすすめ旅ガイド！
URL www.discoverhongkong.com/jp/promotions/agaru/

★ TECHNIQUE
テクニック

261 /316 ✈ 準備・出発

香港旅行に行くなら！
ダウンロード必須のアプリ10選

　スマホアプリを利用すると、現地での旅が格段にスムーズになることがある。「〇〇（アプリ名）　アプリ」で検索し、旅行前にスマホやタブレットにダウンロードをしておこう。オフラインで利用できるものもあるので、ぜひ活用を！　特に公共交通機関にまつわるアプリは、香港人も愛用するものばかり。

■香港オフラインマップ
事前にダウンロードしておけば、ネット接続不要で香港のマップを表示。最寄りのカフェやスーパーも検索できる。

■Maps.Me
オフラインで世界中の地図を見ることができるアプリ。GPSの電波を拾って現在地を示してくれ、目的地へのナビも可能。

■MTR
香港地下鉄（MTR）の乗り換え案内アプリ。出発駅と到着駅を入力すると、料金、時間、乗り換え情報を表示してくれる。

■M.Guide HK
細かい道を走るミニバスなども含めて、バスのルート案内をしてくれるアプリ。英語への切り替えもOK。

■CitybusNWFB
おもに香港島と九龍地域を結ぶ路線と空港路線のバスを運営する路線のバスアプリ。KMBバスアプリと併用すると便利だ。

■Uber
世界中で利用されている配車サービス「Uber」。行き先を入力し、車のグレードを選ぶだけ。事前に乗車料金もわかるので安心。

■HK Cross-Harbour Taxi Stands Finder
ヴィクトリア・ハーバーを越える海越えタクシーが止まるタクシースタンドを検索できる。香港人も愛用する便利アプリのひとつ！

■OpenRice
香港在住のローカルに人気の飲食店情報アプリ。住所、地図、電話番号、営業時間はもちろん、評価も参考にできる。

■Pocket
ウェブ検索し、あとで読み返したい記事を保存できる。香港についていろいろ調べておき、現地でチェックするのに役立つ。

■Dropbox
ストレージアプリは、Eチケットなどの保存ファイルに直接アクセスできるので便利。オフライン設定でいつでも閲覧可能。

★ TECHNIQUE
テクニック

262 /316 ✈ 準備・出発
政府観光局が運用するサイトでオンラインガイドブックをDL！

香港政府観光局が運営している公式サイトでは、数種類のガイドブックを無料でダウンロードすることができる。旅行計画の立て方→旅行キット→オンラインガイドブックの順にクリック。市販のガイドブックと併用して賢く利用しよう！

エリア別マップが付いた日本語の香港公式ガイドブック

■**香港公式ガイドブック**
街歩きとグルメ、開運スポットや進化する夜景など楽しみいっぱいの香港の魅力がわかりやすく紹介されている、基本編のガイドブック。

■**香港ハイキング＆サイクリングガイド**
香港の自然を満喫するには、ハイキングやサイクリングが最適。香港の街から1時間以内に行けるコースも紹介されている。

■**オールド・タウン・セントラル街歩きガイド**
歴史やアート、グルメや文化が豊かに広がっているエリア、香港島の中環（セントラル）の街歩きガイドブック。

■**香港ハイキング＆サイクリングガイド（2017年版）**
ユネスコ認定世界ジオパーク・香港地質公園の紹介や初心者に人気のヴィクトリア・ピーク周辺のハイキングコース、ラマ島のコースなどを紹介。

オンラインガイドブック
URL www.discoverhongkong.com/jp/plan-your-trip/travel-kit/guides.jsp

---

263 /316 ✈ 準備・出発
エンタメ系のチケットはオンライン予約が便利！

オンライン・チケット予約サイトを利用すれば、香港に到着する前にチケットを予約することができる。クレジットカードで支払い、予約時に入力したカードを提示してチケットを発券するだけと、フローも簡単で誰でも利用しやすい。

cityline
シティライン
URL www.cityline.com/Events.do

264 /316 ✈ 準備・出発
乗車チケットや現地ツアーは事前に予約がお得！

香港、シンガポール、マカオなどの現地ツアーやチケットを格安で予約できるサイト「KLOOK」。空港と市内をつなぐ電車「エアポートエクスプレス」（→P.192）やロープウエイ「昂坪360」（→P.137）などの乗車券、香港ディズニーランド（→P.138）のチケットなどを安く購入できる。

KLOOK
URL www.klook.com/city/2-hong-kong

★ TECHNIQUE
テクニック

265/316 ✈ 準備・出発
1着は持って行きたい夜遊び用きちんとコーデ

　High & Lowが魅力の香港では、ローカルレストランを満喫した後に、思いっきりおしゃれして西洋スタイルのキラキラした場所へ行くのも楽しみのひとつ。特にラグジュアリーホテル内のレストランやバーに行きたい人は、きれいめな洋服と靴を持参しておくとより快適に楽しめる。

266/316 ✈ 準備・出発
あってよかったものNo.1は意外にも……

　香港ツウおすすめの持ち物No.1が、折りたたみ傘！　特に夏は雨季でもあり、かつ日傘や帽子がないと直射日光が当たり厳しい暑さを感じることになる日も多い。雨傘・日傘として活躍するので、ぜひ持ち物リストに入れておこう。

折りたたみ傘がひとつあるだけで、雨や強い日差しをしのげる。香港の気候にはマストハブなアイテムだ！

267/316 ✈ 準備・出発
ジッパーバッグ・洗濯ネット・レジ袋「3つの袋」でぐんと準備がラクに

　香港の瓶ものはフタがゆるいことが多いので、おみやげの定番である中華ソースなどを収納するためにジッパーバッグが便利。さらに香港ではレジ袋が有料のため、帰りのおみやげものの仕分け用にレジ袋を日本から持っていこう。帰国後の荷解きがスムーズになる。

洗濯ネットも必携！　汚れ物を収納して、帰国後はそのまま洗濯機に

268/316 ✈ 準備・出発
人気レストランは日本から予約すべし！

　人気レストランで食事をしたいなら、旅立つ前にオンラインで予約しておいたほうが確実。ホテルのレストランなどは、公式サイトから予約を受け付けている。電話予約ではないので言葉の問題も無用。

レストランページ右上の「オンライン予約」をクリック。日程、ランチorディナー、人数を決定。次に名前と電話番号、メールアドレス、文字認証キーを入力。限定メニュー希望なら、リクエスト欄に記載を

★ TECHNIQUE
テクニック

269/316 ✈ 準備・出発
旅行は極力避けたい時期を知っておこう

香港旅で避けたいのが旧正月、中秋節、国慶節の前後。中国が連休のため、本土からたくさんの旅行者が殺到し、ホテル代が高騰する。特に旧正月は、店も軒並み休業するのでご注意を。2019年の祝日カレンダーはP.180（テクニックNo.255）をチェック！

秋の中秋節には街中がランタンに彩られるが、どこも混み合う

270/316 ✈ 準備・出発
雨季に旅するときのホテルの取り方はこれ！

5〜9月頃の雨季に旅するなら、**駅と直結のホテルを選ぶ**と雨にぬれずに移動できる。ハイアット・リージェンシー、コーディス香港、コンラッドなどは駅直結。尖沙咀駅界隈の地下道や中環駅界隈の空中回廊も活用したい。

ハイアット・リージェンシーとショッピングモールの「K11」は同ビル内

271/316 ✈ 準備・出発
スマホを省エネモードにして充電をもたせる裏技！

最近の海外旅行では、スマホの利用時間が増えるもの。いざ使いたい！ という場面でスマホの充電が切れてしまった……ということがないよう、普段から**スマホを節電しておくワザを心得ておこう**。

バッテリーをもたせるワザ
① 「自動ロック」の時間設定を最短の1分に設定
② ミュージックの「イコライザー」をオフ
③ 使っていない「バックグラウンドアプリ」を消す
④ 電波が圏外のときは「機内モード」に設定
⑤ 「位置情報サービス」をオフにする
⑥ 「明るさの自動調節」はオフにし明るさをダウン
⑦ 「モバイルデータ通信」をオフ
⑧ 「Wi-Fi」は使っているときだけオンにする
⑨ 「Bluetooth」は使っているときだけオンにする
⑩ メールやアプリの「プッシュ通知」をオフ
⑪ 「カレンダー関連」の通知をオフ
⑫ 「iCloud」で共有する必要のない項目をオフ
⑬ 手動で「iPhoneロック」するクセをつける
⑭ 完全充電後にバッテリーを使い切る
⑮ 使用頻度の高いアプリは「ホーム画面」に置く
⑯ ソフトウェアを最新版にアップデートする

搭乗前の3STEP

STEP ❶ 左記のワザを実行
ほとんどが搭乗を待つ間にできてしまうことばかり。空港での搭乗待ち時間という隙間時間を使って出発前に省エネ対策をしたい！

STEP ❷ 旅アプリを「ホーム画面」に配置
旅行中にいちいちアプリを探すのは手間。頻度高く使うアプリはホーム画面に移動させよう。それだけでバッテリーも長持ちするはず！

STEP ❸ "パケ死"しないよう「Wi-Fi」を設定
旅先で自動的にネットワークにつながらないように「モバイルデータ通信をオフ」、機内で撮影やオフラインで閲覧できるように「機内モードをオン」、現地で無料Wi-Fiにつながるように「Wi-Fiをオン」。搭乗前に必ず設定しよう！

★ TECHNIQUE テクニック

272/316 ✈ 準備・出発
エコノミーでも使えるラウンジがある!?

空港ラウンジは、上位クラスでないと利用できないと思っている人に朗報！最近は、有料で利用できるラウンジが増加傾向にある。例えば、香港航空の航空券を購入すると、公式サイトから「VIPラウンジクーポン」の購入が可能。HK$350（約5000円。人数に限りあり）で香港国際空港にあるラウンジが利用できる。ビュッフェスタイルの食事や無料Wi-Fi、シャワーなどのアメニティが充実。憧れのラウンジ体験を手に入れてみない？

香港航空（予約と管理→VIPラウンジクーポン）
URL www.hongkongairlines.com

旅好きにはたまらないパノラミックな眺めが最高。香港航空のラウンジでは、ほとんどの席にUSBポートが完備されている

その場で作ってくれるヌードルコーナーがおすすめ。香港麺のほか、ラクサヌードルなどアジアの麺が5種類から選べる

273/316 ✈ 準備・出発
航空券＋HK$220で足元広々シートをGET

香港航空では、「エクストラレッグルームシート」をHK$220（約3500円）で予約できる！ エコノミークラスでも、より広くて心地よいスペースを提供している。予約は、公式サイトや空港チェックインカウンターで可能。チェックイン時に確認してみるのもアリ！

※非常口に近い座席のため、非常時には英語で乗客に避難方法を伝える必要がある。

空の旅が快適なら、着いた瞬間から香港をアクティブに動き回れそう！

274/316 ✈ 準備・出発
帰りの便はあえて深夜便を選ぶ

香港リピーターは、帰国便をあえて深夜便にする人が多い。香港航空の場合、大阪行き1:00発、成田行き2:00発があるので、帰国日の夜までしっかり遊べる。上段で紹介したラウンジで過ごすもよし、あとは寝て帰るだけ。時差が少ない香港だから有効なテクニックだ。

帰りを深夜便にすれば滞在時間が増え、最終日に香港の夜景を目に焼き付けることができる

★ TECHNIQUE
テクニック

> Column 香港航空（Hong Kong Airlines）なら
> 搭乗した瞬間から香港が始まる！

香港の標章であるバウヒニアの花をイメージしたロゴを機体にのせて

URL www.hongkongairlines.com
【FB】@HongKongAirlinesJP

設立12年目を迎えるモダンで新しい香港を代表する航空会社

2018年に設立から12年目を迎える香港航空は、香港をベースに世界の主要都市へ就航するグローバル企業である。エネルギッシュでフレンドリーな客室乗務員たちによるサービスの質が認められ、2011年からSkytrax社に4つ星エアラインとして認定され続けている。

日本7都市と香港を週87[※]便が快適に結ぶ

香港航空は、東京、大阪、札幌、岡山、米子、鹿児島、沖縄の7都市と香港を結ぶ。さらに香港に立ち寄りながら、バリ島やバンコクなど主要約35都市以上の空へ飛び立つことができる。美食の町・香港らしいおいしさに満ちた機内食も人気で、ファンを増やしている。

※2018年11月現在

COLUMN
コラム

準備・出発

事前にオンライン予約！
老舗劇場で広東オペラを満喫

　香港島東部の下町、北角にある新光戯院（Sunbeam Theatre サンビームシアター）は、粤劇（広東オペラ）を上演する香港唯一の民間劇場。家賃の高騰で何度も閉館の危機に瀕したが、そのたびに支援の手が差し伸べられ、1972年から現在まで多くのファンを華やかな演劇世界に呼び込んでいる。「いつかここで粤劇を観る！」という長らくの夢がかなったのは、オンライン予約のおかげだった。たまたま早めに訪港日程が固まったので、香港のチケット予約サイト「cityline」から上演スケジュールをチェック、運よく希望日に空席を見つけて即予約。複雑な手続きもなく、あっさり人気公演のチケットを入手できてしまった。クレジットカードで決済し、そのカードを劇場窓口に提示して紙のチケットに引き換えて入場した。外から指をくわえて眺めていた劇場内部は思いのほか質素な造りではあったが、生演奏にのった独特の節回しでの語り、鳴り物にあわせた激しいアクションは圧巻！舞台ならではのハプニングもあった粤劇は、字幕のひろい読みながらも存分に楽しめた。日中は予定が埋まるけれど、夜は食べて飲むだけという人も多いよう。「cityline」は粤劇だけでなく、映画、コンサート、スポーツも予約可能なので、滞在中の一夜を香港エンタメにあててみるのもいいかもしれない。
（フリーライター　池上千恵）

▶ 北角

新光戯院 Sunbeam Theatre
サンビームシアター

- アクセス　MTR北角駅B1出口から徒歩すぐ
- 住　北角英皇道423號（King's Rd.）
- ☎　2563-2959
- 営　演目により異なる
- URL　www.sunbeamspot.com
- URL　cityline.com（チケット予約サイト：Cityline）

粤劇のカーテンコールは写真撮影可能というのもうれしいかぎり

到着&実用

— Arrival & Practicalities —

時間に限りがある海外旅行だからこそ、交通情報や便利ツールは事前にきちんと知っておきたい。旅をよりスムーズにスタートさせるべく、知って得する便利な情報をご紹介！ 移動の機内や空港、市内移動や観光中に使えるテクニックが満載！

★ TECHNIQUE
テクニック

275/316 　到着・実用
香港国際空港内は無料Wi-Fiが使える！

Wi-Fiルーターを持っていない人でも安心！　飛行機を降りたときから、空港内では「HKAirport Free WiFi」が無料で利用できる（パスワード不要）。空港に到着したらすぐにアクセスして、家族や恋人に到着報告しよう。

276/316 　到着・実用
空港から街への移動は空港バスの利用がお得！

空港からホテルや街へ移動する手段が決まっていないなら、普通の路線バスやタクシーよりも安くて早い空港バス「シティーフライヤー」のA路線を選ぼう。チケットは50％割引になる往復券（HK$16.50〜24）をゲットしたい。

バス番号にAが付いているのが空港バスの目印。Eは路線バスだが空港バスのほうが料金が安い

277/316 　到着・実用
深夜便で空港に着いたらシャワーでリフレッシュ！

深夜便などで入国してシャワーを浴びたくなったら、ラウンジの有料シャワーよりも積極的に使いたいのが到着フロアにある無料シャワー。シャンプーとボディソープ付きで24時間利用できる。

到着フロア22番ゲート近くにある「免費淋浴設施」。タオルは中の自動販売機で買える

278/316 　到着・実用
グループ移動に朗報♪香港はUberが使える！

世界で利用されている配車サービス「Uber」。空港の無料Wi-Fiに接続しアプリから配車依頼を。目的地を入力すれば料金がわかり、友達と割り勘なら交通費削減になる。香港のUberは空港への乗り入れOKだが、乗車位置が制限されているのであらかじめサイトでチェックしよう。

Uber
URL www.uber.com/ja-JP/airports/hkg/

★ TECHNIQUE テクニック

279/316 到着・実用
空港で時間ロスせず帰国日も香港を楽しむ方法

　帰国前夜にオンラインチェックインを済ませれば、空港では荷物を預けるだけ。余った時間は食事や買い物、マッサージなどを楽しんで。ただし、慌てて出国ゲートに向かうことのないようにしよう。

オンラインでチェックイン！　空港でチェックイン機やカウンターに並ばずに済む

280/316 到着・実用
香港の旅の疲れは現地でリセットして帰ろう

　「ウエルネス・スパ＆サロン」では、ラグジュアリーな空間でアロママッサージやフットマッサージなどを行っている。空港での待ち時間にリフレッシュ！

▶ 大嶼山
ウエルネス・スパ＆サロン
Wellness Spa & Salon

アクセス 機場駅と直結
住 香港國際機場2號客運大樓3樓
（Terminal 2, Hong Kong International Airport, 1 Sky Plaza RoadLevel 3, Landside, Opposite to Left Baggage）
☎ 3543-0232　営 8:00〜23:00
休 無休　料 肩・首・背中のマッサージ30分〜HK$320、フットマッサージ30分〜HK$350
CARD 可

281/316 到着・実用
空港には誰でも使える有料ラウンジがある!?

　フライトの待ち時間は、エコノミークラス利用者でも使える有料ラウンジの利用が快適。新鮮なサラダや温かいスープ、軽食が楽しめるビュッフェは、ほかのラウンジに引けを取らない。

大きなソファでゆったりくつろごう。マイレージ会員のクラスなど関係なく気軽に利用できる

▶ 大嶼山
プラザ・プレミアム・ラウンジ
環亞機場貴賓室　Plaza Premium Lounge

アクセス 機場駅と直結
【西翼／West Hall】
住 香港國際機場1號客運大樓第7層樓（請於40號閘口搭乗升降機）
Level 7, Departures, Terminal 1, Hong Kong International Airport（Use escalator or lift near Gate 40）
【東翼／East Hall】
住 香港國際機場1號客運大樓第6層（近1號閘口）
Level 6, Departures, Terminal 1, Hong Kong International Airport（near Gate 1）
☎ 3960-1396
営 24時間　休 無休
料 ラウンジ2時間HK$587、シャワー30分HK$200〜
CARD 可

機内食とはひと味違う充実したビュッフェを堪能

シャワーとリラクセーションのみのラウンジもある

★ TECHNIQUE
テクニック

282 /316 到着・実用
滞在時間を無駄にしない "ながら充電"で時間節約

博覧館駅から香港駅をつなぐエアポートエクスプレス。1号車と7号車のみコンセントやUSBポートがあり、スマホなどの充電ができる。移動しながらの充電で、もう旅の時間を無駄にせず済む。無料Wi-Fiも使えるので、地図チェックやアプリのダウンロードなども車内でできてしまう。

切符は、事前予約で割引に。MTR3日間乗り放題付きパス(片道HK$250、往復HK$350)も要チェック

283 /316 到着・実用
切符なし・あと払いで乗れる エアポートエクスプレス

エアポートエクスプレスの乗車券は空港の窓口や券売機で買えるが、長い行列で混んでいる場合は、切符なしで先に乗車するのもOK。実は到着駅でも乗車券が買えるので、それを改札でタッチするだけ!

到着後、カスタマーサービスの「客務中心」で切符が購入できる。日本にはないシステムだ

284 /316 到着・実用
青衣駅で乗り換えて もっとお得に電車移動!

空港から市内への交通費をより安く済ませるなら、エアポートエクスプレスに乗車後、青衣駅でMTRに乗り換えよう! バス移動のほうが割安だが、渋滞がなく本数のあるMTRがいちばんすいすい進める。

空港から青衣駅まではエアポートエクスプレスで約14分。あとはMTRで目的の市内へ

285 /316 到着・実用
"ツーリストSIM"購入で スマホ利用代を低コストに

香港で使えるお得な「ツーリストSIM」は5日間用と8日間用があり、空港のコンビニなどで購入できる。設定が不安な場合は、通信会社「中国移動」のカウンターで購入してすべて設定してもらおう。

SIMの中でもツーリストSIMは5日間1.5GB、4Gの高速通信でHK$88とお得

★ TECHNIQUE
テクニック

286 /316 到着・実用
MTR駅はWi-Fiのほか パソコンも無料で使える

MTRの数駅に、**無料PCステーション「iCENTRE」**があり、**1回15分で設置されたパソコンを使える**。使用可能な分数を超えると接続が中断されるので、接続し直しながら利用したい。スマホやタブレットの無料Wi-Fiも使える。

スマホよりも広い画面のPCを使いたいならここ。目的地までのルート検索などをして地上に出よう

MTR (Free Internet Services)
URL www.mtr.com.hk/en/customer/services/free_wifi.html

287 /316 到着・実用
香港のエスカレーターは どっちに立つのが正解？

日本では左側に立つ地域が多いエスカレーター。香港では**右側に立つのが暗黙のルール**だ。駅に限らずショッピングセンターなどでも右側へ立つことを意識しよう。昇降機の速度は日本と比べて速いので注意して。

MTRの駅内。香港のエスカレーターは、右側に立つのが常識。すいていても右に立とう

288 /316 到着・実用
2018年9月香港初の 高速鉄道開通で旅先拡大!?

「広州・深圳・香港高速鉄道」の香港区間が開通し、全区間がつながった。これして香港をメインに広東やマカオのグレートベイエリア（粤港澳大湾区）などの観光もおおいににぎわう予感。香港のターミナルは西九龍駅で、深圳北、広州南などを経て汕頭、アモイ、福州、南昌、杭州、長沙、武漢、鄭州、石家荘、貴陽、桂林、昆明、上海、北京などの都市と結ばれる。**広州南までは最短で47分**、いちばん離れた北京までは最短で8時間56分。香港から真新しい車両に乗車して、エクスカーションも楽しもう！

時速300〜350kmで走る車両「動感号」。料金は毎月為替レートに基づいて調整される

▶ チケット購入はこちら
高速鐵路
High Speed Rail
URL www.highspeed.mtr.com.hk

193

★ TECHNIQUE
テクニック

289/316 🚩 到着・実用

到着したらすぐに作りたい！
ICカード「オクトパスカード」

短い滞在でも作りたいのが、現地で使えるICカード。交通機関だけでなく、コンビニでさっと買い物するのにも便利。トラムはおつりが出ないうえ、香港の重いコインを持ち歩くより断然ラク。帰国後もコインが残らない。

オクトパスカードの買い方・使い方

①買い方

MTR駅のカスタマーセンター（客務中心）で、ひとりHK$150（デポジット含む）を渡し、「オクトパス、プリーズ」と言えばOK！

②使い方

交通機関でタッチ支払い

コンビニでタッチ支払い

乗降車時や会計時にかざすだけ。トラムは降りるときのみかざす。一部のタクシーやミニバスでは使えない

③チャージ方法

MTR駅でチャージ！

コンビニでチャージ

駅のチャージ機を使うか、コンビニで店員に「チャージ、プリーズ」と頼む。チャージ額は、HK$50、HK$100とHK$50の倍数になる

コツ① 多めにチャージ

茶餐廳や麺粥店でも、ICカードを使える店が増えている。多めにチャージしておけば、混み合う時間でもサッと支払いできる。重たい香港のコインを持ち歩かなくてよいのもいい！

コツ② 借金できる!?

カードに残金が残っていない場合でも、HK$35までであれば、借金することができるシステムなのも便利！ 借金した分は、次回チャージするときに引かれるシステム。

★ TECHNIQUE テクニック

290 /316 | 🚩 到着・実用

MTRの券売機でチェックすべきところはここ！

MTRの券売機は、高額紙幣を使えない場合も多い。紙幣をくずすなら、駅構内のコンビニで水などを買うか、客務中心へ行って乗車券購入を。そういった場合にもオクトパスカードにある程度の金額がチャージされていると、より安心だ。

円を香港ドルに両替する時点で、なるべく小額紙幣を多く入れてもらうように頼もう

291 /316 | 🚩 到着・実用

ヴィクトリア湾は何で渡るのがベスト？

ズバリ、断然MTRが便利！ 例えば、尖沙咀駅から中環駅なら10分かからずに移動できる。通常のタクシーでは、ヴィクトリア湾の横断は拒否されることが多く、乗車できても往復分のトンネル料金をプラスで支払うこともありかなり割高に。特に夕方など道が混む時間は、MTRが正解！

ここ数年でMTRは、西へ東へ南へと延伸しながら香港全体を網羅する勢いだ

292 /316 | 🚩 到着・実用

香港のタクシーは行き先別に色分けされている!?

赤色は香港島と九龍エリア行き、青色はランタオ島行き、緑色は新界地区行きと、車体の色が行き先別に分かれている。繁華街や観光スポットなど観光客の利用がいちばん多いのが、下の写真の赤色タクシーだ。

空港では行き先別に車体の色が分かれているので、目的地を確認してからタクシーの列に並ぼう

観光客の利用が多い赤色のタクシーを見つけよう

293 /316 | 🚩 到着・実用

3人以上で移動するならタクシー利用が最安値！

市内までのアクセスは、エアポートエクスプレス・バス・地下鉄（MTR）・タクシーなどがあるが、駅や停留所から遠いホテルの場合は、目的地まで直接行けるタクシーがいちばん便利。特に3人以上の移動なら経済的にも有利だ。

空港にあるタクシー専用カウンター

乗り場手前には交通案内表がある。事前に目的地・ルート・料金をチェックしておこう

294 /316 到着・実用
乗れるタクシーと乗れないタクシー 見分け方のコツ

香港で流しのタクシーをひろうなら、ダッシュボードに「FOR HIRE」の丸いプレートが出ているかどうかで判断しよう。四角のプレートが出ているのはNG、と覚えると簡単。屋根上の表示灯では判断できないので注意！

「FOR HIRE」の丸いプレートが空車のサイン

四角プレートは回送や海越えの意味がある

295 /316 到着・実用
タクシー運転手に一発で 目的地を伝える方法とは？

発音が難しい広東語では、行き先を口頭で伝えるのは至難の業……。そんなときは、ガイドブックの行きたい場所の住所部分をスマホで撮影して拡大表示にして見せよう。ホテルによってはホテルの住所が書かれたカードが置いてあったりするので活用を。

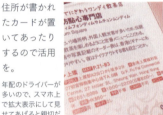
年配のドライバーが多いので、スマホ上で拡大表示にして見せてあげると親切だ

296 /316 到着・実用
海越えタクシーは スタンドでつかまえる

ヴィクトリア・ハーバーをくぐって渡る場合、タクシーを使うと、往復のトンネル料金を請求される場合も多い。海を渡るタクシーを選ぶか（なかなかつかまらない……）、またはいくつかある海越えタクシーが止まるタクシースタンドから乗車するほうが安心だ。

この海越えタクシースタンドを探せる便利なアプリはP.182をチェック！

297 /316 到着・実用
海越えタクシーを効率よく 止める方法教えます！

海越え専用のタクシースタンドに行けない場合、流しのタクシーでヴィクトリア湾を横断してくれるタクシーを見つけたいときに、有効なジェスチャーがこれ。海越えをしたいという合図をわかりやすく伝えられる。

手の平を下にしてトンネルをシュッとくぐりぬけるようにウエイブを描く。香港人をまねてみよう

★ TECHNIQUE
テクニック

| 298 /316 | 到着・実用
タクシーがつかまらない「魔の時間帯」に注意！

ドライバーが交代する16:00頃や帰宅ラッシュの17:00〜19:00頃、そして雨の日は、タクシーがつかまりにくい。もし運よく乗れたとしても渋滞にハマる確率もおおいにある。MTRなど公共交通機関での移動が賢い選択。

16:00〜19:00はタクシーがつかまりにくいので注意！

| 299 /316 | 到着・実用
タクシーの支払いは切り上げた額を手渡す

香港のタクシーの支払いは、端数切り上げがお約束。細かなコインは渡さずに、切り上げて数字をキリよくして支払うのが一般的だ。おつりも正確に細かくは戻ってこないことが多いので、そのつもりで。

乗車中は、メーターがきちんと動作しているかも気にしておきたい

| 300 /316 | 到着・実用
タクシーのナンバープレートは覚えておこう

スマホや買ったものを忘れるケースも多いので、タクシーに乗ったらナンバープレートやドライバーの名前を記憶しておくといい。日本と同じように助手席にプレートがある。ランクが上のホテルの場合は、サービスの一貫でナンバーをメモして渡してくれることもある。

ホテルでタクシーを降りてももらったカードは保管しておこう

| 301 /316 | 到着・実用
乗り間違いは時間と金の無駄トラム行き先はここを見よ！

香港を観光するなら一席は乗ってみたいのが、香港島を走るトラム。香港の街を見下ろしながらの移動は格別！ ただし、終点が異なったり、行き先がいくつかあったりするので、きちんと確認してから乗り込もう。乗り場に掲出された路線地図もチェックしてみて。

行き先は前面中央のプレートをチェック

到着・実用

★ TECHNIQUE
テクニック

302/316 到着・実用
トラムはおつりが出ない!? これ香港の大常識！

トラムの運賃は終点まで乗っても一律HK$2.60と破格だが、おつりは出ないので注意。いざ乗るときにHK$10紙幣しか持ってない……なんてことのないように、MTR（地下鉄）で買うことのできるIC乗車券「オクトパスカード」をあらかじめ用意しておこう。

オクトパスカード

現金

| オクトパスカードはP.194をチェック！

303/316 到着・実用
ビルの階数表示は返還後もイギリス式のまま

香港のビルの階数表示は、日本とは異なるので注意が必要だ。下記の対応表であらかじめチェックしておこう。また、店舗などの広東語の住所表記の終わりに「地下」とあるのも香港では1階の意味なので注意。

欧文表記	香港の表記	日本の表記
2/F	2樓	3階
1/F	1樓	2階
G/F	地下	1階
B/F	地庫	地下

304/316 到着・実用
台風の警戒シグナルを覚えておこう！

香港天文台
URL www.hko.gov.hk

ビルの入口に立つ警告看板を要チェック！

年に何回も台風が接近する香港。大小さまざまな台風は、わかりやすくレベル分けされる。台風が近づくと街なかでも、「レベル3だから大丈夫じゃない？」「レベル8になるらしいよ……」などの会話を耳にするはず。交通機関がストップするレベルのシグナル8（エイト）になるとわかったら、早々にホテルに戻ろう。警戒シグナルは、テレビの画面に映し出され、モールやホテルの入口にも掲示されるので観光客でも目につくはず。タクシーも乗車拒否したり、逆に高額な乗車料を請求する可能性があるのでご注意を。

サイン	呼び方	警告名	警告内容
T1	シグナル1	スタンバイ	台風が接近中で、香港に影響を及ぼす可能性あり
⊥3	シグナル3	強風	台風がさらに接近。幼稚園休園、フェリーなど欠航
▼8 SE 東南	シグナル8	暴風	暴風域が接近。学校、ショップ、レストラン、会社、公共交通機関などほぼすべてがストップ。特別料金と称し、高額請求するタクシーも増える。外出しないのが得策！
▲8 NW 西北			
▲8 NE 東北			
▼8 SW 西南			
✕9	シグナル9	豪雨	台風直撃。雨風が強くなるので注意！
✚10	シグナル10	ハリケーン	台風直撃。さらに雨風が強くなるので厳重注意！

★ TECHNIQUE
テクニック

305/316 到着・実用
香港旅行中の飲料水事情とは？

香港の水道水は日本と同じ軟水。水道水は飲料可とされているところも多いが、水道管が汚れている場合があるため生水は飲まないほうがいい。コンビニやスーパーで売っているボトルウオーターには、蒸留水、ミネラルを加えた蒸留水、ミネラルウオーターがあり、値段が異なる。

左が蒸留水HK$8.50、右がミネラルウオーターHK$15.50。蒸留水のほうが安く、もちろん飲んでも問題はない

306/316 到着・実用
ビジターセンターを活用しないとソン！

ツーリスト向けのビジターセンターでは、日本語ガイドブックや香港みやげ（九龍ビジターセンター限定。数に限りあり）がもらえたり、リクエストに応じて携帯電話の充電サービスを利用できる。

▶ 尖沙咀
九龍ビジターセンター
Kowloon Visitor Centre
- アクセス 尖沙咀駅尖東L6出口から徒歩4分
- 住 尖沙咀天星碼頭（Star Ferry Concourse）
- ☎ 2508-1234（9:00～18:00）
- 営 8:00～20:00 休 無休 料 無料
- URL www.discoverhongkong.com/jp

307/316 到着・実用
オクトパスカードをタッチするだけで割引に!?

中環駅近くから山の中腹、ミッドレベル（半山）までを結ぶヒルサイド・エスカレーター。ハリウッド・ロードの真上あたりにある機械にオクトパスカードをタッチするだけで、なんと次のMTRの乗車がHK$2割引に！ MTR運賃がHK$5なのでかなりのお得感あり！

香港人に交じってオクトパスカードをタッチしてみよう

308/316 到着・実用
香港島の横移動は交通機関を賢く使い分ける

時間に余裕がある人は、存分に観光気分を味わえるトラムの2階席に座るのがおすすめ。時間優先の人は、MTRでの移動が最もスムーズ。グループ移動や荷物が多い場合は、タクシー……と、賢く使い分けを。

夏は窓全開で気持ちいい〜♪　　真ん中の赤いマークが地下鉄駅のサイン

★ TECHNIQUE
テクニック

309/316 🚩 到着・実用
エアポートエクスプレスの無料のシャトルバスが使える

エアポートエクスプレス利用者対象で香港駅・九龍駅と市内の主要ホテルを結ぶ無料のシャトルバス。乗車する際には、同日有効の搭乗券や航空券（Eチケット）などを提示し、宿泊ホテルを伝えればOK。主要ホテルに宿泊していなくても、実は乗れちゃうので利用してみよう。

市内の主要ホテルはこちらでチェック！
URL www.mtr.com.hk/en/customer/services/complom_free_bus.html

310/316 🚩 到着・実用
Wi-Fiルーターがない人はコーヒーを買おう！

街なかでWi-Fiにスマホやタブレット、PCをつなぎたくなったら、「スターバックス」や「パシフィック・コーヒー」でドリンクを注文！ レシートに記載されたログインパスでアクセスが可能。たいていは30分間無料で利用できる。

香港ではショッピングモールや地下鉄駅でも無料Wi-Fiが使える

311/316 🚩 到着・実用
インタウンチェックインで空港まで身軽にアクセス！

エアポートエクスプレスの利用者に限り、MTR香港駅・九龍駅で、出発の1日前から90分前までチェックインと荷物の預け入れができちゃう。早々に身軽になって、帰国日は観光やショッピングを満喫しよう！

九龍駅
Kowloon Staiton
住 柯士甸道西1號（Austin Rd. West）

香港駅
Hong Kong Station
住 港景街1號（Harbour View St.）

312/316 🚩 到着・実用
最新スポット「大館」へアクセスする方法とは？

2018年、中環にオープンしたリノベーションスポット「大館」（→P.128）。中環駅からアクセスする際にわかりやすいのが、ヒルサイド・エスカレーターからの入館方法だ。エスカレーターの通路内に、そのまま大館に入れる入口があるので便利！

映画『恋する惑星』でもおなじみのヒルサイド・エスカレーター

★ TECHNIQUE
テクニック

313/316 | 到着・実用
コインランドリーが急増中 少ない洋服で旅立てる！

最近、香港の街なかに増えたのが、コインランドリー。日本同様にカフェを併設したおしゃれなコインランドリーも増えている。ちょっと長めに滞在したい、汚してしまったので今すぐ洗いたい、そんなときにはぜひ活用を。日本から持っていく衣類の量を減らせば帰路のおみやげスペースを捻出できる。

九龍や香港島にももちろんあるのでサイトで検索してみて

Laundry Yup
URL www.laundryyup.com

314/316 | 到着・実用
長期滞在者におすすめ！ ローカルの洗濯店へ

香港人は、洗濯は洗濯店に依頼するのが一般的。下着も含め、洗濯店に日々持ち込み依頼するという。料金は重さ次第で、1〜2日で戻ってくる。長期滞在者や盛夏の旅行にはうれしい限り。香港人の日常を体験してみるのもおもしろい。

こちらも公式サイトで店舗検索が可能

陽光洗衣
URL www.sunshinelaundry.com.hk

315/316 | 到着・実用
夏場の香港旅行で 気をつけたいこと

湿度が高い香港では、とにかく汗をかく。さらに、室内の冷房はかなり低い温度設定なので、寒暖差で体調を崩すこともある。特に5〜10月の夏場は気温が高いので、歩き回って汗をかいたらホテルに戻って着替えるのがおすすめ。昼用に1着、夜用に1着という具合に洋服を用意しておくと健康キープにも効果的だ。

滞在日数が少なくても洗濯する時間がない人は、夏場は「滞在泊数×2着」を目安に荷造りしよう

316/316 | 到着・実用
香港の地下鉄MTRの かわいい優先席に注目

日本同様に、香港の地下鉄（MTR）にも優先席がある。優先される人も日本と同じく、お年寄りや妊婦さん、ケガをしている人など。注目したいのが、そのデザインのかわいさ。ニコちゃんマークを見つけたら座らないようにご注意を。

思わず写真を撮りたくなるキュートさ♥

到着・実用

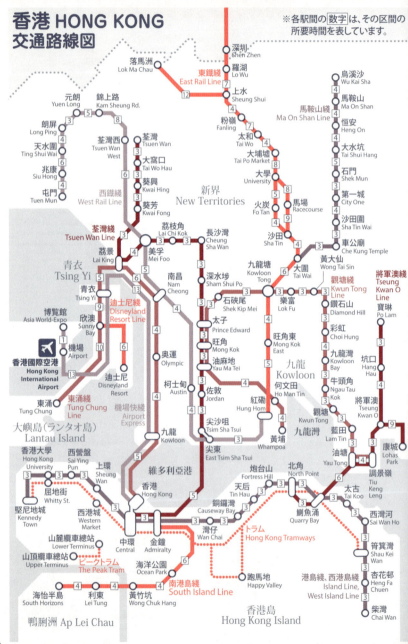

モデルプラン

― Trip Planning ―

初めての香港旅行にぴったりの王道プランから九龍半島と香港島それぞれのエリアを楽しむプラン、食べ歩きやパワスポなどのテーマ巡りに、マカオ日帰りプランまで、6つのモデルプランを提案。次回の香港旅行計画のご参考に！

TRIP PLANNING
モデルプラン

モデルプラン

香港の主要観光スポットを
くまなく巡る王道3泊4日①

DAY 1

香港一の繁華街、尖沙咀を散策。お楽しみは光のショーと絶景の夜景バー！

- **14:20** 香港国際空港到着！
  （エアポートエクスプレスとシャトルバスで約40分）
- **16:00** 香港の大スターと記念撮影
  旅テク！ →P.137
  徒歩で約20分
  ガーデン・オブ・スターズ ▶P.218
- **18:00** 最初のディナーは広東料理で決まり！
  徒歩で約8分
  唐人館 ▶P.218

DAY 2

香港を代表する寺院から夜市まで、朝から夜まで遊び尽くす

- **9:00** お粥でモーニング
  彌敦粥麵家 ▶P.25
  MTRで約40分
- **10:30** 香港の神様に良縁祈願！
  旅テク！
  縁結びの神様は月下老人。境内には占いブースもあり、日本語OKな占い師もいる。
  嗇色園黄大仙廟 ▶P.140
  MTRで約30分
- **14:00** 香港一高い展望台から街を眺める
  タクシーで約8分

  スカイ100 ▶P.218
  タクシーで約8分
- **15:30** アフタヌーンティーで優雅なひとときを
  徒歩で約8分

  ザ・ロビー ▶P.81

MORE テク！

エリアごとに効率よく回ろう！

初日と2日目の午前は九龍、2日目の午後からは香港島を観光。移動にはMTRやタクシーのほか、九龍と香港島の間は街の風景を眺められるフェリーを利用すればプチクルーズ気分が楽しめるので、旅行中に1度は乗船したい。

20:00 光と音のショーに感動 — シンフォニー・オブ・ライツ ▶P.123

徒歩で約12分

旅テク！ シンフォニー・オブ・ライツのベストポジションは尖沙咀プロムナードあたり。場所取りをする人も多いので、少し早めに行こう。

20:30 絶景バーで香港の夜景にうっとり — アイバー ▶P.82

徒歩で約13分

21:30 1日の締めは香港スイーツ — 松記糖水店 ▶P.79

→ ホテル泊

11:30 鳥好きが集まる中国式公園散策 — バード・ガーデン ▶P.142

徒歩で約10分

12:00 香港の珍風景!? 金魚ストリートを歩く — 金魚街(通菜街) ▶P.142

徒歩で約10分

12:30 香港グルメの大定番 ワンタン麺ランチ — 池記 ▶P.21

17:00 リノベスポットで古きよき香港を楽しむ — 1881ヘリテージ ▶P.218

MTRで約30分

18:30 香港名物のナイトマーケットへ — 女人街 ▶P.124

徒歩で約5分

20:00 体も喜ぶ栄養満点、火鍋ディナー — 鮮入圍煮 ▶P.28

→ ホテル

旅テク！ 鮮入圍煮がある登打士街(→P.143)は、B級グルメが集まる。シメを探しに行ってみよう。

モデルプラン

TRIP PLANNING
モデルプラン

モデルプラン

香港の主要観光スポットをくまなく巡る王道3泊4日②

DAY 3

香港島のおしゃれエリアを歩く。写真撮影がとまらないフォトジェニックな1日

- **9:00** レトロカフェで香港的朝食を　中國冰室 ▶P.66
- MTRで約25分
- **10:30** 眺望よし！スターフェリーで香港島へ　スターフェリー ▶P.132
- フェリーで約20分
- 徒歩で約5分
- **14:30** 大きな線香がつるされた香港最古の道教寺院　文武廟 ▶P.141
- 徒歩で約2分
- **15:00** 掘り出し物を探しに行こう　キャット・ストリート ▶P.143
- 徒歩で約9分
- **15:30** 香港島のシンボル路面電車に乗車　トラム ▶P.197・198
- トラムで約30分

旅テク！
ヴィクトリア・ピークは朝もすてき（→P.126）で、徒歩で下山するのも楽しい（→P.126）。

DAY 4

最終日は公園散策から。おみやげを選んで、空港でラスト香港グルメ！

- **9:00** 九龍のオアシス緑あふれる公園を散策　九龍公園 ▶P.218
- MTRで20分
- **10:00** 庶民派グルメが揃う茶餐廳で朝ごはん　翠華餐廳 ▶P.67
- 徒歩で3分

206

MORE テク!

新旧混在の香港島は街歩きが楽しい！

3日目は香港島を観光。オールド・タウン・セントラルと呼ばれる上環、中環は階段や坂道が多いので歩きやすい靴で行くのがマスト。トラムはゆっくり走るので、時間がない場合はMTRに変更しても◯。オクトパスカード（→P.170、P.194）があると移動に便利。

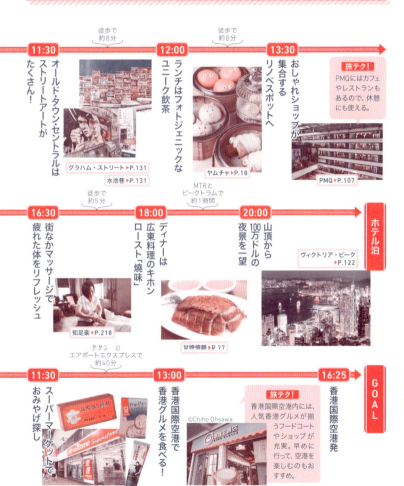

11:30 オールド・タウン・セントラルはストリートアートがたくさん！
グラハム・ストリート ▶P.131
水池巷 ▶P.131

徒歩で約8分

12:00 ランチはフォトジェニックなユニーク飲茶
ヤムチャ ▶P.18

徒歩で約8分

13:30 おしゃれショップが集合するリノベスポットへ
PMQ ▶P.107

旅テク！ PMQにはカフェやレストランもあるので、休憩にも使える。

MTRとピークトラムで約1時間

16:30 街なかマッサージで疲れた体をリフレッシュ
知足楽 ▶P.218

徒歩で約5分

18:00 ディナーは広東料理のキホンロースト「燒味」
甘牌燒鵝 ▶P.77

20:00 山頂から100万ドルの夜景を一望
ヴィクトリア・ピーク ▶P.122

ホテル泊

タクシーとエアポートエクスプレスで約40分

11:30 スーパーマーケットでおみやげ探し
惠康 ▶P.116

13:00 香港国際空港で香港グルメを食べる！
空港グルメ ▶P.63
©Chiho Ohsawa

旅テク！ 香港国際空港内には、人気香港グルメが揃うフードコートやショップが充実。早めに行って、空港を楽しむのもおすすめ。

16:25 香港国際空港発 **GOAL**

モデルプラン

207

TRIP PLANNING
モデルプラン

モデルプラン

活気ある下町を楽しむ！
九龍1日満喫コース

午前

まずは古きよき香港が残る深水埗で朝食＆散策。名物街歩きも満喫！

9:00 ミシュラン1つ星の飲茶店で朝ごはん

添好運點心専門店 ▶P.17

徒歩で約10分

10:30 パワーあふれる下町 深水埗散策

坤記糕品 ▶P.218

四十一士多 ▶P.218

MTRで約17分

午後

ローカル度満点な専門店街、カフェやショップなどレトロ香港が盛りだくさん！

13:00 伝統的な専門店街でキッチングッズ探し

上海街 ▶P.218

徒歩で約8分

13:30 パワーストーン！ヒスイアイテムを購入

ヒスイ市 ▶P.218

旅テク！
ヒスイは質のよし悪しの見分けが難しいので、プチプラ感覚で購入するのがベター。

徒歩で約4分

夜

香港らしい夜のにぎわいを楽しめる名物夜市へ。屋台グルメも食べよう！

17:30 パノラマビューが広がるプロムナードを歩く

尖沙咀プロムナード ▶P.218

徒歩で約10分

18:00 ディナーは新鮮魚介の海鮮料理

龍園閣海鮮飯店 ▶P.218

MTRで約17分

MORE テク！

夜もにぎわう九龍はアクティブに動き回ろう

九龍の中心部より北に位置する深水埗からスタートして、旺角→油麻地→佐敦→尖沙咀と南下していこう。男人街と女人街のふたつのナイトマーケットは徒歩で約20分の距離。大通りを歩いて、香港らしいネオン看板の夜景も楽しもう。

11:30 幸運を呼び込む金魚街へ

徒歩で約10分

12:00 ランチは庶民派グルメの麺！

金魚街（通菜街）▶P.142

旅テク！ 金魚街の東側、花園街はスポーツ洋品店が軒を連ねており、「スニーカー通り」と呼ばれる。興味があれば訪れてみよう。

好旺角粥麺専家 ▶P.218

徒歩で約8分

14:00 レトロカフェで香港伝統のティータイムを

MTRで約12分

美都餐室 ▶P.66

15:00 香港メイドのキュートな刺繍スリッパを購入

徒歩で約13分

先達商店 ▶P.113

16:00 香港の歴史と伝統を学ぶ

徒歩で約15分

香港歴史博物館 ▶P.97

20:00 佐敦と油麻地のナイトマーケットへ

徒歩で約15分

男人街 ▶P.124

旅テク！ 占い横丁の屋台も並ぶ。日本語や英語を話せる占い師もいるのでお試しあれ。

20:30 屋台グルメで小腹を満たす

徒歩で約5分

登打士街 ▶P.143

21:00 チープ雑貨の宝庫 通菜街の夜市

女人街 ▶P.124

GOAL

モデルプラン

TRIP PLANNING
モデルプラン

モデルプラン

おしゃれ女子必見！
香港島ショッピング三昧コース

午前

銅鑼湾からスタート。湾仔のおしゃれ街、そして中環、上環へ

9:30 本格コーヒーのカフェで朝ごはん
ザ・コーヒー・アカデミックス ▶P.218

徒歩で約4分

10:30 大型ショッピングモールをチェック！
旅テク！ 日本未上陸ブランド「J.Crew」や高級スーパーの「シティスーパー」などショップは多数。
タイムズ・スクエア ▶P.218

タクシーで約12分

午後

中環と上環のマスト買い物スポットを制覇！

14:00 センス抜群、複合施設でお買い物
PMQ ▶P.107

徒歩で約5分

15:00 おやつはインスタジェニックなスイーツ
オッディーズ ▶P.79

徒歩で約8分

夜

最旬モダンチャイナに絶景バー、観覧車から夜景を眺める

18:00 ディナーは洗練空間でモダンチャイナを
モット32 ▶P.70

徒歩で約2分

20:00 金融街の絶景テラス＆バーへ
旅テク！ テラスのソファ席はシートチャージあり。ドリンクの最低価格の設定も決まっている。
セヴァ ▶P.83

徒歩で約13分

210

MORE テク！

香港ガール御用達のショップを巡る

ショップのオープンは11:00頃が多いので、まずは朝食、そしてデパートからスタート。中環と上環は話題のおしゃれスポットが集まっているので、じっくりショッピングを楽しんで。夜は香港島のテラスバーや観覧車から夜景を眺めよう。

11:30 タクシーで約12分 — 湾仔のおしゃれスポット星街をチェック！ 星街 ▶ P.218

12:30 徒歩で約5分 — ユニークな香港雑貨をおみやげに G.O.D. ▶ P.112

13:00 徒歩で約1分 — ランチはおしゃれな中国蒸しパンバーガー リトル・バオ ▶ P.79

16:00 クリエイターや外国人が集まるPOHOへ POHO ▶ P.218

旅テク！ すぐ近くには骨董通りで有名なキャット・ストリートも。▶ P.143

17:30 徒歩で約15分 — コスメ＆漢方の宝庫ドラッグストアへ マニングス ▶ P.154

21:00 徒歩で約8分 — 巨大観覧車から夜景を一望 **GOAL**

香港摩天輪 ▶ P.218

Column
PMQ（→P.107）のおすすめショップ

オリーブやココナッツなど植物のエッセンシャルオイルを中心とした自然素材で作る、ハンドメイドのスキンケア商品ブランド。

ベース・トゥ・ベーシック
Bathe to Basics
🏠 PMQ A座 S403室
☎ 6509-3610
⏰ 12:30～19:30　休 旧正月

ヘアケア、デンタルケア商品も販売

モデルプラン

TRIP PLANNING
モデルプラン

美食の街を食べ尽くす！
香港グルメ堪能コース

午前
朝食は地元スタイルで決まり！

8:00 地元の人に交じってローカル店で朝飲茶
蓮香居 ▶P.16

徒歩で約9分

9:30 老舗店で良質の厳選茶葉をおみやげに
林奇苑茶行 ▶P.218

徒歩で約5分

午後
グルメ系のショッピングを楽しめるのもこの街ならでは

11:45 たくさん食べる日は涼茶で胃をすっきり
春回堂薬行 ▶P.29

旅テク！
食べ過ぎには消化促進効果のある甘四味や五花茶を。

徒歩で約5分

12:00 ミシュラン星付きの広東料理を堪能する
營致會館 ▶P.18

徒歩で約12分

13:30 美しい絵が描かれた食器を揃えたい
興祥富記 ▶P.113

徒歩で約22分

夜
グルメな1日は美しい夜景とお酒で締める

17:15 素朴な伝統スイーツにほっこりする
佳佳甜品 ▶P.74

MTRで約11分

18:30 香港みやげの定番クッキーを手に入れる

グローリー・ベーカリー ▶P.89

徒歩で約1分

212

MORE テク！

早朝からアクティブにスタートしよう

ランチのイメージの強い飲茶だが、朝食に食べるのも香港の定番。早朝から開いている飲茶店も多いので、1日をめいっぱい楽しみたい人は飲茶からスタートするのも手だ。粥店や茶餐廳も朝食におすすめ。ミシュランガイドの星付き店は価格帯が高いので、ランチを狙うと比較的お手頃に食べることができる。

10:15 職人が作る伝統のお菓子を持ち帰り
陳意斎 ▶P.88

徒歩で約4分

11:00 中国料理に欠かせない調味料はここでゲット
八珍醬園 ▶P.95

徒歩で約1分

MTRで約33分

14:30 旅の味を再現したいならスーパーへ行こう
シティスーパー ▶P.117

徒歩で約8分

15:30 1本1本手作りされたエッグロールを購入
蛋巻皇后 ▶P.93

徒歩で約15分

16:45 "香港の合羽橋"でキッチン用品を探す
上海街 ▶P.218

徒歩で約7分

19:00 ディナーには絶品北京ダックをほおばる
大都烤鴨 ▶P.218

旅テク！ 香港には広東料理だけでなく、そのほかの中国地方料理の店も多くある。

20:30 美しい夜景を眺めながらグラスを傾ける
アイバー ▶P.82

GOAL

Column
香港スタイルの体調管理法

症状別に数種の漢方をブレンドしたお茶「涼茶」。街のあちこちにスタンドがあり、体調管理のためにサクッと1杯飲んでいく地元の人が多い。

モデルプラン

TRIP PLANNING
モデルプラン

風水タウンを巡る とことん運気UPコース

午前
九龍半島からスタート。昔ながらの香港の開運スポットを訪れよう

7:30 朝にはお粥を。白い食べ物は人間関係をスムーズにしてくれる
和味生滾粥店 ▶P.219

MTRで約38分

9:00 「願いがかなう」と有名な寺院で神様にお願い

旅テク！ 縁結びの神様、月下老人は赤い糸を使ってお参りする。

嗇色園黃大仙廟 ▶P.140

MTRで約30分

午後
香港島へ移動。香港屈指のパワスポ、ヴィクトリア・ピークははずせない

13:00 ランチは縁を手繰り寄せる麺で決まり

九記牛腩 ▶P.20

徒歩で約5分

13:45 香港最古の廟で仕事運と勉強運の神様をお参り

文武廟 ▶P.141

徒歩で約6分

夜
1日中動き回って疲れた体を癒やすのも開運のカギ

18:15 ヴィクトリア・ピークから流れる龍脈の上に建つ銀行へ
香港上海滙豐銀行總行大廈 ▶P.135

旅テク！ ライオンと一緒に写真を撮って会社のデスクに飾って金運アップ。

MTRで約18分

19:00 ディナーには人間関係をよくしてくれる魚料理を食べよう

旅テク！ 恋愛運アップには白身魚を選んでみて。

生記海鮮飯店 ▶P.219

MTRで約14分

MORE テク！

九龍半島と香港島をくまなく回るには

風水が根付いている香港には、中心部だけではなく市内のいたるところにパワースポットが点在している。多くのスポットを効率よく回るには、移動時間が少なくなるように、九龍半島と香港島に分けてプランを組もう。人気の廟は、朝早めに行くと比較的すいている。

10:45 仕事運、勉強運をUPさせる植物がいっぱいのストリートを歩く
フラワー・マーケット ▶P.143

MTRで約25分

11:15 災難よけの石、ヒスイのマーケットでお守り探し
ヒスイ市 ▶P.218

徒歩で約10分

12:00 ラッキーモチーフのかわいいスリッパをゲット
先達商店 ▶P.113

MTRで約28分

14:15 ポップなラッキーアイテムを買うならこの店へGO
G.O.D. ▶P.112

徒歩で約1分

15:30 広東風エッグタルトは金運にいい黄色のスイーツ
泰昌餅家 ▶P.219

徒歩とピークトラムで約45分

16:30 香港の街を眺めながら金運、出世運を上げる
ヴィクトリア・ピーク ▶P.122

ピークトラムと徒歩で約45分

20:30 疲れを取ってリフレッシュ！フットマッサージで健康運を高める

足道 ▶P.219

GOAL

Column
ひと足延ばしてレパルスベイへ

山と海に囲まれ、風水的にいい場所にあるといわれるレパルスベイ（→P.125）。ビーチやカフェを訪れたりしながら数時間滞在して、自然のいい気を受け取ろう。

モデルプラン

TRIP PLANNING
モデルプラン

モデルプラン

サクッとマカオへ！
1dayトリップコース

午前

朝、マカオに入ったら
マカオ半島から
スタートしよう

フェリーまたは
バスで
約1時間〜

9:00 マカオ到着！まずはお粥で腹ごしらえ

三元粥品専家 ▶P.219

旅テク！
フェリー、バスともに24時間運行しているので、早朝や深夜出発でも大丈夫。

徒歩で約1分

9:30 赤い格子戸の長屋が並ぶ通りでタイムスリップ

福隆新街 ▶P.219

徒歩で約3分

10:00 老舗店の伝統菓子をおみやげにゲット

最香餅家 ▶P.219

徒歩で約4分

午後

ランチ後はコタイ
エリアへ移動。
大型IRリゾートで
過ごそう

12:30 フォトジェニックエリア、ラザロで撮影＆ショッピング

ラザロ地区 ▶P.219
メルセアリア・ポルトゲーザ ▶P.219

タクシーで約11分

13:30 ランチはマカオ料理＆ポルトガル料理を味わう

美心亨利餐廳 ▶P.219

旅テク！
ポルトガル領だったマカオでは、本場のポルトガル料理が味わえる。

タクシーで約12分

夜

思う存分マカオを
堪能してから
香港に戻ろう

17:15 せっかく来たならカジノにトライしなくちゃ

ギャラクシー・マカオ・カジノ ▶P.219

徒歩で約10分

19:00 ディナーはホテルの広東料理レストランで

萬豪中菜廳 ▶P.219

徒歩で約10分

香港からマカオへは高速フェリー、またはバスでGO

高速フェリーは香港（尖沙咀、上環、香港国際空港）とマカオ（マカオ半島、タイパ）を約1時間（片道HK$160〜）、シャトルバスは香港口岸から澳門口岸までを約40分（片道HK$65〜）、市内からの直通バスは観塘とサンズ、ザ・ヴェネチアン・マカオ、ザ・パリジャン・マカオを約110〜135分（片道HK$170〜）でつなぐ。

10:30 美しい青と白のタイルアズレージョに見とれる
徒歩で約1分
民政総署 ▶P.219

旅テク！ マカオには30の世界遺産がある。このモデルコース内のマカオ半島の歴史的スポットはいずれも登録されている。

10:45 波模様の石畳が敷かれたポルトガル文化が残る広場へ
徒歩で約2分
セナド広場 ▶P.219

11:15 パステルイエローのかわいい教会を訪問
徒歩で約5分
聖ドミニコ教会 ▶P.219

旅テク！ 内部もパステルイエローでフォトジェニック。

12:00 マカオの街のシンボルにごあいさつ
徒歩で約7分
聖ポール天主堂跡 ▶P.219

15:00 ショッピングセンターでヴェネツィア気分に浸る
徒歩で約8分
ショップス・アット・ヴェネチアン ▶P.219

15:30 まるでパリにいるよう！エッフェル塔と記念撮影
タクシーで約5分
ザ・パリジャン・マカオ ▶P.219

16:00 ガーリーなカフェでアフタヌーンティー
徒歩で約7分
チャベイ ▶P.219

20:30 ホテルのバーで旅を締めくくったら香港へ
フェリーまたはバスで約1時間〜
ザ・リッツ・カールトン・バー＆ラウンジ ▶P.219

GOAL

Column
マカオのB級グルメ＆スイーツも楽しもう

マカオで人気のB級グルメは、ポークチョップバーガーやカレー風味のおでん。スイーツはポルトガル風エッグタルトや牛乳プリンが有名だ。

モデルプラン

TRIP PLANNING
モデルプラン

P.204
香港の主要観光スポットをくまなく巡る王道3泊4日

ガーデン・オブ・スターズ ▶尖沙咀
星光花園 Garden of Stars
[アクセス] 尖東駅P1出口から徒歩2分 [住] 尖沙咀東水濱
平台花園 (Tsim Sha Tsui East Waterfront Podium
Garden) [営] 24時間 [休] 無休 [料] 無料

唐人館 ▶尖沙咀
トンヤングン China Tang
[アクセス] 尖沙咀駅A1・L5出口から徒歩10分 [住] 廣東道3-27號 海港城4樓4101號舖 (Harbour City,
Canton Rd.) [電] 2157-3148 [営] 12:00～15:00、
18:00～22:30(土・日曜、祝日11:30～)、バー12:00
～22:30(土・日曜、祝日11:30～) [休] 無休 [CARD] 可

スカイ100 ▶尖沙咀
天際100 Sky100
[アクセス] 九龍駅C1出口から徒歩5分 [住] 柯士甸道西1號
環球貿易廣場100樓 (Austin Rd.) [電] 2613-3888
[休] 無休 [料] HK$168(3～11歳・65歳以上HK$118)

1881ヘリテージ ▶尖沙咀
1881 Heritage
[アクセス] 尖沙咀駅L4出口から徒歩2分 [住] 廣東道2號 (Canton Rd.)
[電] [営] [休] [CARD] 店舗により異なる

知足樂 ▶灣仔
ジョージョッロ Happy Foot Luxe
[アクセス] 灣仔駅E出口から徒歩4分 [住] 皇后大道東202號
QRE Plaza 7樓 (Queen's Rd. East) [電] 2573-3438
[営] 10:00～翌2:00(最終受付24:00) [休] 無休 [CARD] 可

九龍公園 ▶尖沙咀
カオルン・パーク Kowloon Park
[アクセス] 尖沙咀駅A1出口から徒歩1分 [住] 柯士甸道22號 (Austin Rd.)
[電] 2724-3344 [営] 5:00～24:00 [休] 無休 [料] 無料

P.208
活気ある下町を楽しむ! 九龍1日満喫コース

四十一士多 ▶深水埗
セイサップヤヤシードー Mini 41
[アクセス] 深水埗駅D2出口から徒歩10分 [住] 巴域街70號
石硤尾邨41座美荷樓地下 (Berwick St.)
[電] 3728-3500 [営] 10:00～22:00 [休] 無休 [CARD] 不可

坤記糕品 ▶深水埗
クァンゲイゴッパン Kwan Kee Store
[アクセス] 深水埗駅B2出口からすぐ [住] 福華街115-117號
北河商場地下10號舖 (Fuk Wa St.) [電] 2360-0328
[営] 7:00～23:00(土・日曜～20:00頃)
[休] 祝日、旧正月10日間 [CARD] 不可

好旺角粥麵專家 ▶旺角
ホウウィンコッミンガー Good Hope Noodle
[アクセス] 旺角駅B2・D2出口から徒歩3分 [住] 洗衣街
123號地下 (Sai Yee St.) [電] 2393-9036 [営] 11:00～
24:00 [休] 旧正月3日間 [CARD] 不可

上海街 ▶油麻地
シュンホイガイ Shanghai Street
[アクセス] 油麻地駅B2出口から徒歩2分
[住] 上海街 (Shanghai St.)

ヒスイ市 ▶油麻地
玉器市場 Jade Market
[アクセス] 油麻地駅C出口から徒歩7分 [住] 甘肅街 (Kan Su St.)
[電] なし [営] 10:00～18:00 [休] 無休 [CARD] 不可

尖沙咀プロムナード ▶尖沙咀
尖沙咀海濱花園 Tsim Sha Tsui Promnade
[アクセス] 尖東駅J出口から徒歩7分
[住] 尖沙咀海濱花園 (Tsim Sha Tsui Promnade)

龍圖閣海鮮飯店 ▶尖沙咀
ロントウゴッホイシンファンディイ Fresh Seafood Restaurant
[アクセス] 尖沙咀駅P3出口から徒歩1分 [住] 漆咸道南17-19號 帝后廣場1樓
(Empress Plaza, Chatham Rd. South)
[電] 2817-1671 [営] 11:30～24:00 [休] 無休 [CARD] 可

P.210
おしゃれ女子必見! 香港島ショッピング三昧コース

ザ・コーヒー・アカデミックス ▶銅鑼灣
The Coffee Academics
[アクセス] 銅鑼灣駅A出口から徒歩3分 [住] 耀華街38號地舖 (Yiu Wa St.) [電] 2156-0313
[営] 9:00～22:30(金・土曜～24:00、
日曜、祝日10:00～21:00) [休] 無休 [CARD] 可

タイムズ・スクエア ▶銅鑼灣
時代廣場 Times Square
[アクセス] 銅鑼灣駅A出口からすぐ
[住] 勿地臣街1號 (Matheson St.)
[電] 2118-89000 [営] [休] [CARD] 店舗により異なる

星街 ▶灣仔
セインガイ Star Street
[アクセス] 灣仔駅A3出口から徒歩11分
[住] 星街 (Star St.)

POHO ▶上環
ポーホー
[アクセス] 上環駅A2出口から徒歩10分
[住] 太平山街 (Tai ping Shan St.) あたり

香港摩天輪 ▶中環
ヒョンゴンモーティンロン The Hong Kong Observation Wheel
[アクセス] 香港駅A2出口から徒歩7分、中環駅A出口から
徒歩12分 [住] 民光街3號 (Man Kwong St.)
[電] 2339-0777 [営] 10:00～23:00 [休] 無休
[料] HK$20(3～11歳HK$10、65歳以上HK$10)

P.212
美食の街を食べ尽くす! 香港グルメ堪能コース

林奇苑茶行 ▶上環
ラムケイユンチャホン Lam Kei Yuen Tea
[アクセス] 上環駅A1出口から徒歩3分 [住] 文咸東街105-
107號地下 (Bonham St. East) [電] 2543-7154
[営] 9:00～18:15 [休] 日曜、祝日 [CARD] 可

大都烤鴨 ▶尖沙咀
ダイドウハオア Empire City Roasted Duck
[アクセス] 尖沙咀駅D2・N4出口からすぐ [住] 河内道18號
K11 2樓221號舖 (K11, Hanoi Rd.) [電] 2628-0662
[営] 11:30～23:00 [休] 無休 [CARD] 可

P.214
風水タウンを巡る とことん運気UPコース

和味生滾粥店　▶佐敦
ウォーメイサンクゥンジョッティム　Delicious Congee
アクセス 佐敦駅A出口から徒歩4分
住 呉松街75號地下（Soosung St.）　**電** 2783-0935
営 7:30〜翌2:30　**休** 旧正月2日間　**CARD** 不可

泰昌餅家　▶中環
タイチョンベンガー　Tai Cheong Bakery
アクセス 中環駅C出口から徒歩8分　**住** 擺花街35號地下（Lyndhurst Terrace）　**電** 8300-8301　**営** 7:30〜21:00（日曜、祝日8:00〜）　**休** 無休　**CARD** 可

生記海鮮飯店　▶灣仔
サンゲイホンシンファンディム　Sang Kee Seafood Restaurant
アクセス 灣仔駅A2出口から徒歩3分　**住** 軒尼詩道107-115號 協生大大廈1至2樓（Hennessy Rd.）
電 2575-2239、2575-2236　**営** 12:00〜L.O.14:30、18:00〜L.O.22:00　**休** 第1月曜、旧正月　**CARD** 可

足道　▶銅鑼灣
ギョドウ　Health Touch Foot Spa & Nail
アクセス 銅鑼灣駅E出口から徒歩4分　**住** 糖街29-31號 匯景商業中心1樓（Sugar St.）　**電** 2882-3433
営 11:00〜24:00（最終受付23:00）　**休** 無休　**CARD** 可

P.216
サクッとマカオへ！ 1dayトリップコース

三元粥品専家　▶マカオ半島
サンユンチョッベンチュンガー　Sam Un Loja de Canja
アクセス セナド広場から徒歩4分　**住** 新馬路白眼塘横街44號地舖（R.da Caldeira, Avenida de Almeida Ribeiro）
電 2857-3171　**営** 8:00〜11:30、19:00〜翌0:30
休 無休　**CARD** 不可

福隆新街　▶マカオ半島
フォッロンサンガーイ
アクセス セナド広場から徒歩2分
住 福隆新街（Rua da Felicidade）

最香餅家　▶マカオ半島
チョイヒョンベイガー　Pastelaria Chui Heong
アクセス セナド広場から徒歩3分　**住** 新馬路夜呣街12號B地下A座（R. do Gamboa）　**電** 2838-3858
営 10:00〜19:00　**休** 強制休日　**CARD** 不可

民政総署　▶マカオ半島
民政総署大樓　Edificio do Leal Senado
アクセス セナド広場から徒歩1分　**住** 新馬路163號（Ave. de Almeida Ribeiro）　**電** 8399-3153
営 9:00〜21:00（図書館13:00〜19:00）　**休** 無休（1階ギャラリーは月曜休、図書館は日曜・祝日休）　**料** 無料

セナド広場　▶マカオ半島
議事亭前地　Largo do Senado
アクセス マカオ・フェリーターミナルからバスで20分（3、3A、10、10A番バス乗車、新馬路バス停下車）
住 議事亭前地（Largo do Senado）
電 なし　**営** 24時間　**休** 無休　**料** 無料

聖ドミニコ教会　▶マカオ半島
玫瑰聖母堂　Igreja de S. Domingos
アクセス セナド広場から徒歩1分
住 板樟堂前地（Largo de S. Domingos）
電 なし　**営** 10:00〜18:00　**休** 無休　**料** 無料

聖ポール天主堂跡　▶マカオ半島
大三巴牌坊　Ruinas de S. Paulo
アクセス セナド広場から徒歩5分
住 大三巴街（R. de S. Paulo）
電 なし　**営** 24時間　**休** 無休　**料** 無料

ラザロ地区　▶マカオ半島
Lazaro
アクセス 聖ポール天主堂から徒歩12分
住 ラザロ地区（Lazaro）

メルセアリア・ポルトゲーザ　▶マカオ半島
葡國天地百貨　Mercearia Portuguesa
アクセス 聖ポール天主堂から徒歩10分　**住** 瘋堂斜巷8號 仁慈堂婆仔屋（Calcade da Igreja de Sao Lazaro）
電 2856-2708　**営** 12:00〜20:00　**休** 無休　**CARD** 不可

美心亨利餐廳　▶マカオ半島
メイサムハンリチャンテン　Henri's Galley Maxim's
アクセス セナド広場から徒歩18分　**住** 民國大馬路4號G・H地下（Av. da Republica）
電 2855-6251　**営** 12:00〜22:00（L.O.21:30）
休 水曜、旧正月3日間　**CARD** 可

ショップス・アット・ヴェネチアン　▶コタイ
Shoppes at Venetian
アクセス タイパ・フェリーターミナルから無料シャトルバスで5分　**住** 望德聖母灣大馬路 澳門威尼斯人3樓（The Venetian Macao, Estrada da Bala de Nossa Senhora da Esperanca）
電 8117-7840　**営** 10:00〜23:00（金〜日曜〜24:00）
休 無休　**CARD** 店舗により異なる

ザ・パリジャン・マカオ　▶コタイ
澳門巴黎人酒店　The Parisian Macao
アクセス タイパ・フェリーターミナルから無料シャトルバスで5分　**住** 金光大道連貫公路（Estrada do Istmo）
電 2882-8833
料 デラックス・ダブル・ルーム1500パタカ〜　**CARD** 可

チャベイ　▶コタイ
茶杯　Cha Bei
アクセス タイパ・フェリーターミナルから無料シャトルバスで5分　**住** 澳門路氹城 澳門銀河 綜合渡假城1樓1047號舗（Galaxy Macau）
電 8883-2221　**営** 12:00〜21:00（金〜日曜〜22:00）、軽食スペース12:00〜21:00（金曜〜22:00、土・日曜11:00〜22:00）　**休** 無休　**CARD** 可

ギャラクシー・マカオ・カジノ　▶コタイ
澳門銀河娯楽場　Galaxy Nacau Casino
アクセス タイパ・フェリーターミナルから無料シャトルバスで5分　**住** 澳門路氹城 澳門銀河 綜合渡假城（Galaxy Macau）　**電** 2888-0888
営 24時間　**休** 無休　**料** 入場は無料

萬豪中菜廳　▶コタイ
マンホーチンチャンテン　Man Ho Chinese Restaurant
アクセス タイパ・フェリーターミナルから無料シャトルバスで5分　**住** 望德聖母灣大馬路 JW萬豪酒店1樓（JW Marriott Hotel Macau, Estrada da Baia de Nossa Senhora da Esperanca）　**電** 8886-6228　**営** 11:30〜14:30、18:00〜22:30（L.O.22:00）　**休** 無休　**CARD** 可

ザ・リッツ・カールトン・バー＆ラウンジ　▶コタイ
麗思酒廊　The Ritz-Carlton Bar & Lounge
アクセス タイパ・フェリーターミナルから無料シャトルバスで10分　**住** 望德聖母灣大馬路澳門麗思卡爾頓酒店51樓（The Ritz-Carlton Macau, Estrada da Baia da Nossa Senhora da Esperanca）
電 8886-6868　**営** 11:00〜翌1:00　**CARD** 可

INDEX

物件名	エリア	ページ
🍴グルメ		
蛋撻王餅店(空港店)	大嶼島	63
ビーフ＆リバティー(空港店)	大嶼島	63
レディ・エム・ニューヨーク(空港店)	大嶼島	63
アマルフィターナ	淺水灣	44
公和荳品廠	深水埗	49・75
添好運點心專門店	深水埗	17・48・208
康端甜品	深水埗	36
劉森記麵家	深水埗	22・46
綠林甜品	深水埗	75
227甜棧	太子	29
金華冰廳	旺角	64
鮮入圍煮	旺角	28・205
池記	旺角	21・205
中國冰室	旺角	66・206
許留山	旺角	77
米走雞	旺角	69
妹記生滾粥品	旺角	24
港澳義順牛奶公司	油麻地	75
美都餐室	油麻地	66・209
佳佳甜品	佐敦	74・212
金牌海鮮火鍋	佐敦	69
松記糖水店	佐敦	79・205
彌敦粥麵家	佐敦	25・204
アイバー	尖沙咀	82・205・213
滬江飯店	尖沙咀	53
オゾン	尖沙咀	85
ゴー・グリーン・オーガニック・サラダバー	尖沙咀	32
ザ・ラウンジ＆バー	尖沙咀	81・163
ザ・ロビー	尖沙咀	81・204
翠園	尖沙咀	41・56
ナッツフォード・テラス	尖沙咀	59
香宮	尖沙咀	55
富豪雪糕	尖沙咀	79
莆田	尖沙咀	51
ヤムチャ(尖沙咀店)	尖沙咀	18・43
欣圖軒	尖沙咀	30

物件名	エリア	ページ
六公館	尖沙咀	72
ロビー・ラウンジ	尖沙咀	80
天外天	紅磡	51
レッド・シュガー	紅磡	83
新興食家	堅尼家城	18・41
永合成馳名煲仔飯	香港大學	26
ピンポン129	西營盤	73
源記甜品專家	西營盤	75
生記粥品專家	上環	24
聚點坊點心專門店	上環	19・43
酥妃皇后	上環	37
科記咖啡餐廳	上環	65
海安喋啡	上環	65
滿記甜品	上環	76
蓮香居	上環	16・41・212
エクリチュール	中環	31
MOバー・ウイークエンド・ブランチ	中環	36
オールド・ベイリー	中環	31・40・73
オッディーズ	中環	79・210
九記牛腩	中環	20・214
クリッパー・ラウンジ	中環	81
公利真料竹蔗水	中環	47
勝香園	中環	23
スターバックス・コーヒー(IFC店)	中環	35
スターバックスコーヒー都爹利街店	中環	54・115
蛇王芬	中環	29
セヴァ	中環	44・83・210
ソーホーファーマ	中環	73
大會堂美心皇宮	中環	19
大班樓	中環	34・71
三希樓	中環	68
翠華餐廳	中環	41・67・206
春回堂藥行	中環	29・148・212
ディア・リリー	中環	30
ドクター・ファーンズ・ジン・パーラー	中環	52
唐宮小聚	中環	19・43
ハッピー・パラダイス	中環	33・71
ビハインド・バー	中環	30
フラミンゴ・ブルーム	中環	32
麥奀雲吞麵世家	中環	21
モット32	中環	40・70・210
一樂燒鵝	中環	26・48

物件名	エリア	ページ
ヤムチャ(中環店)	中環	39
營致會館	中環	18・212
鏞記	中環	38
蘭桂坊	中環	59
リトル・バオ	中環	33・79・211
羅富記粥麺	中環	25
樂香園咖啡室	中環	27
陸羽茶室	中環	17・41
ロブスター・バー・アンド・グリル	中環	44
龍景軒	中環	34・94
カフェ・グレイ・デラックス	金鐘	85
ディム・サム・ライブラリー	金鐘	40
樂茶軒茶藝館	金鐘	29
ウールームールー・ステーキハウス	灣仔	84
エレファント・グラウンズ	灣仔	78
甘興燒鵝	灣仔	27・48・207
サムセン	灣仔	72
再興燒臘飯店	灣仔	27
ティッフィン	灣仔	81
ベイクハウス	灣仔	32
粵軒	灣仔	37
華星冰室	灣仔	39・47
ヴィヴィアン・ウエストウッド・カフェ	銅鑼灣	34
ワン・ハーバー・ロード	灣仔	17・38・55
黄枝記	銅鑼灣	23
サークルKカフェ・シンプリー・グレート・コーヒー	銅鑼灣	34
スカイ・ルーフバー＆ダイニング	銅鑼灣	84
聰嫂星級甜品	銅鑼灣	77
謙記火鍋	銅鑼灣	68
發記甜品	銅鑼灣	77
火鍋本色	銅鑼灣	69
喜喜冰室	銅鑼灣	67
何洪記粥麺專家	銅鑼灣	48
ヤムチャ(銅鑼灣店)	銅鑼灣	39
渝 酸辣粉	銅鑼灣	23
祥興咖啡室	跑馬地	67
晶晶甜品	天后	77
華姐清湯腩	天后	22
新九記粥店	大坑	25
ジェイリンク	大坑	37
プラムコット	大坑	32
添好運點心專門店(北角店)	炮台山	41

物件名	エリア	ページ
シュガー	太古	85
セ・ラ・ビー	太古	35

🛒 ショッピング

物件名	エリア	ページ
PMQセレクト	大嶼島	109
ホームレス(空港店)	大嶼島	109
香港街市	大嶼島	96
流浮山	流浮山	100
フロレンティア・ヴィレッジ香港	葵涌	104
多多餅店	美孚	100
黒地	石硤尾	102・114
蛋巻皇后	旺角	93・213
老行家燕窩	旺角	101
惠康(上海街店)	油麻地	109
先達商店	佐敦	113・209・215
グローリー・ベーカリー	尖沙咀	89・212
K11ミュシーア	尖沙咀	103
奇華餅家	尖沙咀	89
曲奇四重奏	尖沙咀	89
スイート・ブティック・デ・トニー・ウォン	尖沙咀	91
セブン-イレブン(尖沙咀店)	尖沙咀	109
帝苑餅店	尖沙咀	88・97
タンズ	尖沙咀	111・114
Tギャラリア 香港 by DFSカントンロード店	尖沙咀	105
Tギャラリア香港 by DFSチムサーチョイ イースト店	尖沙咀	105
香港歴史博物館	尖沙咀	97・209
ハーバーシティ	尖沙咀	106
ペニンシュラ・ブティック	尖沙咀	98
マーケット・プレイス・バイ ジェイソンズ(尖沙咀店)	尖沙咀	119
ラルフズ・コーヒー	尖沙咀	99
レーン・クロフォード	尖沙咀	106
香港理工大學書店	紅磡	102
粵東磁廠	九龍塘	101・113
西貢	西貢	100
香港大學ビジター・センター	香港大學	108・130
齒來蛋巻	西營盤	93
HKTDCデザイン・ギャラリー	上環	114
カフェ・ライフ	上環	106
スターズ＆タルト	上環	104
春生貿易行	上環	101・115
惠康(中環店)	中環	35・116・207
ザ・マンダリン・ケーキショップ	中環	91

物件名	エリア	ページ
G.O.D.(香港駅店)	中環	96
G.O.D.(中環店)	中環	112・211
シティスーパー(中環店)	中環	117・213
セブン-イレブン(中環店)	中環	109
陳意齋	中環	88・213
百佳超級市場(中環店)	中環	118
八珍醬園	中環	95・213
PMQ	中環	107・210
興祥富記	中環	113・212
マークス&スペンサー	中環	106
マンダリン・オリエンタル香港	中環	107
ラブラミックス(大館店)	中環	98
グレート・フード・ホール	金鐘	101
茶古力	金鐘	90
タイニー	銅鑼灣	96
Tギャラリア香港 by DFSコーズウェイベイ店	銅鑼灣	105・151
ラブラミックス(銅鑼灣店)	銅鑼灣	115
リーガーデンズ	銅鑼灣	106
德成號	北角	92
グランド・ハイアット香港	灣仔	95

📷 観光

物件名	エリア	ページ
昂坪360	大嶼島	137
香港ディズニーランド・リゾート	大嶼島	138
Market House市集咖啡店	大嶼島	138
ランタオ島	大嶼島	125
ザ・ミルズ	荃灣	135
車公廟	沙田	141
嘉頓山	深水埗	127
バード・ガーデン	太子	142・205
フラワー・マーケット	太子	143・215
金魚街(通菜街)	旺角	123・142・205・209
女人街	旺角	124・205・209
登打士街	油麻地	143・209
男人街	油麻地	124・209
アクア・ルナ	尖沙咀	124
オーシャンターミナル・デッキ	尖沙咀	129
オープントップバス・パノラマドライブ	尖沙咀	124
西九藝術公園	尖沙咀	136
シンフォニー・オブ・ライツ	尖沙咀	123・132・205
スターフェリー	尖沙咀	132
香港理工大學	紅磡	130

物件名	エリア	ページ
紅磡渡輪碼頭	紅磡	133
嗇色園黃大仙廟	黃大仙	123・137・140・204・214
彩虹邨	彩虹	131
西區公眾貨物裝卸區碼頭	香港大學	130
キャット・ストリート	上環	143・206
水池巷	上環	131・207
文武廟	上環	141・214
嫣裳記	中環	133
ヴィクトリア・ピーク	中環	122・207・215
玉葉甜品	中環	131
グラハム・ストリート	中環	125・131・207
シェリー・ストリート	中環	131
大館	中環	128・129
ピークトラム	中環	127
香港上海滙豐銀行總行大廈	中環	135・214
フリンジ・クラブ	中環	131
獅子亭展望台	山頂	126
ハッピーバレー(競馬場)	跑馬地	132
大坑蓮花宮	大坑	141
オーシャンパーク	黃竹坑	133
天后廟	淺水灣	141
レパルスベイ	淺水灣	125
ラマ島	南Y島	134

💆 ビューティ&リラックス

物件名	エリア	ページ
キューブリック	油麻地	149
ワトソンズ	油麻地	154
アイスパ	尖沙咀	150
健之寶	尖沙咀	151
ザ・リッツカールトン・スパ by ESPA	尖沙咀	150
健康工房	中環	146
ザ・オリエンタルスパ・ホンコン	中環	150
ササ	中環	149・152
ネイル・バー	中環	150
プレタ・マンジェ	中環	147
ボディ・ゼン	中環	151
マンダリン・バーバー	中環	150
マニングス	灣仔	155・211
ササ・スプリーム	銅鑼灣	151
雙妹嚜	銅鑼灣	149

物件名	エリア	ページ
🏢 宿泊		
ハイアット・リージェンシー香港	沙田	160
イートンホテル香港(佐敦)	佐敦	160
CHIレジデンス314	佐敦	165
ホライズン・ラウンジ	佐敦	162
アルテシアン	尖沙咀	159
インターコンチネンタル香港	尖沙咀	161・163
カオルーン・シャングリ・ラ	尖沙咀	163
カフェ103	尖沙咀	159
ペニンシュラ	尖沙咀	31・107
ホテル・プラヴォ香港	尖沙咀	165
ローズウッド香港	尖沙咀	162
YMCAザ・ソールスベリー	尖沙咀	163
ケリーホテル香港	紅磡	160
ドックヤード	紅磡	160
ハーバーグランド九龍	紅磡	164
ペンタ・ホテル・ホンコン・カオルーン	新蒲崗	162
アイクラブ・ションワン・ホテル(上環)	上環	160
ブルーバー	中環	159
ポピンジェイズ	中環	158
ミニ・ホテル・セントラル(中環)	中環	160
ランカイフォン・ホテル	中環	164
アイランド・シャングリ・ラ	金鐘	164
ティッフィン	湾仔	161
ホテル・インディゴ香港	湾仔	164
ランソン・プレイス・ホテル	銅鑼湾	165
イースト香港	太古	160
香港海洋公園マリオット・ホテル	黄竹坑	162

物件名	エリア	ページ
⚠ トラブル		
在香港日本国総領事館	中環	175

物件名	エリア	ページ
✈ 到着・実用		
ウエルネス・スパ&サロン	大嶼島	191
プラザ・プレミアム・ラウンジ	大嶼島	191
九龍駅	尖沙咀	200
九龍ビジターセンター	尖沙咀	199
香港駅	中環	200

物件名	エリア	ページ
🚩 モデルプラン		
坤記糕品	深水埗	208

物件名	エリア	ページ
四十一士多	深水埗	208
好旺角粥麺専家	旺角	209
上海街	油麻地	208・213
ヒスイ市	油麻地	208・215
和味生滾粥	佐敦	214
1881ヘリテージ	尖沙咀	205
ガーデン・オブ・スターズ	尖沙咀	204
九龍公園	尖沙咀	206
スカイ100	尖沙咀	204
尖沙咀プロムナード	尖沙咀	208
大都烤鴨	尖沙咀	213
唐人館	尖沙咀	204
龍圖閣海鮮飯店	尖沙咀	208
POHO	上環	211
文武廟	上環	206
林奇苑茶行	上環	212
泰昌餅家	中環	215
香港摩天輪	中環	211
ベース・トゥ・ベーシック	中環	211
生記海鮮飯店	湾仔	214
知足樂	湾仔	207
星街	湾仔	211
足道	銅鑼湾	215
ザ・コーヒー・アカデミックス	銅鑼湾	210
タイムズ・スクエア	銅鑼湾	210
三元粥品専家	マカオ半島	216
聖ドミニコ教会	マカオ半島	217
聖ポール天主堂	マカオ半島	217
ヤナド広場	マカオ半島	217
最香餅家	マカオ半島	216
福隆新街	マカオ半島	216
民政総署	マカオ半島	217
美心亨利餐廳	マカオ半島	216
メルセアリア・ポルトゲーゼ	マカオ半島	216
ラザロ地区	マカオ半島	216
ギャラクシー・マカオ・カジノ	コタイ	216
ザ・パリジャン・マカオ	コタイ	217
ザ・リッツ・カールトン・バー&ラウンジ	コタイ	217
ショップス・アット・ヴェネチアン	コタイ	217
チャペイ	コタイ	217
萬豪中菜廳	コタイ	216

■ 地球の歩き方⊛BOOKS ■

香港ランキング&⊛テクニック！

2018年12月19日　初版発行

STAFF

制作…………………………	数藤 健
執筆・編集………………	山田裕子、木村秋子、河部紀子
執筆…………………………	荒川優子、松崎愛香
撮影…………………………	斉藤純平、田尻陽子、日高菜々子
写真協力…………………	池上千恵、大澤千穂、甲斐美也子、横井尚子 iStock
コーディネート …………	横井尚子
制作協力…………………	香港政府観光局
カバー/表紙デザイン ‥	清水佳子(smz')
本文デザイン……………	金森大宗
校正…………………………	有限会社トップキャット

著作編集　地球の歩き方編集室

発 行 所　株式会社ダイヤモンド・ビッグ社
　　　　　　〒104-0032 東京都中央区八丁堀2-9-1
　　　　　　編集部
　　　　　　TEL：(03)3553-6667　FAX：(03)3553-6692
　　　　　　www.arukikata.co.jp

発 売 元　株式会社ダイヤモンド社
　　　　　　〒150-8409 東京都渋谷区神宮前6-12-17
　　　　　　販売 TEL：(03)5778-7240

印 刷 製 本　開成堂印刷株式会社

■ ご注意ください
　本書の内容(写真・図版を含む)の一部または全部を、事前に許可なく無断で複写・複製し、または、著作権法に基づかない方法により引用し、印刷物や電子メディアに転載・転用することは、著作者および出版社の権利の侵害となります。

　All rights reserved. No part of this publication may be reproduced or used in any form or by any means,graphic, electronic or mechanical, including photocopying, without written permission of the publisher.

■ 落丁・乱丁本はお手数ですがダイヤモンド社販売宛にお送りください。
　送料小社負担にてお取り替えいたします。
　ただし、古書店で購入されたものについてはお取り替えできません。

無断転載・複製を禁ず　Printed in Japan
©Diamond-Big Co., Ltd./ 2018 ISBN978-4-478-82266-1